Erhard Hübener   Rechnungslegung bei sinkendem Geldwert

Abhandlungen zum deutschen und europäischen Handels- und Wirtschaftsrecht

Herausgegeben von

Götz Hueck   Marcus Lutter   Wolfgang Zöllner

19

Carl Heymanns Verlag KG Köln · Berlin · Bonn · München

Erhard Hübener

Rechnungslegung bei sinkendem Geldwert

Die Rechtspflicht des Vorstands zur Ermittlung und Offenlegung von Scheingewinnen nach dem geltenden Aktienrecht

Carl Heymanns Verlag KG Köln · Berlin · Bonn · München

CIP-Kurztitelaufnahme der Deutschen Bibliothek

Hübener, Erhard

Rechnungslegung bei sinkendem Geldwert : d. Rechtspflicht d. Vorstands zur Ermittlung u. Offenlegung von Scheingewinnen nach d. geltenden Aktienrecht. – 1. Aufl. – Köln, Berlin, Bonn, München : Heymann, 1978.

(Abhandlungen zum deutschen und europäischen Handels- und Wirtschaftsrecht; 19)

ISBN 3-452-18374-2

1978 ISBN 3 452 18374 2

Gedruckt in der Gallus Druckerei KG Berlin

Printed in Germany

Meinen lieben Eltern

Vorwort

Die Preise und damit der innere Wert des Geldes haben sich in der Vergangenheit über längere Zeiträume hinweg in mehr oder weniger langen Wellenbewegungen entwickelt. In Phasen starker Aufwärtsbewegung der Preise sind Alarmmeldungen über die Substanzauszehrung der Wirtschaftsunternehmen und Warnungen vor den möglichen Folgen gerechtfertigt – Lösungsvorschläge, die auch an den Grenzen des geltenden Rechts nicht Halt machen und Forderungen nach einseitig entlastenden Maßnahmen des Gesetzgebers zumindest verständlich.

Die gegenwärtige Phase verlangsamten Preisauftriebs bietet eine Gelegenheit, die Beiträge der erregten Substanzerhaltungsdiskussion der vergangenen Jahre ohne Hast und mit einem Sinn für das nach geltendem Recht Realisierbare auszuwerten und Gedanken dazu zu entwickeln, wie der aktienrechtlichen Rechnungslegung auch ohne eine Gesetzesänderung zu besserer Funktionsfähigkeit zurückverholfen werden kann.

Die vorliegende Untersuchung wurde im Herbst 1976 abgeschlossen. Literatur und Rechtsprechung sind bis zum August 1977 berücksichtigt, wenngleich sich in der Zwischenzeit keine wesentlichen neuen Aspekte ergeben haben.

Die Arbeit hat im Wintersemester 1976/77 der Juristischen Fakultät der Ludwig-Maximilians-Universität München als Dissertation vorgelegen. Dem Erstberichterstatter, Herrn Prof. Dr. *Götz Hueck*, möchte ich an dieser Stelle für seinen Rat und seine wertvollen Anregungen meinen herzlichen Dank sagen. Den Herausgebern der »Abhandlungen zum deutschen und europäischen Handels- und Wirtschaftsrecht« bin ich für die Aufnahme der Arbeit in diese Schriftenreihe sehr verbunden.

München, im September 1977 *Erhard Hübener*

Inhalt

Abkürzungen

a. A.	anderer Ansicht
Abb.	Abbildung
AcP	Archiv für die civilistische Praxis (Band und Seite)
ADHGB	Allgemeines Deutsches Handelsgesetzbuch
a. E.	am Ende
a. F.	alte Fassung
AG	Aktiengesellschaft; Die Aktiengesellschaft (Jahr und Seite)
AktG	Aktiengesetz vom 6. 9. 1965
AktG 1937	Aktiengesetz vom 30. 1. 1937
a. M.	anderer Meinung
amtl. Begr.	amtliche Begründung
Anm.	Anmerkung
Art.	Artikel
ASSC	Accounting Standards Steering Committee
Aufl.	Auflage
BAG	Bundesarbeitsgericht
BB	Der Betriebs-Berater (Jahr und Seite)
Bd.	Band
BetrAVG	Gesetz zur Verbesserung der betrieblichen Altersversorgung vom 19. 12. 1974
BFH	Bundesfinanzhof
BFuP	Betriebswirtschaftliche Forschung und Praxis (Jahr und Seite)
BGB	Bürgerliches Gesetzbuch vom 18. 8. 1896
BGH	Bundesgerichtshof
BGHZ	Bundesgerichtshof, Entscheidungen in Zivilsachen (Band und Seite)
Bio.	Billion
BR	Deutscher Bundesrat
BT	Deutscher Bundestag
Buchst.	Buchstabe
BVerfG	Bundesverfassungsgericht
BVerwG	Bundesverwaltungsgericht
BW	Betriebswirtschaftliche Beilage zum Betriebsberater
c. p.	ceteris paribus
DB	Der Betrieb (Jahr und Seite)
ders.	derselbe

desgl.	desgeleichen
Diss.	Dissertation
DM, D-Mark	Deutsche Mark
DStR	Deutsches Steuerrecht (Jahr und Seite)
EG	Europäische Gemeinschaft
EWG	Europäische Wirtschaftsgemeinschaft
f.	folgende
FASB	Financial Accounting Standards Board
FAZ	Frankfurter Allgemeine Zeitung
ff.	fortfolgende
Fn.	Fußnote
GE	Geldentwertung
gem.	gemäß
GG	Grundgesetz für die Bundesrepublik Deutschland vom 23. 5. 1949
GM	Goldmark
GoB	Grundsätze ordnungsmäßiger Buchführung
Großkomm.	Großkommentar zum Aktiengesetz (siehe Literaturverzeichnis)
GrZS	großer Zivilsenat
HGB	Handelsgesetzbuch vom 10. 5. 1897
h. L.	herrschende Lehre
h. M.	herrschende Meinung
HRR	Höchstrichterliche Rechtsprechung (Jahr und Nr.)
Hrsg., hrsg.	Herausgeber, herausgegeben
IdW	Institut der Wirtschaftsprüfer in Deutschland e. V.
i. e. S.	im engeren Sinne
i. H.	in Höhe
insb./insbes.	insbesondere
i. S.	im Sinne
i. V.	in Verbindung
Jg.	Jahrgang
jur.	juristisch
Journal UEC	Europäische Zeitschrift für Prüfung und Beratung (Jahr und Seite)
JW	Juristische Wochenschrift (Jahr und Seite)
JZ	Juristen-Zeitung (Jahr und Seite)
Komm.	Kommentar
KStG	Körperschaftsteuergesetz vom 31. 8. 1976
KStG 1975	Körperschaftsteuergesetz vom 18. 7. 1975
LM	Lindenmeier-Möhring. Nachschlagewerk des Bundesgerichtshofs (Gesetzesstelle und Entscheidungsnummer)
Mio.	Million
Mrd.	Milliarde
m. w. N.	mit weiteren Nachweisen
NB	Neue Betriebswirtschaft (Jahr und Seite)
NF	Neue Folge
NJW	Neue Juristische Wochenschrift (Jahr und Seite)

Nr., No.	Nummer
o. a.	oben angegeben
o. ä.	oder ähnliches
OLG	Oberlandesgericht
o. Verf.	ohne Verfasser
PM	Papiermark
qm	Quadratmeter
RdA	Recht der Arbeit (Jahr und Seite)
RdL	Recht der Landwirtschaft (Jahr und Seite)
RG	Reichsgericht
RGZ	Entscheidungssammlung des Reichsgerichts in Zivilsachen (Band und Seite)
RM	Reichsmark
Rn.	Randnummer
ROHG	Reichsoberhandelsgericht
Rspr.	Rechtsprechung
S.	Seite
S.E.	Societas Europaea
s. o.	siehe oben
sog.	sogenannt
Sp.	Spalte
StB	Steuerblatt (niederländisches)
s. u.	siehe unten
SZ	Süddeutsche Zeitung
Tz.	Textziffer
u. a.	unter anderem
unv.	unverändert
u. U.	unter Umständen
VersR	Versicherungsrecht (Jahr und Seite)
vgl.	vergleiche
Vorb./Vorbem.	Vorbemerkung
Warn.	Warneyer, Die Rechtsprechung des Reichsgerichts (Jahr und Nr.)
WM	Wertpapier-Mitteilungen (Jahr und Seite)
WPg	Die Wirtschaftsprüfung (Jahr und Seite)
ZfB	Zeitschrift für Betriebswirtschaft (Jahr und Seite)
ZfbF	Schmalenbachs Zeitschrift für betriebswirtschaftliche Forschung (Jahr und Seite)
ZfhF	Zeitschrift für Handelswissenschaftliche Forschung (Jahr und Seite)
ZGR	Zeitschrift für Unternehmens- und Gesellschaftsrecht (Jahr und Seite)
ZMR	Zeitschrift für Miet- und Raumrecht (Jahr und Seite)
Ziff.	Ziffer
zit.	zitiert
ZRP	Zeitschrift für Rechtspolitik (Jahr und Seite)
z. Z.	zur Zeit

Literatur

Accounting Standards Division	Statement of Position on: Reporting the Effects of General Price-Level Changes, in: Financial Statements, April 1974.
Accounting Standards Steering Committee	Accounting for Change in the Purchasing Power of Money, in: The Accountant 1973, 73 ff.
Adler/Düring/Schmaltz	Rechnungslegung und Prüfung der Aktiengesellschaft, 4. Aufl., Band 1, Stuttgart 1968; Band 2, Stuttgart 1971.
Albach	Aktienrechtliche Publizität und Börsenkursentwicklung, in: Festschrift für Ernst Geßler, München 1971, S. 61 ff. (zit.: *Albach*, Aktienrechtliche Publizität, in: Festschrift für Geßler).
–	Die Organisation des Entscheidungsprozesses nach dem AktG 1965, in: NB 1966, 30 ff.
–	Rechnungslegung im neuen Aktienrecht, in: NB 1966, 178 ff.
v. Arnim	Steuerrecht bei Geldentwertung, in: BB 1973, 621 ff.
Badura	Das Verwaltungsmonopol, Berlin 1963.
Ballerstedt	Kapital, Gewinn und Ausschüttung bei Kapitalgesellschaften, Tübingen 1949.
Barth	Die Entwicklung des deutschen Bilanzrechts (Handelsrechtlich), Band I, Stuttgart 1953.
Baumbach/Duden	Handelsgesetzbuch, 22. Aufl., München 1977.
Baumbach/Hueck	Aktiengesetz, 13. Aufl., München 1968, und 12. Aufl., München/Berlin 1965 (zit. mit Aufl.).
Bernheimer	Der Kapitalerhaltungsgedanke und seine Realisierungsmöglichkeiten im geltenden Handelsrecht – eine interessenbezogene Betrachtung – Diplomarbeit der Staatswissenschaftlichen Fakultät der Ludwig-Maximilian-Universität München, 1. 12. 1975.
Bettermann	Die Geldentwertung als Rechtsproblem, in: ZRP 1974, 13 ff.
–	Über Inhalt, Grund und Grenzen des Nominalismus, in: RdA 1975, 2 ff.

Bierich Geldwertschwankungen und Rechnungslegung der Unternehmung, Vortrag auf dem Deutschen Betriebswirtschafter-Tag, 1. 10. 1973, Deutsche Gesellschaft für Betriebswirtschaft, Berlin 1974 (zit.: Vortrag auf dem Deutschen Betriebswirtschafter-Tag, 1. 10. 1973).

– Substanzerhaltungsrechnungen in der Praxis, in: BFuP 1973, 521 ff.

Blank Bilanzierung bei laufender Geldentwertung und Angebot vinkulierter Namensaktien an die Belegschaft. Referat auf der Hauptversammlung der Eternit AG am 22. 8. 1972, veröffentlicht als Anlage zum Geschäftsbericht.

Boecken Nominalwertprinzip und Substanzerhaltung, in: DB 1974, 881 ff.

Brinkmann Auswirkungen von inflationären Preissteigerungen auf den Jahresabschluß, in: DB 1976, 1589 ff.

Bucher Zur globalen Berechnung von Scheingewinn und inflationsbedingter Kapitalbildung beim Vorratsvermögen, in: DB 1973, 1513.

Büschgen Investition und Finanzierung im Zeichen von Geldwertverschlechterung, in: WPg 1974, 10 ff.

Busse von Colbe Eliminierung von Preis- und Geldwertschwankungen, in: Handwörterbuch der Betriebswirtschaft, Band II, 3. Aufl., Stuttgart 1960, Sp. 4423 ff.

– Substanzerhaltung, in: Handwörterbuch der Betriebswirtschaft, Band III, 3. Aufl., Stuttgart 1960, Sp. 5310 ff.

– Der Jahresabschluß der S.E., in: Lutter (Hrsg.), Die Europäische Aktiengesellschaft, S. 241 ff.

v. Caemmerer Empfehlen sich unter Berücksichtigung der rechtlichen Regelung in anderen europäischen Staaten gesetzliche Bestimmungen über die Wertsicherung? Soll unter diesem Gesichtspunkt § 3 des Währungsgesetzes aufgehoben oder geändert werden? in: Gesammelte Schriften, Band II, Tübingen 1968, S. 285 ff. (zit.: *v. Caemmerer*, Gesammelte Schriften).

Castan Publizitätspflicht für alle Großunternehmen, in: DB 1968, 515 ff.

Claussen Diskussionsbeitrag zum Thema: Die Publizitätsinteressen der Anteilseigner, in: Das Frankfurter Publizitätsgespräch, Frankfurt am Main 1962, S. 59 ff. (zit.: *Claussen*, Diskussionsbeitrag, in: Das Frankfurter Publizitätsgespräch)

– Bilanzierungsgrundsätze des neuen Aktienrechts, in: AG 1968, 1 ff.

Coenenberg — Jahresabschluß und Jahresabschlußanalyse, München 1974.

– — Inflationsbereinigte Rechnungslegung – Diskussionsstand in Deutschland, in: AG 1975, 113 ff.

Deutsch — Fahrlässigkeit und erforderliche Sorgfalt, Köln/Berlin/Bonn/München 1963.

Deutsche Bundesbank — Das Ausmaß der Geldentwertung seit 1950 und die weitere Entwicklung des Geldwerts. Gutachten vom 21. 7. 1965, in: Monatsbericht der Deutschen Bundesbank, März 1968, S. 3 ff.

Deutscher Bundesrat — Beschluß vom 5. 4. 1974 (Drucks. 189/74). Gesetzentwurf zur Ermächtigung der Bundesregierung zum Erlaß einer Rechtsverordnung zur Bildung steuerfreier Rücklagen für die inflationsneutrale Wiederbeschaffung abgenutzter Anlagegüter.

Dietz/Richardi — Betriebsverfassungsgesetz, 5. Aufl., München 1973.

Döllerer — Diskussionsbeitrag über das Thema »Geldwertänderung und Bilanz«, in: Bericht über die Fachtagung 1971 des Instituts der Wirtschaftsprüfer in Deutschland e. V., Düsseldorf 1971, S. 81 ff. (zit.: *Döllerer,* in: Bericht über die Fachtagung 1971 des IdW).

– — Zweck der aktienrechtlichen Publizität, in: BB 1958, 1281 ff.

– — Rechnungslegung und Finanzierung, in: BB 1962, 190 ff.

– — Rechnungslegung nach dem neuen AktG und ihre Auswirkungen auf das Steuerrecht, in: BB 1965, 1405 ff.

– — Gläubigerschutz und Aktionärsschutz im neuen Aktiengesetz – ein Scheingegensatz, in: BB 1966, 629 ff.

Dose — Die Rechtsstellung der Vorstandsmitglieder einer Aktiengesellschaft, 3. Aufl., Köln 1974.

– — Zivilrechtliche Haftung und Aufgabendelegation auf Ausschüsse im Aufsichtsrat der AG, in: ZGR 1973, 300 ff.

Düringer/Hachenburg — Das Handelsgesetzbuch, Band I, 2. Aufl., Mannheim 1908; Band III, 3. Aufl., Mannheim/Berlin/Leipzig 1934.

Dürkes — Wertsicherungsklauseln, 8. Aufl., Heidelberg 1972.

Eckardt — Die Substanzerhaltung industrieller Betriebe, Köln/Opladen 1963.

Elmendorff — Die Rechnungslegungsvorschriften nach dem Vorschlag einer 4. Richtlinie der Kommission der Europäischen Gemeinschaften, in: WPg 1972, 29 ff.

Endres — Der erzielte und der ausschüttbare Gewinn der Betriebe, Köln/Opladen 1967.

Erman — Handkommentar zum Bürgerlichen Gesetzbuch, 1. Band, 6. Aufl., Münster 1975; 2. Band, 6. Aufl., Münster 1975 (zit.: *Erman/Bearbeiter)*.

Esser — Grundsatz und Norm in der richterlichen Fortbildung des Privatrechts, 3. Aufl., Tübingen 1974.

Feuerbaum — Die polare Bilanz, Berlin 1966.

– Nominelle und substantielle Kapitalerhaltung im Handels- und Steuerrecht, in: DB 1966, 509 ff.

– Aktuelle Fragen zur Eliminierung von Scheingewinnen in der Bilanz, in: DB 1973, 737 ff., 795 ff.

– Tendenzumschwung in der Diskussion um die Eliminierung von Scheingewinnen in der Bilanz, in: BFuP 1974, 439 ff.

– Diskussion um die Eliminierung von Preissteigerungen in der Bilanz, in: BB 1971, 1271 ff.

– Konsequenzen der ausufernden Besteuerung von Scheingewinnen, in: DB 1976, 1595 ff., 1637 ff.

Fikentscher — Schuldrecht, 4. Aufl., Berlin/New York 1973.

Financial Accounting Standards Board — Discussion Memorandum: »Reporting the Effects of General Price-Level Changes«, in: Financial Statements, February 1974 (zit.: FASB-Memorandum).

Fischer — Die Bilanzwerte, was sie sind und was sie nicht sind, 1. Teil, Leipzig 1905; 2. Teil, Leipzig 1908.

Fögen — Geld- und Währungsrecht, München 1969.

Forster — Überlegungen zur Rücklagendotierung aus dem Gewinn, in: Aktuelle Fragen der Unternehmensfinanzierung und Unternehmensberatung, Kurt Schmaltz zum 70. Geburtstag, Stuttgart 1970, S. 203 ff. (zit.: *Forster*, Überlegungen in Festschrift für Schmaltz).

– Vom Gläubigerschutz zum Aktionärsschutz – der Wandel in den Bewertungsbestimmungen des Aktienrechts, in: WPg 1964, 422 ff.

– Neue Pflichten des Abschlußprüfers nach dem Aktiengesetz von 1965, in: WPg 1965, 585 ff.

– Bewertungsstetigkeit und Rechnungslegung nach dem AktG 1965, in: WPg 1966, 555 ff.

– Einige Bemerkungen zur Dotierung freier Rücklagen aus dem Jahresabschluß, in: BFuP 1973, 531 ff.

Gadomski — Zur beabsichtigten Einführung der Rechnungslegung auf der Basis von Zeitwerten, in: WPg 1977, 266 ff.

Gail — Unternehmerische Werterhaltung und steuerliche Gewinnermittlung, in: BB 1965, 877 ff.

Gemper — Probleme der Nominalwertrechnung bei inflatorischer Geldentwertung, in: Beiträge des Deutschen Industrieinstituts, Heft 12, Köln 1972.

– Geldentwertung, Nominalwertprinzip und Besteuerung. Fehlende wirtschaftliche Interpretation des Nominalwertprinzips, in: BB 1972, 761 ff.

Geßler Der Bedeutungswandel der Rechnungslegung im Aktienrecht, in: Fünfundsiebzig Jahre Deutsche Treuhand-Gesellschaft 1890–1965, Frankfurt am Main 1965, S. 129 ff.

– Vorstand und Aufsichtsrat im neuen Aktiengesetz, in: JW 1937, 497 ff.

Geßler/Hefermehl/Eckardt/Kropff Aktiengesetz, Band II, München 1973, 1974; Band III, München 1973 (zit.: *Bearbeiter,* in: Geßler/Hefermehl/Eckardt/Kropff).

Godin/Wilhelmi Aktiengesetz, Kommentar, Band 1, 4. Aufl., Berlin 1971.

Goerdeler Geschäftsbericht, Konzernbericht und »Abhängigkeitsbericht« aus der Sicht des Wirtschaftsprüfers, in: WPg 1966, 113 ff.

Golling Sorgfaltspflicht und Verantwortlichkeit der Vorstandsmitglieder für ihre Geschäftsführung innerhalb der nicht konzerngebundenen Aktiengesellschaft, Bad Schwartau 1969.

Greiffenhagen Zur Problematik der Rechnungslegungspublizität von Großunternehmen und Konzernen außerhalb der aktienrechtlichen Unternehmensform mit der Sicht auf europäische Entwicklungen, in: WPg 1968, 113 ff.

Großkommentar Aktiengesetz, Band 1, 1., 2. Halbband, 3. Aufl., Berlin 1973; Band 2, 3. Aufl., Berlin 1970 (zit.: *Bearbeiter,* in: Großkommentar).

Gruhler Die Eigenkapitalausstattung deutscher Unternehmen, in: AG 1977, 73 ff.

Gutenberg Betriebswirtschaftslehre als Wissenschaft, 2. Aufl., Krefeld 1961.

Haase Gewinne nur fürs Auge, in: Wirtschaftswoche, Heft 32/1973 vom 3. 8. 1973, S. 32 ff.

Haberler Der Sinn der Indexzahlen, Tübingen 1927.

Hanau Was bedeutet paritätische Mitbestimmung für das kollektive Arbeitsrecht? in: BB 1969, 760 ff.

Hartz Auswirkungen der Geldentwertung im Steuerrecht und auf die Vermögensbildung – Notwendigkeit und Möglichkeit eines Ausgleichs, in: DB 1973, 1519 ff.

Hasenack Die Anlagenabschreibung im Wertumlauf der Betriebe und die Sicherung der Wirtschaft, in: ZfB 1938, 113 ff.

Havermann Substanzerhaltungsmaßnahmen im Jahresabschluß. Vorschläge zur Harmonisierung der Rechnungslegungsvorschriften in der EG, in: BFuP 1973, 536 ff.

– Zur Berücksichtigung von Preissteigerungen in der Rechnungslegung der Unternehmen, in: WPg 1974, 423 ff., 445 ff.

– Vortrag auf dem 28. Deutschen Betriebswirtschafts-Tag in Berlin, Bericht o. Verf. der Frankfurter Allgemeinen Zeitung vom 26. 9. 1974, S. 14.

Hax Die Substanzerhaltung der Betriebe, Köln/Opladen 1957.

– Bilanztheorien, allgemein, in: Handwörterbuch des Rechnungswesens, Stuttgart 1970, Sp. 238 ff.

– Bilanzgewinn und Geldwertschwankungen, in: ZfhF (NF, Jg. 3) 1951, 433 ff.

Hax/Knorr/Meier Ein Verfahren zur Erfassung und Neutralisierung von Geldwertveränderungen, in: WPg 1952, 293 ff.

Hedemann Reichsgericht und Wirtschaftsrecht, Jena 1929.

Hennemann Für die Regierung bleibt Mark gleich Mark, Süddeutsche Zeitung vom 16. 8. 1975, S. 4.

Hergenhahn Das Reichsgesetz, betreffend die Kommandit-Gesellschaften auf Aktien und die Aktien-Gesellschaften vom 18. Juli 1884, Berlin 1891.

Hess/Lege Zur neueren brasilianischen Inflationsbilanzierung, in: WPg 1976, 345 ff.

Höfer/Kemper Einzelfragen zur Anpassung betrieblicher Versorgungsleistungen, in: DB 1974, 1573 ff.

Hopt/Will Europäisches Insiderrecht, Münchener Universitätsschriften, Stuttgart 1973.

Hübener Anlageproblematik 1971, in: DB 1970 Beilage 19, S. 3 ff.

Hueck, A. Gesellschaftsrecht, 17. Aufl., gegründet von A. Hueck, fortgeführt von G. Hueck, München 1975.

– Das Recht der offenen Handelsgesellschaft, 4. Aufl., Berlin/New York 1971 (zit.: *Hueck,* Das Recht der OHG).

Hueck, G. Der Grundsatz der gleichmäßigen Behandlung im Privatrecht, Berlin/München 1958 (zit.: *G. Hueck,* Gleichbehandlung).

– Diskussionsbeitrag zum Thema »Die Publizitätsinteressen der Anteilseigner«, in: Das Frankfurter Publizitätsgespräch, Frankfurt am Main 1962, S. 54 ff.

Hueck/Nipperdey Lehrbuch des Arbeitsrechts, Band 1, 7. Aufl., Berlin/Frankfurt am Main 1963.

Institut der Wirtschaftsprüfer in Deutschland e. V. Entwurf einer Verlautbarung »Zur Berücksichtigung der Substanzerhaltung bei der Rechnungslegung«, in: WPg 1974, 666 f.

Institute of Chartered Accountants in England and Wales — Provisional Statement No. 7: »Accounting for Changes in the Purchasing Power of Money«, May 1974 (zit.: Provisional Statement No. 7 und PSSAP No. 7).

Jacobs — Auswirkungen der Inflation auf unternehmerische und gesetzgeberische Entscheidungen, in: DB 1974, 1026 ff.

– — Die Bedeutung von Schuldnergewinnen bei Geldentwertung im handels- und steuerrechtlichen Jahresabschluß sowie in den verschiedenen Erhaltungskonzeptionen in Bilanzfragen, Festschrift zum 65. Gebrutstag von Prof. Dr. Ulrich Leffson, hrsg. von Jörg Baetge, Adolf Moxter und Dieter Schneider, Düsseldorf 1976, S. 235 ff. (zit.: *Jacobs,* in: Festschrift für Leffson).

Jonas — Handelsbilanz und Inflation, in: DB 1973, 1957 ff.

Kaiser — Mark ist nicht mehr gleich Mark. Der Schutz des Eigentums in der Inflation, in: Festschrift für E. R. Huber, Göttingen 1973.

Kandelbinder — Die Gewinn- und Verlustrechnung in der unternehmerischen Wirtschaft, München 1973.

Kayser — Gesetz, betreffend die Kommanditgesellschaften auf Aktien und die Aktiengesellschaften vom 18. Juli 1884, Berlin 1884.

Klein — Möglichkeiten der Eliminierung von Scheingewinnen im Anlagevermögen – vornehmlich bei anlageintensiven Unternehmen – und ihre Grenzen, in: DB 1973, 193 ff.

– — Eliminierung von Scheingewinnen im Bereich des Vorratsvermögens, vornehmlich bei Massengütern, in: DB 1972, 2169 ff., 2217 ff.

Knapp — Staatliche Theorie des Geldes, 3. Aufl., München 1921.

Kölner Kommentar zum Aktiengesetz — Band 1, Lieferung 1 bis 3, Köln/Berlin/Bonn/München 1970; Lieferung 4 und 5, Köln/Berlin/Bonn/München 1973; Band 2, 1. Lieferung, Köln/Berlin/Bonn/München 1971 (zit.: *Bearbeiter,* in: Kölner Kommentar zum Aktiengesetz).

Kommission der Europäischen Gemeinschaften — Vorschlag eines Statuts für Europäische Aktiengesellschaften, in: Sonderbeilage zu Bulletin 8 – 1970 der Europäischen Gemeinschaften (zit.: S.E.-Entwurf).

Kremer/Kremer — Die Verantwortlichkeit von Vorstand, Aufsichtsrat und Wirtschaftsprüfer bezüglich der Behandlung von Scheingewinnen, in: WPg 1952, 414 ff.

Kronstein — Die Publizität außerhalb der Aktiengesellschaften, in: BB 1964, 1055 ff.

Kronstein/Claussen — Publizität und Gewinnverteilung im neuen Aktienrecht, Frankfurt am Main 1960.

Kropff — Aktiengesetz, Düsseldorf 1965.

– Bilanzwahrheit und Ermessensspielraum in den Rechnungslegungsvorschriften des Aktiengesetzes 1965, in: WPg 1966, 369 ff.

Kruse Grundsätze ordnungsmäßiger Buchführung, Köln 1970.

– Steuerrecht I, Allgemeiner Teil, 3. Aufl., München 1973.

Larenz Allgemeiner Teil des deutschen Bürgerlichen Rechts, 2. Aufl., München 1972 (zit.: *Larenz*, Allgemeiner Teil).

– Lehrbuch des Schuldrechts, Erster Band, 11. Aufl., München 1976; Zweiter Band, 10. Aufl., München 1972 (zit.: *Larenz*, Schuldrecht Bd. 1 und Bd. 2).

– Über Fahrlässigkeitsmaßstäbe im Zivilrecht, in: Festschrift zum 60. Geburtstag von Walter Wilburg, Graz 1965, S. 119 ff. (zit.: *Larenz*, Fahrlässigkeitsmaßstäbe, in: Festschrift für Wilburg).

– Methodenlehre der Rechtswissenschaft, 3. Aufl., Berlin/Heidelberg/New York 1975 (zit.: *Larenz*, Methodenlehre).

Leffson Die Grundsätze ordnungsgemäßer Buchführung, 2. Aufl., Düsseldorf 1970.

Luik Der Einfluß von Preissteigerungen auf den Jahresabschluß, Vortrag vom 5. 7. 1973 vor dem Landesverband der Baden-Württembergischen Industrie e. V.

Lutter Kapital, Sicherung der Kapitalaufbringung und Kapitalerhaltung in den Aktien- und GmbH-Rechten der EWG, Karlsruhe 1964 (zit.: *Lutter*, Kapital).

Lutter (Hrsg.) Die Europäische Aktiengesellschaft, Köln/Berlin/Bonn/München 1976.

Lutter und *Busse von Colbe* (Hrsg.) Wirtschaftsprüfung heute: Entwicklung oder Reform? Ein Bochumer Symposion, Wiesbaden, 1977 (zit.: *Lutter*, Wirtschaftsprüfung heute).

Mahlberg Bilanztechnik und Bewertung bei schwankender Währung, Leipzig 1921.

Mang/Mindunsky Berücksichtigung von Scheingewinnen im Jahresabschluß der Standard Elektrik Lorenz AG, Stuttgart 1974.

Mann Das Recht des Geldes, Frankfurt am Main 1960.

– Geldentwertung und Recht, in: NJW 1974, 1297 ff.

v. Maydell Geldschuld und Geldwert, München 1974.

Medicus Privatrechtliche Fragen zur Geldentwertung, in: DB 1974, 759 ff.

Meier Diskussionsbeitrag über das Thema: Geldwertänderung und Bilanz, in: Bericht über die Fachtagung des Instituts der Wirtschaftsprüfer in Deutschland e. V. 1971, Düsseldorf 1971, S. 71 ff. (zit.: *Meier,* in: Bericht über die Fachtagung des IdW).

– Vorschlag zur Erfassung der wirklichen Scheingewinne und Rücklagenbildung in der Handels- und Steuerbilanz, in: WPg 1951, 389 ff.

Merkert Der Kaufkraftschwund der DM als Rechtsproblem der Gewinnbesteuerung, in: DB 1974, 496 ff.

Mestmäcker Verwaltung, Konzerngewalt und Recht der Aktionäre, Karlsruhe 1958.

Meyers Handbuch über die Wirtschaft, 3. Aufl., Mannheim 1974.

Moxter Bilanzlehre, Wiesbaden 1974.

– Substanzerhaltung und Aktienrecht, in: ZfbF 1976, 694 ff.

Mügel Geldentwertung und Gesetzgebung, in: Wirtschaftsrecht und Wirtschaftspflege, Heft VII, Berlin 1923 (zit.: *Mügel,* Geldentwertung).

– Das gesamte Aufwertungsrecht, 3. Aufl., Berlin 1926.

Münstermann Die Bedeutung des ökonomischen Gewinns für den externen Jahresabschluß der Aktiengesellschaft, in: WPg 1966, 579 ff.

Mutze Nominalwertprinzip und Substanzerhaltung in Recht und Wirtschaft, in: AG 1975, 184 ff.

Niehus Zur Berücksichtigung der Substanzerhaltung bei der Rechnungslegung, in: WPg 1974, 649 ff.

– Zur Berücksichtigung von Geldwertschwankungen in ausländischen Jahresabschlüssen, in: WPg 1975, 153 ff. und 183 ff.

– Inflation Accounting – Einige Anmerkungen zum »Sandilands-Report« –, in: WPg 1976, 129 ff.

– Wiederbeschaffungswerte (»replacement costs«) in den Jahresabschlüssen in Großbritannien, USA und der Bundesrepublik, in: WPg 1977, 257 ff.

Nußbaum Das Geld in Theorie und Praxis des deutschen und ausländischen Rechts, Tübingen 1925.

Orgrissek Geldentwertung und Produktivvermögen, Köln 1975.

Palandt Bürgerliches Gesetzbuch, 36. Aufl., München 1977 (zit.: *Palandt/Bearbeiter*).

Passow Die Aktiengesellschaft, 2. Aufl., Jena 1922.

Pearcy Inflation und veröffentlichte Jahresabschlüsse in Großbritannien, in: Journal UEC 1971, 204 ff.

Pfleiderer Währungen, in: Staatslexikon. Recht, Staat, Wirtschaft, Band 8, 6. Aufl., Freiburg 1963, Sp. 406 ff.

– Diskussionsbeitrag in der Podiumsdiskussion über das Thema: »Geldwert und Recht«, in: Verhandlungen des Fünfzigsten Deutschen Juristentages, Band II, München 1974, N 22 ff. (zit.: *Pfleiderer,* Diskussionsbeitrag in Verhandlungen des 50. Deutschen Juristentages).

Pickardt Die zivilrechtliche Haftung des Vorstands abhängiger Aktiengesellschaften nach dem Aktiengesetz vom 6. 9. 1965, Jur. Diss. Hamburg 1973.

Plückebaum/Wendt Aktienrechtliche Bilanzierungsvorschriften und bilanzsteuerliche Auswirkungen, Stuttgart 1973.

Potthoff Vorrang für gesunde Unternehmensfinanzen – Unternehmensfinanzierung im Sog der Geldwertverschlechterung, in: DB 1973, 2 ff.

Reich Die Entwicklung des deutschen Aktienrechts im 19. Jahrhundert, in: Ius Commune, Veröffentlichung des Max-Planck-Instituts für Europäische Rechtsgeschichte, Band 2, Frankfurt am Main 1969, S. 239 ff.

Reichert-Facilides Geldwertschwankungen und Privatrecht, in: JZ 1969, 617 ff.

– Geldentwertung und Recht, in: JZ 1974, 483 ff.

Reuter Nominalprinzip und Geldentwertung, in: ZHR 1973, 482 ff.

Rieger Einführung in die Privatwirtschaftslehre, 2. Aufl., Erlangen 1959.

Rittner Die Verantwortlichkeit des Vorstands nach § 76 Abs. 1 AktG 1965, in: Festschrift für Ernst Geßler, München 1971, S. 139 ff. (zit.: *Rittner,* Verantwortung, in: Festschrift für Geßler).

Rosendorff Die Goldmarkbilanz, Berlin 1924.

Saage Die Reservepolitik im neuen Aktienrecht, in: NB 1966, 71 ff.

Schaer Buchhaltung und Bilanz, 5. Aufl., Berlin 1921.

Schildbach Zur Verwendbarkeit der Substanzerhaltungskonzeption in der Handels- und Steuerbilanz, in: BB 1974, 49 ff.

– Die Konzeption der realen Geldkapitalerhaltung von Eugen Schmalenbach, in: BFuP 1974, 138 ff.

Schlegelberger Handelsgesetzbuch, 4. Band, 5. Aufl., Berlin/Frankfurt am Main 1976.

Schlegelberger/Quassowski Aktiengesetz, 3. Aufl., Berlin 1939.

Schmalenbach Dynamische Bilanz, 4. Aufl., Leipzig 1926; 13. Aufl., Köln 1962.

– Goldmarkbilanz, Berlin 1922.

– Geldwertausgleich in der bilanzmäßigen Erfolgsrechnung, in: ZfhF (15. Jg.) 1921, 401 ff.

Schmidt, Fritz Die organische Tageswertbilanz, 4. Aufl. (unv. Nachdruck der 3. Aufl., 1928), Wiesbaden 1951.

Schmidt, Ralf-Bodo Kapitalerhaltung und Rechnungswesen, in: Handwörterbuch des Rechnungswesens, Stuttgart 1970, Sp. 772 ff.

Schneider Bilanztheorien, neuere Ansätze, in: Handwörterbuch des Rechnungswesens, Stuttgart 1970, Sp. 259 ff.

– Ausschüttungsfähiger Gewinn und Minimum an Selbstfinanzierung, in: ZfhF 1968, 1 ff.

– Aktienrechtlicher Gewinn und ausschüttungsfähiger Betrag, in: WPg 1971, 607 ff.

– Bestimmungsgründe des Substanzverzehrs durch Scheingewinnbesteuerung, in: DB 1974, 1073 ff.

– Der Gewinnbegriff vor der Betriebswirtschaftslehre und die Substanzerhaltungsdiskussion heute, in: ZfbF 1976, 724 ff.

Schnettler Grundsätzliches zum Problem der betrieblichen Substanzerhaltung, in: BFuP 1953, 193 ff.

– Ziele und Grenzen der betrieblichen Werterhaltung, in: ZfhF 1955, 521 ff.

Schuhmacher Scheingewinne durch Preissteigerungen beim abnutzbaren Sachanlagevermögen und Maßnahmen zur Verhinderung ihrer Ausschüttung, in: BFuP 1973, 563 ff.

– Es ist nicht so einfach, mit der Inflation zu leben, in: Frankfurter Allgemeine Zeitung, Blick durch die Wirtschaft vom 31. 7. 1972, S. 3.

Schweitzer Bilanztheorien, organische, in: Handwörterbuch des Rechnungswesens, Stuttgart 1970, Sp. 270 ff.

Sieben Geldwertänderung und Bilanz, in: Bericht über die Fachtagung des Instituts der Wirtschaftsprüfer in Deutschland e. V. 1971, Düsseldorf 1971, S. 57 ff. (zit.: *Sieben*, in: Bericht über die Fachtagung 1971 des IdW).

– Geldwertänderung und Bilanz, in: BB 1971, 61 ff. der Betriebswirtschaftlichen Beilage (BW) zu Heft 26.

Sieben/Schildbach Substanzerhaltung und anteilige Fremdfinanzierung, in: BFuP 1973, 577 ff.

Simitis Bemerkungen zur rechtlichen Sonderstellung des Geldes, in: AcP 159, 406 ff.

Simon Die Bilanzen der Aktiengesellschaften, 1. Aufl., Berlin 1886.

Sommerfeld Der Unternehmer als Verwalter von Volksvermögen, Hamburg 1934.

Spanner — Steuer und Geldentwertung – Verfassungsprobleme, in: DStR 1975, 475 ff.

Statistisches Bundesamt — Statistisches Jahrbuch für die Bundesrepublik Deutschland, Stuttgart/Mainz 1975 und 1977.

v. Stebut — Geheimnisschutz und Verschwiegenheitspflicht im Aktienrecht, Köln/Berlin/Bonn/München 1972.

– — Gesetzliche Vorschriften gegen den Mißbrauch von Insiderinformationen, in: DB 1974, 613 ff.

Strobel — Der Einfluß der allgemeinen Inflation auf Ausschüttungsniveau, Investitions- und Kapitalstruktur einer Unternehmung, in: DB 1976, 2217 ff., 2265 ff.

Stützel — Diskussionsbeitrag in der Podiumsdiskussion über das Thema »Geldwert und Recht«, in: Verhandlungen des Fünfzigsten Deutschen Juristentages, Band II, München 1974, N 26 ff. (zit.: *Stützel,* Diskussionsbeitrag in Verhandlungen des 50. Deutschen Juristentages).

– — Bemerkungen zur Bilanztheorie, in: ZfB 1967, 314 ff.

Thomä — Diskussionsbeitrag zum Thema »Mittler der Publizität«, in: Das Frankfurter Publizitätsgespräch, Frankfurt am Main 1962, S. 286 ff. (zit.: *Thomä,* Diskussionsbeitrag, in: Das Frankfurter Publizitätsgespräch).

Timm — Anm. zu OLG Düsseldorf vom 22. 3. 1977, in: AG 1977, 197 ff.

Tischer — Die »Currant Purchasing Power Method«, in: DB 1976, 1117 ff.

Ulrich, W. — Die Bilanzen stimmen nicht mehr, in: Frankfurter Allgemeine Zeitung, Blick durch die Wirtschaft vom 23. 8. 1971, S. 4.

– — Noch erhebliche steuerliche Wettbewerbsverzerrungen in der EWG, in Frankfurter Allgemeine Zeitung, Blick durch die Wirtschaft vom 15. 1. 1973, S. 3 und 5.

Vermeulen — Diskussionsbeitrag zum Thema »Geldwertänderung und Bilanz«, in: Bericht über die Fachtagung des Instituts der Wirtschaftsprüfer in Deutschland e. V. 1971, Düsseldorf 1971, S. 74 f. (zit.: *Vermeulen,* Diskussionsbeitrag, in: Bericht über die Fachtagung 1971 des IdW).

Volten — Jahresabschluß und Inflation: Antworten auf Geldwertänderungen, in: Journal UEC 1975, 173 ff.

Völschau — Zielsetzung, System und rechtliche Gestaltung der Rechnungslegungsvorschriften des neuen Aktiengesetzes, Jur. Diss., Hamburg 1970.

Wagner — Substanzerhaltung und Gewinnverwendung bei Publikumsgesellschaften, in: WPg 1976, 487 ff.

Walb — Die Erfolgsrechnung öffentlicher und privater Betriebe, Berlin 1926.

v. Wallis — Geldwertänderung und Steuerrecht, in: DB 1973, 842 ff.

Wedell — Die erneuerte Tageswertidee, in: DB 1972, 1881 ff.

Westermann, H. — Die Verantwortung des Vorstands der Aktiengesellschaft, in: Eine Freundesgabe der Wissenschaft für Ernst Helmut Vits, Frankfurt am Main 1963, S. 251 ff. (zit.: *H. Westermann,* Die Verantwortung, in: Festschrift für Vits).

Wiedemann — Grundfragen der Unternehmensverfassung, in: ZGR 1975, 385 ff.

Wiethölter — Die Publizitätsinteressen der Anteilseigner, in: Das Frankfurter Publizitätsgespräch, Frankfurt am Main 1962, S. 33 ff.

Willms — 25 Jahre Geldpolitik der Deutschen Bundesbank, in: Wirtschaftsdienst 1974, 245, 247.

v. Wilmowski — Kommentar zum Preußischen Einkommensteuergesetz vom 25. Juni 1891, 1. Aufl., Breslau 1896.

Wöhe — Bilanzierung und Bilanzpolitik, 4. Aufl., München 1976.

Wohlgemuth — Möglichkeiten der Substanzerhaltung in Zeiten inflationärer Geldentwertung, in: AG 1975, 296 ff., 313 ff.

Woltmann/Riesterer — Zur Bilanzierung unter Inflationsbedingungen – Bericht über das Ergebnis einer Umfrage der Industrie- und Handelskammer Nürnberg, in: BB 1976, 541 ff.

Würdinger — Aktien- und Konzernrecht, 3. Aufl., Karlsruhe 1973.

Zacher — Diskussionsbeitrag in der Podiumsdiskussion über das Thema: »Geldwert und Recht«, in: Verhandlungen des Fünfzigsten Deutschen Juristentages, Band II, München 1974, N 48 f. (zit.: *Zacher,* Diskussionsbeitrag in Verhandlungen des 50. Deutschen Juristentages).

Zahn — Finanzierungsproblematik bei sich ändernden Geldwerten, in: Schmalenbach und die neuere Betriebswirtschaftslehre, Bericht über die Jubiläumstagung der Schmalenbach-Gesellschaft, in: DB 1973, 2466, 2467 f.

ohne Verfasser — Der Eigenkapitalanteil geht ständig zurück. Bericht ohne Verfasser, in: Blick durch die Wirtschaft vom 5. 1. 1972.

– — Inflationsanpassung auch in der Bilanz. Bericht o. Verf. über ein Gespräch mit F.-H. Ulrich, Handelsblatt vom 9. 8. 1972, S. 1.

– »Der Gewerkschaft fehlt jedes Verständnis«, Bericht o. Verf., in: Spiegel, Heft Nr. 16/1976 vom 12. 4. 1976, S. 89 ff.

– Zehrt die Geldentwertung an den Dividenden? Beitrag o. Verf., in: Die Zeit Nr. 48 vom 1. 12. 1972, S. 46.

(Sofern eine Verwechselungsgefahr mit anderen Werken eines Verfassers ausgeschlossen erscheint, werden längere Buchtitel in den Fußnoten nur mit dem Namen des Verfassers zitiert.)

Geschäftsberichte:

1971 der Eternit-AG Berlin
1971/72 der Haake-Beck-Brauerei AG Bremen
1973 der Mannesmann AG Düsseldorf
1971 und 1973 der Portland-Zementwerke-Heidelberg AG
1971/72 und 1973/74 der Siemens AG München
1972 und 1973 der Standard Elektrik Lorenz AG Stuttgart
1973 der N.V. Philips' Gloeilampenfabrieken Eindhoven

Einleitung

Die Inflationssituation der Gegenwart

In den vergangenen Jahren haben Höhe, Dauer und die bis 1975 steigende Tendenz der jährlichen Geldwertverschlechterung zu wachsender Besorgnis in allen Bereichen des Wirtschaftslebens geführt. Während die sog. »schleichende Inflation« der frühen sechziger Jahre nur für Geldgläubiger langfristiger Leistungsaustauschverträge fühlbar wurde, bedrückt das Problem der Verschlechterung des Geldwertes heute weiteste Bevölkerungskreise: Der größte Teil selbst zweistelliger Tarifabschlüsse dient lediglich zum Ausgleich der gesunkenen Kaufkraft, und auch der Zins für langfristige Geldanlagen kann – wegen der Steuerprogression – nur noch bei einkommensschwachen Schichten einen realen Substanzverlust verhindern. Auch die Bezieher nichtdynamisierter Ruhegehälter konnten eine Anpassung ihrer Bezüge – abgesehen von der Regelung des § 16 BetrAVG – erst fordern, wenn die Verweigerung eines jeden Geldentwertungsausgleichs das Gerechtigkeitsempfinden in unerträglicher Weise verletzte.

Abseits von der Diskussion der breiten Öffentlichkeit liegt eine nicht minder bedeutsame Folge der Geldentwertung: die Verfälschung der aktienrechtlichen Rechnungslegung. Durch die gegenwärtig zu beobachtenden Preissteigerungen und die damit verbundene Verschlechterung des Geldwerts werden die Jahresabschlüsse, das wichtigste Mittel der aktienrechtlichen Rechnungslegung, verzerrt. Denn die Unternehmen müssen nach dem Aktiengesetz ihre Vermögens- und Ertragslage nominal, d. h. ohne Berücksichtigung der Preis- und Geldwertänderungen, darstellen. Das aber führt bei einer Vielzahl von Unternehmen zu einer zu günstigen Darstellung ihrer Ertragslage, zum Ausweis von sog. Scheingewinnen und – im Falle ihrer Ausschüttung – zu einer ernsten Gefährdung der Unternehmenssubstanz.

Die drohende Substanzauszehrung für die nach dem Aktiengesetz bilanzierenden Unternehmen ist die vielleicht spektakulärste, nicht aber die einzige Folge der Nichtberücksichtigung der Preis- und Geldwertänderung in der aktienrechtlichen Rechnungslegung. Andere Folgen, auf die im ersten Teil der Arbeit einzugehen sein wird, stehen ihr an Gefährlichkeit nicht nach[1].

1 So etwa die Störung der im Aktiengesetz festgelegten Kompetenzverteilung zwischen dem Vorstand und der Hauptversammlung sowie die Verzerrung der internen und der externen Rechnungslegung.

Angesichts der Auswirkungen, die die Nichtberücksichtigung der derzeit erheblichen Preiserhöhungen wie auch der allgemeinen Geldentwertung in der aktienrechtlichen Rechnungslegung hervorruft, hielt man es in Kreisen der Wirtschaft, der Wirtschaftswissenschaften sowie der Wirtschaftspresse für erforderlich, sich mit eindringlichen Worten an die Öffentlichkeit zu wenden. Rufe wie: »Die Bilanzen stimmen nicht mehr«[2] oder »Gewinne nur fürs Auge«[3] und auch die Klage: »Es ist nicht so einfach, mit der Inflation zu leben«[4] stehen für die große Sorge, die sich in der Wirtschaft wegen der Auswirkungen der »schleichenden Inflation« auf die Substanz der Unternehmen ausgebreitet hat. Auf Vorträgen und in Interviews stellten führende Manager fest, die Inflation beginne jetzt »spürbar an der Substanz der Unternehmen zu nagen«[5], und forderten eine Inflationsanpassung auch in der Bilanz[6].

Zielsetzung der juristischen Untersuchungen und des betriebswirtschaftlichen Anhangs

Die Forderung an den Gesetzgeber nach einer Anpassung der aktienrechtlichen Rechnungslegung an die veränderte Geldwertsituation ist seitens der Betriebswirtschaftslehre immer wieder vorgetragen worden. Bislang vergebens. Es ist daher an der Zeit, die in der betriebswirtschaftlichen Fachdiskussion vorgebrachten Vorschläge zu diesem Problemkreis in einer geschlossenen Darstellung einmal nicht nur auf ihre betriebswirtschaftliche Eignung, sondern auch auf ihren juristischen Gehalt – besonders auf ihre Vereinbarkeit mit dem geltenden Recht – hin zu überprüfen. Eine solche Untersuchung könnte einen Weg aufzeigen, der – als Synthese des betriebswirtschaftlich Wünschenswerten mit dem juristisch (de lege lata) Realisierbaren – zur Lösung des Problems oder zumindest zu einer Verbesserung der gegenwärtigen Problemlage führt.

Sinn des betriebswirtschaftlichen Anhangs auf den S. 97 ff. dieser Arbeit ist es schließlich, dem juristischen Leser die betriebswirtschaftlichen Aspekte einer Bilanzierung bei sinkendem Geldwert aufzuzeigen. Damit soll ein

2 *Ulrich*, FAZ, Blick durch die Wirtschaft, vom 23. 8. 1971, S. 4.

3 *Haase*, Wirtschaftswoche, Heft 32/72 vom 3. 8. 1973, S. 32 ff.

4 *Schuhmacher* (Vorstand der Portland-Zementwerke Heidelberg AG), FAZ, Blick durch die Wirtschaft, vom 31. 7. 1972, S. 3.

5 *Magener* (Vorstand der BASF) in einem Vortrag über Finanzierung und Geldentwertung, zitiert in: Zehrt die Geldentwertung an den Dividenden?, Bericht o. Verf., Die Zeit, Nr. 48 vom 1. 12. 1972, S. 46.

6 *F.-H. Ulrich* (Vorstand der Deutschen Bank AG), in: Inflationsanpassung auch in der Bilanz, Bericht o. Verf., Handelsblatt vom 9. 8. 1972, S. 1.

besseres Verständnis der dieser Arbeit zugrundeliegenden Problemstellung erreicht werden.

Nicht beabsichtigt ist, durch die Untersuchung der betriebswirtschaftlichen Vorschläge zur Substanzerhaltung oder durch die Art ihrer Zusammenstellung zu betriebswirtschaftlich neuen Erkenntnissen zu gelangen. Der betriebswirtschaftliche Anhang soll vielmehr dem juristischen Leser die heute noch relevanten Überlegungen, die die Betriebswirtschaftslehre zum Problem der Rechnungslegung bei sinkendem Geldwert entwickelt hat, vermitteln und ihm damit einen gedrängten Überblick über eine Thematik geben, die er sich so nur mit Mühe aus der betriebswirtschaftlichen Literatur erschließen kann.

Die vorliegende Arbeit befaßt sich mit den Auswirkungen der Preis- und Geldwertschwankungen auf den aktienrechtlichen Jahresabschluß. Ihr Einfluß auf die Steuerbilanz soll im einzelnen nicht behandelt werden. Die Steuerbilanz wird zwar nach dem Maßgeblichkeitsprinzip aus der Handelsbilanz abgeleitet[7]. Zur Ermittlung des steuerpflichtigen Gewinns werden aber durch Spezialnormen des Steuerrechts in vielen Punkten Abweichungen von der Handelsbilanz angeordnet[8]. Daher würde eine eingehende Untersuchung der Auswirkungen der Preis- und Geldwertschwankungen auf die Steuerbilanz den Rahmen dieser Arbeit sprengen.

7 Vgl. nur etwa *Meyers,* Handbuch über die Wirtschaft, S. 1058 (Stichwort: Steuerbilanz); *Baumbach/Hueck,* Rn. 5 des Überblicks vor § 148; *Kropff,* in: Geßler/Hefermehl/Eckardt/Kropff, Anm. 23 der Vorb. zu § 148.

8 *Baumbach/Hueck,* Rn. 5 des Überblicks vor § 148. Wegen der Maßgeblichkeit der aktienrechtlichen Bilanzvorschriften für die steuerrechtliche Gewinnermittlung vgl. auch *Kropff,* in: Geßler/Hefermehl/Eckardt/Kropff, Anm. 23 ff. der Vorb. zu § 148 m. w. N.

Teil I Der Einfluß von Preis- und Geldwertänderungen auf die aktienrechtliche Rechnungslegung

I. Die Funktion der aktienrechtlichen Rechnungslegung und ihre Sicherung im geltenden Aktiengesetz

Die Rechnungslegung der Aktiengesellschaften erfolgt nach dem geltenden Aktiengesetz durch den Jahresabschluß nach § 149 AktG und den Geschäftsbericht nach § 160 AktG. Der Jahresabschluß besteht gem. § 148 AktG aus der Jahresbilanz nach §§ 151 ff. AktG und der Gewinn- und Verlustrechnung nach §§ 157 f. AktG. Dabei stellt die Jahresbilanz eine nach Gruppen geordnete Gegenüberstellung der Aktiva und der Passiva dar, die Gewinn- und Verlustrechnung zeigt die Gegenüberstellung der Aufwendungen und Erträge des Geschäftsjahrs. Das Zahlenwerk des Jahresabschlusses wird verbal ergänzt und verdeutlicht durch den in einen Lage- und einen Erläuterungsbericht unterteilten Geschäftsbericht.

Die Funktionen der aktienrechtlichen Rechnungslegung und insbesondere der Jahresbilanz[1] werden in der Literatur nicht einheitlich beurteilt. So wird einerseits die Meinung vertreten, die einzig praktikable und aussagefähige Konzeption der Handelsbilanz sei die finanzwirtschaftliche, während andererseits der Handelsbilanz 10 verschiedene Bilanzzwecke zugeordnet werden[2].

Vom juristischen Standpunkt aus kann der Streit um Anzahl und Berechtigung der Funktionen, die der Jahresbilanz vor allem von seiten der Betriebswirtschaftslehre übertragen wurden, dahinstehen[3]. Für die Bestimmung der für die juristische Beurteilung relevanten Funktionen der aktienrechtlichen Rechnungslegung kommt es allein darauf an, welche Funktionen in der gesetzlichen Ausgestaltung der Rechnungslegung im Aktiengesetz ihren Ausdruck gefunden haben. Dies sind vor allem zwei grundlegende

1 Sie wird im Schrifttum zur Abgrenzung gegenüber der Steuerbilanz üblicherweise als Handelsbilanz bezeichnet. Dazu auch *Plückebaum/Wendt,* Tz. 2.

2 Vgl. dazu *Jonas,* DB 1973, 1957, 1960 f., und *Stützel,* ZfB 1976, 314, 321 ff., 331 ff.

3 Ebenso soll hier auf eine Darstellung oder Beurteilung der verschiedenen Bilanztheorien verzichtet werden. Vgl. dazu als Überblick *Mellerowicz,* in: Großkommentar, Anm. 65 zu § 149.

Funktionen: eine Vermögensabgrenzungsfunktion[3a] und eine Rechenschafts- und Informationsfunktion[4].

A. Die Abgrenzungsfunktion

Die aktienrechtliche Rechnungslegung hat in ihrer Abgrenzungsfunktion die Aufgabe, durch die Jahresbilanz das haftende Gesellschaftsvermögen gegen die Vermögensteile abzugrenzen, die maximal ausschüttungsfähig und damit der Haftung entziehbar sind. In dieser Funktion bildet die Jahresbilanz die Grundlage für eine Ausschüttungssperre[5] des gebundenen Gesellschaftsvermögens und zugleich die Grundlage für die Beschlußfassung über die Gewinnverwendung[6].

1. Grundlage für die Ausschüttungssperre

Im geltenden Aktienrecht besteht der Grundsatz, daß – bis auf Ausnahmen in streng begrenztem Umfang – die Gesellschaft an die Aktionäre keine Vermögenszuwendungen außer dem ordnungsgemäß festgestellten und zur Verteilung beschlossenen Bilanzgewinn erbringen darf (Prinzip der Kapitalerhaltung[7]).

Die Notwendigkeit einer solchen Ausschüttungssperre ergibt sich aus dem für die Aktiengesellschaft charakteristischen, in § 1 Abs. 1 Satz 2 AktG festgelegten Grundsatz, daß die Aktiengesellschaft ihren Gläubigern gegenüber für ihre Verbindlichkeiten nur mit dem Gesellschaftsvermögen haftet. Denn die Verweisung der Gläubiger auf das Gesellschaftsvermögen erfordert – als notwendiges Korrelat –[8] einen gesetzlichen Schutz des haften-

3a Die darin enthaltene Gewinnermittlungsfunktion wurde der Rechnungslegung erst mit dem Allgemeinen Landrecht für die Preußischen Staaten von 1794 übertragen. Vgl. dazu ausführlich *Schneider*, ZfbF 1976, 724, 733 ff.

4 Vgl. etwa *Kropff*, in: Geßler/Hefermehl/Eckardt/Kropff, Anm. 3 ff. zu den Vorb. zu § 148; ähnlich *Adler/Düring/Schmaltz*, Tz. 3 zu § 149, und *Coenenberg*, AG 1975, 113.

5 *Kropff*, in: Geßler/Hefermehl/Eckardt/Kropff, Anm. 9 zu den Vorb. zu § 149; zur Dominanz des Jahresabschlußziels »Ausschüttungssperre« vgl. *Moxter*, Bilanzlehre, S. 59 ff.

6 *Adler/Düring/Schmaltz*, Tz. 3 zu § 149. Zu dem mitverfolgten Ziel einer Mindestausschüttung vgl. *Moxter*, Bilanzlehre, S. 56.

7 *Lutter*, in: Kölner Kommentar zum Aktiengesetz, Anm. 2 zu § 57; *Barz*, in: Großkommentar, Anm. 3 zu § 57; *Ballerstedt*, S. 121, 134 ff. – Vgl. zum Begriff und zur Funktion des Grund- und Stammkapitals in den EWG-Kapitalgesellschaftsrechten der EWG-Länder die umfassende Darstellung bei *Lutter*, Kapital, S. 38 ff.

8 *Baumbach/Hueck*, Rn. 2 zu § 57; *Barz*, in: Großkommentar, Anm. 1 zu § 57.

den Gesellschaftsvermögens gegen Übertragungen in den von der Haftung befreiten Aktionärsbereich. Gleichzeitig dient die Ausschüttungssperre der Kompetenzverteilung[9] zwischen Vorstand und Hauptversammlung sowie dem Schutz des anlagesuchenden Publikums, das durch die Verteilung von Dividenden aus dem gebundenen Gesellschaftsvermögen über den Ertragswert der Aktie getäuscht werden könnte[10].

Damit liegt eines der gesetzgeberischen Ziele der aktienrechtlichen Ausschüttungssperre in der Erhaltung des Mindesthaftungsvermögens der Gesellschaft. Das gebundene Kapital der Aktiengesellschaft soll als Kompensation der Haftungsbeschränkung des § 1 Abs. 1 Satz 2 AktG den Gläubigern als Zugriffsmasse zur Verfügung stehen[11].

2. *Grundlage für den Gewinnverwendungsbeschluß der Hauptversammlung*

Auf der anderen Seite gehört zu den fundamentalen Rechten der Aktionäre die Entscheidung über den »verteilbaren« Gewinn[12] der Gesellschaft. Sie erfolgt gem. §§ 58 Abs. 4 i. V. mit 174 Abs. 1 AktG durch den Gewinnverwendungsbeschluß der Hauptversammlung. Da die Hauptversammlung nach § 174 Abs. 1 Satz 2 AktG an den festgestellten Jahresabschluß gebunden ist, umfaßt der Gewinnverwendungsbeschluß nur den in § 151 Abs. 4 Satz 3 AktG als »Bilanzgewinn« definierten Überschuß der Aktivposten der Jahresbilanz über die auf der anderen Seite der Bilanz ausgewiesenen Passivposten. Erst durch den Gewinnverwendungsbeschluß entsteht aus dem mitgliedschaftlichen Recht der Aktionäre auf den Bilanzgewinn in Höhe der beschlossenen Ausschüttung ein selbständiges Gläubigerrecht der Aktionäre gegen die Gesellschaft[13].

Die grundlegende Befugnis der Anteilseigner, über die Verwendung des ungebundenen Gesellschaftsvermögens zu entscheiden, korrespondiert mit dem Verbot an die Gesellschaft (§§ 57 Abs. 1, 58 Abs. 5 AktG), mehr oder anderes als den Bilanzgewinn an die Aktionäre zu verteilen[14]. Auch in der Jahresbilanz stehen auf der Passivseite der Posten Bilanzgewinn und das gebundene Gesellschaftsvermögen in direkter Abhängigkeit voneinander. Jede Wertänderung zugunsten der einen Position bewirkt eine Wertänderung der anderen Position in umgekehrter Richtung.

9 *Baumbach/Hueck,* Rn. 3 zu § 57; *Ballerstedt,* S. 133.

10 *Lutter,* in: Kölner Kommentar zum Aktiengesetz, Anm. 2 zu § 57, der auf *Flechtheim,* in: Düringer/Hachenburg, 3. Aufl., Anm. 1 zu § 213, verweist.

11 *Moxter,* Bilanzlehre, S. 51 f.

12 *Ballerstedt,* S. 41, 42.

13 *Baumbach/Hueck,* Rn. 9 zu § 174; *Barz,* in: Großkommentar, Anm. 32 zu § 58; *Lutter,* in: Kölner Kommentar zum Aktiengesetz, Anm. 52 f. zu § 58.

14 *Lutter,* in: Kölner Kommentar zum Aktiengesetz, Anm. 41 zu § 58.

Die wechselseitige Abhängigkeit dieser das »Kapital« und den »Gewinn« verkörpernden Größen[15] bewirkt, daß diejenigen aktienrechtlichen Vorschriften, die eine wirksame Vermögensabgrenzung gewährleisten sollen, nicht nur der Ausschüttungssperre, sondern gleichzeitig dem Recht der Aktionäre auf Beschlußfassung über die Verwendung des verteilbaren Gesellschaftsgewinns dienen.

3. *Die Vorschriften des Aktiengesetzes zur Sicherung einer wirksamen Vermögensabgrenzung im Jahresabschluß*

Solche Vorschriften, mit denen der Gesetzgeber sein Ziel, das gebundene Gesellschaftsvermögen vom verteilbaren Gewinn wirksam abzugrenzen, abstützt, finden sich an verschiedenen Stellen des geltenden Aktiengesetzes. Sie sollen auch beitragen zu verhindern, daß die ausschließliche und zwingende Zuständigkeit der Hauptversammlung für die Gewinnverteilung nach § 174 Abs. 1 AktG[16] durch Maßnahmen der Verwaltung bei der Gewinnermittlung ausgehöhlt wird, daß ihr durch verdeckte Gewinnausschüttung vorgegriffen[17] und daß damit der Grundsatz der Gleichbehandlung[18] der Aktionäre verletzt wird:

So wird etwa durch § 57 Abs. 1 Satz 1 AktG die Rückgewähr der Einlagen an die Aktionäre grundsätzlich verboten[19]. Untersagt ist auch die Gewährung oder Zusage von Zinsen in § 57 Abs. 2 AktG mit Ausnahme der sog. »Bauzinsen« nach § 57 Abs. 3 Satz 1 AktG für die Zeit bis zum Beginn des vollen Betriebs der Gesellschaft. Zwar bleibt die Aussage des § 57 AktG für sich betrachtet unklar, weil die Begriffe »Rückgewähr« und »Einlage« mißverständlich sind. Die Intention des Gesetzgebers wird jedoch erkennbar, wenn man die Vorschrift im Zusammenhang mit § 58 Abs. 5 AktG versteht. Es soll – von den o. a. Ausnahmefällen abgesehen – jede Zuwendung[20] der Gesellschaft an die Aktionäre außer dem ordnungsgemäß

15 *Ballerstedt*, S. 41.

16 *Baumbach/Hueck*, Rn. 2 zu § 174; *Barz*, in: Großkommentar, Anm. 4 zu § 57.

17 *Barz*, in: Großkommentar, Anm. 4 zu § 57.

18 *Lutter*, in: Kölner Kommentar zum Aktiengesetz, Anm. 2 zu § 57 m. w. N.; ausführlich *G. Hueck*, Gleichbehandlung, S. 202 ff.

19 Zum allgemeinen Rückzahlungsverbot auch in anderen EWG-Kapitalgesellschaftsrechten *Lutter*, Kapital, S. 52 ff., 332 f. – Ausnahmen von diesem Grundsatz sind in den Regelungen der §§ 71 Abs. 1 (zulässiger Erwerb eigener Aktien), 71 Abs. 4 (zulässiger Erwerb wechselseitiger Beteiligungen), 225 Abs. 2 (Buchgewinnauszahlung bei Kapitalherabsetzung), 237 Abs. 2 und 3 (Zahlung des Einziehungsentgelts) sowie in § 26 AktG (Zahlung des Gründerlohns) enthalten.

20 *Baumbach/Hueck*, Rn. 5 zu § 57.

festgestellten und zur Verteilung beschlossenen Bilanzgewinn (oder dem Gewinnabschlag nach § 59 AktG) ausgeschlossen werden. »Was nicht Verteilung von Bilanzgewinn (oder Ausnahmefall) ist, ist Einlagenrückgewähr: Tertium non datur[21].«

Auch die Bewertungsvorschriften für das Anlagevermögen nach § 153 und das Umlaufvermögen nach § 155 AktG (sowie auch die gesetzliche Regelung der Abschreibungen und Wertberichtigungen in § 154 AktG) dienen der Erhaltung des haftenden Gesellschaftsvermögens. Die §§ 153, 155 AktG sind zwar nicht mehr – wie noch die entsprechende Regelung des § 133 Nr. 1, 3 AktG 1937 – als bloße Höchstwertvorschriften zu verstehen[22], sie setzen vielmehr in den Anschaffungs- oder Herstellungskosten gleichzeitig den Mindestwert[23] für die Bewertung fest[24]. Durch diese Funktionserweiterung haben die §§ 153 und 155 AktG jedoch ihre ursprüngliche Aufgabe, Überbewertungen und damit den Ausweis und ggf. die Ausschüttung unrealisierter Gewinne zu verhindern, keineswegs verloren[25].

Die §§ 153, 154 und 155 AktG werden ergänzt durch die Festlegung der Bewertungskriterien für die Ansätze der Passivposten in § 156 AktG, durch das in § 155 Abs. 2 AktG festgelegte Niederstwertprinzip beim Umlaufvermögen sowie durch die dem Niederstwertprinzip angenäherte[26] Regelung des § 154 Abs. 2 AktG für das Anlagevermögen.

Die herausragende Bedeutung, die das neue Aktiengesetz den Bewertungsvorschriften in ihrer materiellen Abgrenzungsfunktion zwischen haftendem Gesellschaftsvermögen und den durch Ausschüttung frei werdenden Vermögensteilen zukommen läßt, wird auch durch die Nichtigkeitsregelung des § 256 Abs. 5 AktG unterstrichen. Liegt ein Verstoß gegen die Bewertungsvorschriften in Form einer Überbewertung[27] vor, so ist der festgestellte Jahresabschluß ohne weiteres nichtig. Die Nichtigkeitsfolge tritt also bei Überbewertungen viel eher ein als im Falle einer Unterbewertung, wo erst der Nachweis von Vorsatz in bezug auf die unrichtige Wiedergabe bzw. auf die Verschleierung der Vermögens- oder Ertragslage der Gesellschaft die Nichtigkeit herbeiführt. Die einschneidende Rechtsfolge der Nich-

21 So statt vieler: *Lutter*, in: Kölner Kommentar zum Aktiengesetz, Anm. 3 zu § 57.

22 *Baumbach/Hueck*, Rn. 1 zu §§ 153–156.

23 *Mellerowicz*, in: Großkommentar, Anm. 6 zu den Vorb. zu §§ 153–156; vgl. auch den Ausschußbericht bei *Kropff*, Aktiengesetz, S. 243.

24 Zu den auch nach dem AktG 1965 gegebenen Bewertungsspielräumen sowie zur Bildung und Auflösung stiller Reserven vgl. *Adler/Düring/Schmaltz*, Tz. 94 ff. und 101 ff. zu § 149.

25 *Godin/Wilhelmi*, Vorb. zu §§ 153–156.

26 *Claussen*, in: Kölner Kommentar zum Aktiengesetz, Anm. 16 zu § 154.

27 Im Sinne des § 256 Abs. 5 Satz 2 AktG.

tigkeit schon bei einer bloß fahrlässig verursachten Überbewertung ist nur aus der Größe der Gefahr heraus verständlich, die der Gesetzgeber in der Errechnung eines in Wirklichkeit nicht erzielten Bilanzgewinns und in dessen möglicher Ausschüttung an die Aktionäre sieht[28].

Schließlich wird die Aussagekraft der Jahresbilanz als Grundlage für den Gewinnverwendungsbeschluß und die Ausschüttungssperre durch Strafvorschriften abgesichert. § 400 Nr. 1 AktG sieht Freiheitsstrafe bis zu drei Jahren oder Geldstrafe für Mitglieder von Vorstand oder Aufsichtsrat vor, die vorsätzlich die Verhältnisse ihrer Gesellschaft in Darstellungen oder Übersichten über den Vermögensstand unrichtig wiedergeben oder verschleiern. Als Übersicht über den Vermögensstand kommt in erster Linie die Jahresbilanz in Frage[29]. Eine vorsätzlich unrichtige (d. h. den §§ 153–156 AktG widersprechende) Bewertung von Posten in der Jahresbilanz ist also nach § 400 Nr. 1 AktG strafbar. Überdies ermöglicht § 400 Nr. 1 AktG als Schutzgesetz i. S. des § 823 Abs. 2 BGB die zivilrechtliche Haftung aus unerlaubter Handlung[30].

B. Die Rechnungslegungsfunktion

Zum anderen hat der aktienrechtliche Jahresabschluß eine oben als Rechenschafts- und Informationsfunktion umschriebene Rechnungslegungsfunktion i. e. S. Während bei der Vermögensabgrenzungsfunktion die Jahresbilanz als wichtigste Erkenntnisquelle im Vordergrund steht, ist eine umfassende Rechnungslegung nur in Verbindung mit der Gewinn- und Verlustrechnung und dem Geschäftsbericht möglich[31]. Denn nach dem in § 149 Abs. 1 Satz 2 AktG aufgestellten Grundsatz hat der Jahresabschluß die Aufgabe, im Rahmen der Bewertungsvorschriften einen möglichst sicheren Einblick nicht nur in die Vermögens-, sondern gleichfalls in die Ertragslage der Gesellschaft zu geben.

Die Rechnungslegung der Aktiengesellschaft erfolgt gegenüber einem breiten Personenkreis. Die einzelnen Adressaten unterscheiden sich in der Intensität ihrer Beziehungen zur Gesellschaft. Entsprechend dieser Intensität erfüllt die Rechnungslegung der AG gleichzeitig die Forderung nach einer Rechenschaftsablegung und allgemein nach Information[32].

28 Vgl. *Baumbach/Hueck*, Rn. 18 zu § 256.
29 *Baumbach/Hueck*, Rn. 5 zu § 400.
30 *Baumbach/Hueck*, Rn. 2 zu § 400.
31 Vgl. dazu *Adler/Düring/Schmaltz*, Tz. 10 ff. zu § 149.
32 Zu dieser Differenzierung vgl. *Kropff*, in: Geßler/Hefermehl/Eckardt/Kropff, Anm. 4 und 6 ff. zu den Vorb. zu § 148.

1. *Rechenschaftsablegung gegenüber den Berechtigten*

Die Ablegung einer Rechenschaft stellt eine qualifizierte Art der Information dar. Eine Pflicht zur Rechenschaftsablegung besteht – da sie stets das Vorliegen eines besonderen Rechtsgrunds voraussetzt[33] – für den Vorstand nur gegenüber einem Teil der Adressaten der aktienrechtlichen Rechnungslegung:

Zunächst hat der Vorstand den Aktionären gegenüber die Pflicht zur Ablegung einer Rechenschaft über das von ihm verwaltete Vermögen der Aktionäre[34]. Neben dem Grundsatz, daß rechenschaftspflichtig jeder ist, der fremde Angelegenheiten besorgt[35], leitet sich die Rechenschaftspflicht auch aus der den Aktionären zugewiesenen Befugnis ab, über die Entlastung des Vorstands und des Aufsichtsrats nach § 120 AktG sowie über etwaige Haftungsansprüche gem. § 147 AktG zu beschließen. Die Rechenschaftspflicht des Vorstands ist ferner für die Aktionäre eine grundlegende Voraussetzung für die sachgerechte Ausübung ihrer – in die Zukunft gerichteten – Mitverwaltungsrechte[36] namentlich beim Gewinnverwendungsbeschluß, bei Kapitalmaßnahmen oder bei Unternehmensverträgen.

Der Vorstand ist auch gegenüber dem Aufsichtsrat rechenschaftspflichtig, zu dessen Aufgaben nach § 111 Abs. 1 AktG die Überwachung des Vorstands gehört[37]. Die Rechenschaftspflicht des Vorstands gegenüber dem Aufsichtsrat ist Teil seines weitgehenden Einsichts- und Prüfungsrechts des § 111 Abs. 2 AktG und ergibt sich inzident aus der Pflicht des Aufsichtsrats zur Prüfung von Jahresabschluß, Geschäftsbericht und Gewinnverwendungsvorschlag nach § 171 Abs. 1 Satz 1 AktG.

Neu ist eine gesellschaftspolitische Tendenz, die darauf abzielt, den Arbeitnehmern im Verhältnis zu den Kapitalgebern größere Mitwirkungsrechte einzuräumen[38]. Diese Tendenz hat ebenso in der Zusammensetzung des Aufsichtsrats nach § 96 Abs. 1 AktG ihren Ausdruck gefunden wie in der Pflicht des Vorstandes der Aktiengesellschaft, gem. § 108 Abs. 5 BetrVG dem Wirtschaftsausschuß unter Beteiligung des Betriebsrats den Jahres-

33 *Palandt/Heinrichs,* Anm. 3 zu § 261 BGB.

34 H. M., vgl. nur *Adler/Düring/Schmaltz,* Tz. 4 zu § 149. Sehr kritisch gegenüber der Ableitung von Publizitätsansprüchen der Aktionäre aus ihrem Eigentums- und Mitverwaltungsrecht *Wiethölter,* Die Publizitätsinteressen der Anteilseigner, in: Das Frankfurter Publizitätsgespräch, S. 33 ff., dessen Ansicht jedoch auch in der auf seinen Beitrag folgenden Diskussion überwiegend auf Ablehnung stieß.

35 *Palandt-Heinrichs,* Anm. 3 b aa zu § 261 BGB; *Erman/Sirp,* Anm. 8 zu §§ 259 bis 261 BGB und schon RGZ 73, 286, 288.

36 *Kropff,* in: Geßler/Hefermehl/Eckardt/Kropff, Anm. 5 zu den Vorb. zu § 148.

37 *Kropff,* in: Geßler/Hefermehl/Eckardt/Kropff, Anm. 5 zu den Vorb. zu § 148.

38 So schon *Ballerstedt,* S. 65 ff.

abschluß zu erläutern. Sie hat ihren vorläufigen Abschluß in den Bestimmungen des Mitbestimmungsgesetzes von 1976 gefunden. Hierin kann die Entwicklung zu einer Rechenschaftspflicht auch gegenüber den Arbeitnehmern gesehen werden[39].

2. *Information der sonst Beteiligten*

Eine gleichfalls wichtige Aufgabe der aktienrechtlichen Rechnungslegung ist die Information von Personen, die zu der Aktiengesellschaft in einer weiteren rechtlichen oder tatsächlichen Verbindung stehen. Ihre unterschiedlichen Informationsinteressen werden durch die Öffentlichkeit der aktienrechtlichen Rechnungslegung, die als Pflicht des Vorstands durch § 177 Abs. 2 AktG festgelegt ist, gewahrt.

Diese allgemein als »Publizität« bezeichnete Informationstätigkeit der Aktiengesellschaft dient zunächst einem Zweck, der im ureigenen Interesse der Aktiengesellschaft liegt, nämlich ihrer Selbstdarstellung am Aktienmarkt. Weil das Wesen und der Entstehungsgrund der Aktiengesellschaft als Gesellschaftsform in der Möglichkeit liegt, durch die Beteiligung des breiten Publikums – mit kleineren Einlagen und unter Beschränkung der Haftung – große Kapitalbeträge aus privater Hand aufzubringen[40], müssen die Aktiengesellschaften im eigenen Interesse, wollen sie am Aktienmarkt bestehen, den potentiellen Aktienkäufern bzw. Aktienverkäufern die Informationen zukommen lassen, die für die Bewertung ihrer Aktien erforderlich sind[41]. Diese Informationen dürfen nicht ein Privileg einiger »Insider« sein[42], denn das Vertrauen in eine gleichmäßige Information ist Voraussetzung für die Handelbarkeit der Aktie und damit für das Funktionieren des Aktienmarktes[43].

Die Information der Aktiengesellschaft durch Veröffentlichung des Jahresabschlusses dient weiter den Interessen der Gläubiger der Gesellschaft. Die öffentliche Rechnungslegung wirkt hier als ein Gegengewicht zu der beschränkten Haftung der Aktionäre[44]. Der Gläubigerschutzgedanke ist auch bei der Reform des Aktienrechts durch das AktG 1965 nicht verdrängt

39 So auch *Kropff,* in: Geßler/Hefermehl/Eckardt/Kropff, Anm. 5 zu den Vorb. zu § 148.

40 *Baumbach/Hueck,* Rn. 6 der Einleitung vor § 1.

41 Wegen des Zusammenhangs zwischen aktienrechtlicher Publizität und der Börsenkursentwicklung vgl. nur *Albach,* Aktienrechtliche Publizität, in: Festschrift für Geßler, S. 61 ff.

42 Vgl. dazu *Hopt/Will,* Europäisches Insiderrecht, S. 19 ff., und *v. Stebut,* DB 1974, 613 ff.

43 So auch *Kropff,* in: Geßler/Hefermehl/Eckardt/Kropff, Anm. 6 zu den Vorb. zu § 148.

44 *Kropff,* in: Geßler/Hefermehl/Eckardt/Kropff, Anm. 7 zu den Vorb. zu § 148.

worden[45]. Ihm wurde nur das Prinzip des Aktionärsschutzes erstmals gleichrangig an die Seite gestellt, wobei allerdings im Konfliktfall der Gläubigerschutz dominieren soll[46].

Umstritten ist, ob in einem sozialen Rechtsstaat auch ein Informationsrecht der breiten Öffentlichkeit anzuerkennen ist[47]. Wegen der überaus starken Beeinflussung, die von den meist in die Rechtsform der Aktiengesellschaft gekleideten Großunternehmen auf Struktur, Arbeitsmarkt- und Finanzlage ganzer Städte und Regionen ausgehen, spricht viel für die Anerkennung eines Informationsrechts der Öffentlichkeit[48].

3. Selbstinformation der Unternehmensleitung

Auch für die Unternehmensleitung selbst besitzt die vom Aktiengesetz erzwungene jährliche Rechnungslegung einen nicht zu unterschätzenden Informationswert[49]. Sie ist zwar nicht – wie etwa die externen Adressaten der Rechnungslegung – primär auf die im Jahresabschluß und im Geschäftsbericht publizierten Informationen angewiesen, denn ihr stehen auch die unternehmensinternen Daten wie die Kostenrechnung, die Finanzplanung und der Auftragsbestand zur Verfügung[50]. Durch dieses Informationsprivileg wird die unternehmensinterne, finanzwirtschaftliche wie erfolgswirtschaftliche Analyse – vor allem bei Anwendung von Cash-Flow-Analysen und Kapitalflußrechnungen[51] – sehr viel zuverlässiger als die externe Bilanzanalyse. Aber die Daten des Jahresabschlusses und die zu

45 *Würdinger*, Aktien- und Konzernrecht, § 28 A I b.

46 *Geßler*, Der Bedeutungswandel der Rechnungslegung im Aktienrecht, in: Fünfundsiebzig Jahre Deutsche Treuhand-Gesellschaft 1890–1965, S. 129, 159

47 Vgl. dazu die Darstellung der historischen Entwicklung der Publizität bei *Döllerer*, DB 1958, 1281 ff., und die Diskussion über die Publizitätsansprüche der Öffentlichkeit, in: Das Frankfurter Publizitätsgespräch, S. 74, 106 ff

48 So die wohl herrschende Meinung. Vgl. nur etwa *Kropff*, in: Geßler/Hefermehl/Eckardt/Kropff, Anm. 8 zu den Vorb. zu § 148; *Kronstein/Claussen*, S 21 ff.; *Döllerer*, BB 1958, 1281 ff.; darüber hinaus auch für andere Unternehmensformen *Kronstein*, BB 1964, 1055 ff.; *Castan*, DB 1968, 515 ff. m. w. N.; kritisch *Greiffenhagen*, WPg 1968, 113, 119 f.

49 Der durch das Gesetz bewirkte Zwang zur Selbstinformation dürfte vor allem bei den kleineren Gesellschaften ohne ein ausgedehntes Rechnungswesen wichtig sein. Vgl. dazu auch *Wohlgemuth*, AG 1975, 296 f.

50 Daher wird die Unternehmensleitung von dem für den externen Bilanzanalytiker entscheidenden Nachteil des Jahresabschlusses, der fehlenden Zukunftsbezogenheit wie der Unvollständigkeit seiner Daten, nicht betroffen.

51 Auf die betriebswirtschaftlichen Einzelheiten und Methoden der Unternehmensanalyse kann hier nicht eingegangen werden. Vgl. dazu nur als Überblick *Coenenberg*, Jahresabschluß und Jahresabschlußanalyse, 2. Teil, S. 305 ff., und *Wöhe*, Bilanzierung und Bilanzpolitik, S. 254, 274 ff.

seiner Erstellung erforderlichen (unveröffentlichten) Berechnungen bieten schon für sich allein ein nicht unbedeutendes Selbstinformationspotential.

4. Die Vorschriften des Aktiengesetzes zur Sicherung und Stärkung der Aussagekraft des Jahresabschlusses

Der Jahresabschluß wäre ohne die gesetzliche Festlegung von Ziel, Inhalt, Form, Erläuterung und Art der Veröffentlichung für die oben beschriebenen Rechnungslegungszwecke der Aktiengesellschaft wertlos. Er braucht eine weitgehende Standardisierung, da er den größten Teil seiner Aussagekraft erst aus dem Vergleich mit zeitlich angrenzenden Jahresabschlüssen oder aus dem Vergleich mit Jahresabschlüssen anderer Gesellschaften schöpft. Diesen Zweck verfolgt das Aktiengesetz mit den nachfolgenden Vorschriften:

Mit § 149 Abs. 1 Satz 2 AktG wird durch eine Generalklausel die inhaltliche Aufgabe des Jahresabschlusses festgelegt. Danach liegt sein Ziel darin, »im Rahmen der Bewertungsvorschriften einen möglichst sicheren Einblick in die Vermögens- und Ertragslage der Gesellschaft« zu gewähren. Der an materiellem Grundsatzgehalt überladene und als in seinem Aufbau nicht glücklich bezeichnete[52] Satz 2 des § 149 AktG läßt auch unter Berücksichtigung des ihm vorausgegangenen § 129 Abs. 1 Satz 2 AktG 1937 und seiner Entstehungsgeschichte im Gesetzgebungsverfahren des Bundestages[53] sehr unterschiedliche Auslegungen zu. Die Unterschiede in den Auffassungen betreffen das Verhältnis bzw. den scheinbaren Widerspruch[54] zwischen der Forderung nach einem möglichst sicheren Einblick und den Bewertungswahlrechten der Verwaltung. Während ein Teil der Literatur[55] der Forderung nach möglichst sicherem Einblick die Priorität einräumt, an der sich die Wahl der Bewertungsmethode grundsätzlich zu orientieren habe, gibt eine andere Meinung[56] dem durch die Bewertungswahlrechte geschaffenen Ermessensspielraum den Vorrang und sieht die Bedeutung der Forderung nach einem möglichst sicheren Einblick nur in der Verhinderung einer mißbräuchlichen Ausübung der Bewertungswahlrechte. Eine sachgerechte Synthese der Forderung nach möglichst sicherem Einblick und den Bewertungswahlrech-

52 *Kropff,* in: Geßler/Hefermehl/Eckardt/Kropff, Anm. 1 zu den Vorb. zu § 149.

53 Vgl. nur *Kropff,* in: Geßler/Hefermehl/Eckardt/Kropff, Anm. 94 ff. zu § 149.

54 *Kropff,* in: Geßler/Hefermehl/Eckardt/Kropff, Anm. 93 ff. zu § 149.

55 *Godin/Wilhelmi,* Anm. 1 zu § 149; *Wöhe,* Bilanzierung und Bilanzpolitik, S. 149, 152, und *Döllerer,* BB 1965, 1405, 1411 und BB 1966, 629, 630.

56 *Adler/Düring/Schmaltz,* Tz. 94 zu § 149; *Mellerowicz,* in: Großkommentar, Anm. 1 zu § 149; *Forster,* WPg 1965, 585, 588; *Saage,* NB 1966, 71 ff.; ähnlich, unter Betonung des subjektiven Elements der Verschleierung des Einblicks *Geßler,* Der Bedeutungswandel der Rechnungslegung im Aktienrecht, in: Fünfundsiebzig Jahre Deutsche Treuhand-Gesellschaft 1890–1965, S. 129, 154 f., 158.

ten wird von einer differenzierenden Meinung[57] vertreten. Nach ihr besteht keine grundsätzliche Priorität. Daraus folgt, daß die eingeräumten Bewertungswahlrechte »im Einzelfall sachgerecht« angewandt werden müssen. Was im konkreten Fall als sachgerechte Anwendung zu verstehen ist, richtet sich primär nach dem Sinn und Zweck[58] der jeweiligen Bewertung, die jedoch unter Berücksichtigung der Forderung nach einem möglichst sicheren Einblick in die Vermögens- und Ertragslage der Gesellschaft vorzunehmen ist[59].

Eine wesentliche Steigerung der Aussagekraft des Jahresabschlusses bewirken die Vorschriften der §§ 151, 152, 157–159 AktG über die detaillierte Gliederung von Jahresbilanz und Gewinn- und Verlustrechnung. Durch eine weitgehende Schematisierung konkretisieren die Gliederungsvorschriften des Aktiengesetzes die Forderung des § 149 Abs. 1 Satz 2 AktG nach klarer und übersichtlicher Aufstellung des Jahresabschlusses. Sie regeln zwingend die Zugehörigkeit der einzelnen Jahresabschlußposten zur Jahresbilanz oder zur Gewinn- und Verlustrechnung, setzen Reihenfolge und Bezeichnung fest und sollen auf diese Weise zur Vergleichbarkeit der aktienrechtlichen Jahresabschlüsse beitragen[60].

Der Geschäftsbericht nach § 160 AktG gilt trotz seiner eingeschränkten Publizität neben dem Jahresabschluß als wichtiges Informationsmittel[61]. Er besteht aus einem Lagebericht und dem Erläuterungsbericht. Vor allem dem Erläuterungsbericht kommt die wichtige Funktion der Stärkung der Aussagekraft des aktienrechtlichen Jahresabschlusses zu. Er soll alle für den geübten Bilanzleser zum Verständnis des Jahresabschlusses erforderlichen Erläuterungen enthalten, der Bewertungsstetigkeit dienen, die Bilanzpolitik der Verwaltung sowie Abschreibungs- und Bewertungsänderungen aufdecken und so zur Vergleichbarkeit der Jahresabschlüsse beitragen[62]. Nach

57 *Claussen*, in: Kölner Kommentar zum Aktiengesetz, Anm. 11 zu § 149; *ders.*, AG 1968, 1, 3; *Kropff*, in: Geßler/Hefermehl/Eckardt/Kropff, Anm. 94 ff. zu § 149; *ders.*, WPg 1966, 369, 372; ausführlich *Völschau*, S. 236 ff.

58 Vgl. etwa *Kropff*, WPg 1966, 369, 372, und *Claussen*, AG 1968, 1, 3.

59 *Völschau* (S. 236 ff., insbes. 238 ff. und S. 264) stellt darauf ab, ob die Bewertungsfreiheiten auf der Rechtsfolgeseite der Norm oder auf der Tatbestandsseite (»Beurteilungsspielraum«) stehen. Nur im ersten Fall werden die Bewertungsfreiheiten durch die Forderung nach möglichst sicherem Einblick eingeschränkt, sofern sie nicht nach dem Willen des Gesetzgebers einem vorrangigen Zweck dienen sollen.

60 *Adler/Düring/Schmaltz*, Tz. 1 zu § 151; *Kropff*, in: Geßler/Hefermehl/Eckardt/Kropff, Anm. 3 zu den Vorb. zu § 151.

61 *Baumbach/Hueck*, Rn. 2 zu § 160.

62 H. M. Vgl. nur *Kropff*, Aktiengesetz, S. 258, 259 ff.; *Baumbach/Hueck*, Rn. 7 zu § 160; *Claussen*, in: Kölner Kommentar zum Aktiengesetz, Anm. 17 zu § 160.

§ 177 Abs. 1 Satz 1 AktG ist der festgestellte Jahresabschluß mit Bestätigungsvermerk und Geschäftsbericht unverzüglich nach der Hauptversammlung über den Jahresabschluß vom Vorstand beim Handelsregister einzureichen. Dann ist der Jahresabschluß in der Form des § 178 AktG in den Gesellschaftsblättern bekanntzumachen (§ 177 Abs. 2 AktG). Durch diese Bestimmungen wird vom Gesetzgeber die Öffentlichkeit der aktienrechtlichen Rechnungslegung erreicht. Durch den Ausschluß der Geheimhaltung ist gewährleistet, daß sich jeder Interessierte die Informationen des Jahresabschlusses zumindest aus dem Bundesanzeiger (§§ 177 Abs. 2 i. V. mit 25 AktG) und darüber hinaus die Information des Geschäftsberichts und des Berichts des Aufsichtsrats durch Einsicht in das Handelsregister verschaffen kann (§ 9 Abs. 1 HGB).

II. Die Funktionsfähigkeit des Jahresabschlusses im »Wandel der Normsituation«[63]

Nach der Bestimmung der grundlegenden Funktionen des aktienrechtlichen Jahresabschlusses sowie der Vorschriften des Aktiengesetzes, die seine Funktionsfähigkeit sichern sollen, stellt sich nun die Frage nach den Auswirkungen mehr als unerheblicher Preis- und Geldwertänderungen[64] auf die

63 Zum Begriff der Normsituation vgl. *Larenz*, Methodenlehre, S. 338 ff., und BFH 89, 423, 438.

64 Es ist zu unterscheiden zwischen Preisänderungen und Geldwertänderungen. Beide stehen in einem wechselseitigen Abhängigkeitsverhältnis zueinander: *Geldwertänderungen* innerhalb einer Volkswirtschaft (d. h. Änderungen des Binnenwerts) werden anhand der Änderungen des »allgemeinen Preisniveaus« ermittelt, das seinerseits mit Hilfe repräsentativer »Warenkörbe« gemessen wird. Da man unter dem Geldwert den reziproken Wert des »allgemeinen« Preisniveaus versteht, hängt die Entwicklung des Geldwerts unmittelbar von den Änderungen der Preise ab.
Die *Preisänderungen* ihrerseits beruhen bei einem Käufermarkt sowohl auf Sachwertänderungen (Qualitätsänderungen bzw. Änderungen des Knappheitsgrades) als auch auf Änderungen des Außenwerts (Wechselkurse) und des Binnenwerts (vgl. oben) einer Währung. Vgl. dazu das Gutachten der Deutschen Bundesbank in Monatsberichte der Deutschen Bundesbank, März 1968, S. 3 ff. und *Hax*, ZfhF 1951, 433, 436 ff.
Diese Differenzierung des zentralen Begriffs *»Geldwert«* ist für das bilanzierende Unternehmen zunächst ohne Bedeutung, denn es wird als Käufer von jeder Preiserhöhung seiner Lieferanten – gleichgültig, ob (bzw. zu welchem Teil) sie aufgrund von Sach- oder Geldwertänderungen erfolgte – betroffen. Die Unterscheidung ist aber von erheblicher Bedeutung bei der Frage nach den erforderlichen Maßnahmen, die das Unternehmen im Interesse langfristiger Substanz-

Grundlagen seiner Funktionsfähigkeit. Dabei muß bei der Beurteilung dieser Frage davon ausgegangen werden, daß der Jahresabschluß einer werbenden Gesellschaft in erster Linie eine Erfolgsbilanz ist[65]. Wesentliche Aussage einer Erfolgsbilanz ist die Vermögensveränderung, die sich zwischen zwei aufeinanderfolgenden Bilanzen ergeben hat[66]. Entscheidend für die zutreffende Berechnung der Vermögensveränderung ist eine Vergleichbarkeit der Bilanzen am Anfang und am Ende des Abrechnungszeitraums[67]. Damit steht und fällt auch die Realisierbarkeit der dem Jahresabschluß zugewiesenen Funktionen mit der Vergleichbarkeit der der Erfolgsermittlung zugrundeliegenden aufeinanderfolgenden Jahresbilanzen.

A. Die Vergleichbarkeit der Jahresabschlüsse

Jahresabschlüsse sind jedoch nur dann vergleichbar, wenn sie in Ziel, Inhalt, Form und Wertmaßstab gleich sind bzw. wenn etwa vorhandene Abweichungen offengelegt werden.

1. Identität von Ziel, Inhalt und Form

Das Ziel der nach dem Aktiengesetz aufzustellenden Jahresabschlüsse ist in § 149 Abs. 1 Satz 2 AktG festgelegt. Danach muß der Jahresabschluß im Rahmen der Bewertungsvorschriften einen möglichst sicheren Einblick in die Vermögens- und Ertragslage der Gesellschaft geben. Da dieses Ziel für alle nach dem AktG 1965 aufzustellenden Jahresabschlüsse gleichermaßen verbindlich ist, ist die Zielidentität gegeben.

Eine detaillierte Regelung des Inhalts und der Form des Jahresabschlusses hat das neue AktG 1965 gebracht. Durch die §§ 151, 152 und 157 bis 159

erhaltung gegen die Auswirkungen der Preis- und Geldwertänderungen auf seinen Jahresabschluß zu treffen hat. Vgl. dazu die S. 87 f. dieser Arbeit.
Da also eine Preisänderung meist auch zu einem nicht exakt quantifizierbaren Teil durch die allgemeine Geldwertänderung bedingt ist, wird in dieser Arbeit der umfassendere Begriff der »Preis- und Geldwertänderung« gebraucht.

65 *Baumbach/Hueck*, Rn. 4 zum Überblick vor § 148; *Kropff*, in: Geßler/Hefermehl/Eckardt/Kropff, Anm. 99 zu § 149 und Anm. 10 der Vorb. zu § 153; *Adler/Düring/Schmaltz* (Tz. 12 zu § 149), sehen in ihr primär eine »Gewinnermittlungsbilanz«.

66 Vgl. dazu auch *Schmalenbach*, Dynamische Bilanz, 12. Aufl., S. 32 ff.

67 *Baumbach/Hueck*, Rn. 4 zu dem Überblick vor § 148. Auch der Gesetzgeber des AktG 1965 sah in der Vergleichbarkeit eines der gesetzgeberischen Hauptziele. Vgl. *Kropff*, Aktiengesetz, S. 240.

werden die Mindestanforderungen[68] an inhaltliche Vollständigkeit und Aufgliederung, die Reihenfolge der Darstellung und den Inhalt einzelner Jahresabschlußposten zwingend[69] festgelegt, durch die §§ 153, 155 und 156 AktG die Wertansätze für die Vermögensgegenstände und Verbindlichkeiten sowie durch § 154 AktG die Kriterien für die Abschreibungen und Wertberichtigungen verbindlich angeordnet. Jede wesentliche Änderung, insbesondere bei der Handhabung der verbliebenen Bewertungsfreiheiten, muß darüber hinaus nach § 160 Abs. 2 Satz 4 AktG im Erläuterungsbericht erkennbar gemacht werden. Durch diese Regelungen wird angestrebt, daß – legt man einen konstanten Wertmaßstab zugrunde – Inhalt und Form aufeinanderfolgender Jahresabschlüsse entweder identisch sind, oder daß Änderungen erläutert bzw. nach § 160 Abs. 2 Satz 5 AktG in ihren Auswirkungen offengelegt werden.

2. *Identität des Wertmaßstabs*

Die Bilanz ist eine stichtagsbezogene, in die Recheneinheit Geld umgewandelte Abbildung der zum Unternehmen gehörenden Vermögensgegenstände und seiner Verbindlichkeiten[70]. Ziel der Bilanz ist die möglichst maßstabsgetreue Wiedergabe der bilanzierungspflichtigen Gegenstände. Um zeitlich auseinanderliegende Bilanzen ohne weiteres[71] vergleichen zu können, muß gewährleistet sein, daß der den beiden Bilanzen zugrundeliegende Wertmaßstab inhaltsgleich geblieben ist[72]. Da jede Änderung des Wertmaßstabs die Vergleichbarkeit zeitverschiedener Bilanzen beeinträchtigt, hängt auch die Funktionsfähigkeit der aktienrechtlichen Jahresabschlüsse zunächst von der Stabilität[73] des ihm vorgegebenen Wertmaßstabs »D-Mark« ab[74].

68 *Claussen,* in: Kölner Kommentar zum Aktiengesetz, Anm. 3 zu § 151.
69 *Claussen,* in: Kölner Kommentar zum Aktiengesetz, Anm. 4 zu § 151.
70 Vgl. *Schweitzer,* Bilanztheorien, organische, in: Handwörterbuch des Rechnungswesens, Sp. 270 ff.
71 D. h. ohne das Hilfsmittel einer Maßstabskorrektur.
72 D. h. der Geldwert als reziproker Wert des allgemeinen Preisniveaus. Vgl. auch *Hax,* ZfhF 1951, 433, 436, 438.
73 Eine absolute Wertkonstanz der Währung kann nur durch gesetzliche Verabsolutierung ihres Werts erreicht werden. Vgl. *F. Knapp,* Staatliche Theorie des Geldes, S. 15 ff. Für die Brauchbarkeit der Währungseinheit »D-Mark« als Bewertungsmaßstab genügt aber, daß – bei Inkaufnahme kleinerer Geldwertschwankungen nach beiden Seiten – das Geldwertniveau über eine längere Zeit hinweg gleich bleibt. Vgl. auch unten S. 20 f. dieser Arbeit.
74 § 40 Abs. 1 HGB gilt auch für das AktG.

B. Die Normvorstellungen des Gesetzgebers

Das Aktiengesetz enthält keine Bestimmung, die auf eine Änderung des Geldwerts eingeht oder gar Korrekturen ermöglicht[75]. Vielmehr deutet die gesamte Ausgestaltung der Rechnungslegung (das Anschaffungswertprinzip, die nominale Definition des Grundkapitals und des Gewinnbegriffs) darauf hin, daß der Gesetzgeber u. a. von der Normvorstellung[76] einer in ihrem Binnenwert stabilen Währung ausging[77].

1. Zielvorstellung und Geldwert

Dafür spricht auch die Erkenntnis, daß die Ziele, die der Gesetzgeber mit der Rechnungslegung verfolgt, mit dem im Aktiengesetz vorhandenen Instrumentarium nur bei Geldwertstabilität zu erreichen sind:

Die rechnerische Abgrenzung des haftenden Kapitals vom haftungsfreien Vermögen durch Substraktion der Passiva von den Aktiva ergibt nur bei Geldwertstabilität einen wirklichen Sinn. Für die bei Anwendung der aktienrechtlichen Rechnungslegungsvorschriften in Inflationszeiten auftretende Erscheinung, daß das haftende Gesellschaftsvermögen jedes Jahr automatisch zugunsten des ausschüttbaren Bilanzgewinns in seinem Wert verringert wird, läßt sich ein sachgerechter Grund nicht finden. Die Theorie der »nominalen Kapitalerhaltung«[78], die auch der traditionellen Gewinnrechnung des Handelsrechts zugrunde liegt, führt also als reine Geldrechnung nur bei Geldwertstabilität zu den gewünschten Ergebnissen.

Auch die Zielvorstellung einer möglichst richtigen Rechenschaft und Information läßt sich mit den Rechnungslegungsvorschriften nach der bisherigen Praxis nur bei Geldwertstabilität erfüllen. Denn es läßt sich keine Erklärung dafür finden, daß die Vielzahl der die Sicherung der Aussagekraft des Jahresabschlusses stärkenden Bestimmungen des AktG dadurch an Wirksamkeit verlieren, daß die Auswirkungen der Preis- und Geldwertänderungen im Jahresabschluß gänzlich unberücksichtigt bleiben[79]. Und schließlich

75 So auch nicht die oft mißverstandenen Lifo- oder Fifo-Verfahren, die nur (zur Vereinfachung) eine zeitliche Veräußerungsfolge unterstellen. Vgl. *Kropff*, in: Geßler/Hefermehl/Eckardt/Kropff, Anm. 32 zu § 155.

76 Zum Begriff der Normvorstellungen des Gesetzgebers vgl. *Larenz*, Methodenlehre, S. 315 ff.

77 So auch *Schuhmacher*, BFuP 1974, 563, und *Gemper*, BB 1972, 761 und Fn. 89 auf S. 21 dieser Arbeit.

78 »Erhaltung eines geldziffernmäßig bestimmten Anfangskapitals«. Vgl. *Walb*, S. 328.

79 Zumal ihre Nichtberücksichtigung ebenso zur Ausschüttung eines fiktiven Gewinns führen kann wie die Überbewertung eines Jahresabschlußpostens, was nach § 265 Abs. 5 AktG den Jahresabschluß stets nichtig macht.

gibt es keinen sachlichen Grund dafür, daß die Verwaltung – speziell im Hinblick auf ihre Entlastung nach § 120 AktG und auf ihre Beteiligung am Unternehmenserfolg gem. § 86 AktG – Beträge als Gewinn ausweisen darf, die, wirtschaftlich gesehen, nur eine unterlassene Substanzerhaltung darstellen.

2. *Grundvorstellung der Wertstabilität des Geldes und ihr historischer Hintergrund*

Beim Vergleich der dem Aktiengesetz zugrundeliegenden Zielvorstellungen mit dem gesetzlichen Instrumentarium, das der Verwirklichung dieser Ziele dient, erscheint der Schluß zulässig, daß die Gesetzgeber[80] des Aktienrechts von der Grundvorstellung eines im Regelfall stabilen Geldwerts ausgingen. Anderenfalls wäre das Regelungsinstrumentarium der Rechnungslegung im Hinblick auf die Regelungsabsicht des Gesetzgebers erkennbar unvollkommen und von Anfang an lückenhaft gewesen.

Dabei lag der Grundvorstellung stabiler Geldwertverhältnisse nicht die Annahme zugrunde, daß der tatsächliche Wert des Geldes stets absolut derselbe sei. Die Veränderbarkeit der Kaufkraft des Geldes war auch schon im vorigen Jahrhundert in der Erscheinungsform der »Teuerungen« bekannt[81]. Man ging jedoch von der Veränderung des Geldwertes in beiden Richtungen aus und sprach von Geldwertstabilität schon dann, wenn der Geldwert »relativ« stabil, d. h. wenn das allgemeine Preisniveau über längere Zeit in etwa konstant blieb[82].

Tatsächlich befand sich Deutschland etwa seit dem Ende der Napoleonischen Kriege bis zum Beginn des 1. Weltkriegs in einer fast 100jährigen Phase »relativer« Geldwertstabilität[83]. Und auch zwischen den beiden

80 Erst dem Gesetzgeber des AktG 1965 muß klar gewesen sein, daß die Geldwertstabilität nicht als Regelfall anzusehen ist. Er fühlte sich jedoch zu einem umfassenden Eingehen auf die Preis- und Geldwertänderungen im Rahmen der Aktienrechtsreform außerstande. Vgl. dazu *Kropff*, Aktiengesetz, S. 242.

81 Vgl. etwa *Stützel*, Diskussionsbeitrag in Verhandlungen des 50. Deutschen Juristentages, N 26, 28.

82 Zum Begriff der relativen Geldwertstabilität vgl. *Gemper*, BB 1972, 761 und BFH 89, 423, 438.

83 Der Großhandelspreisindex von 1820 = 90 wurde (bei allerdings erheblichen Schwankungen: 1855 = 105, 1873 = 120) erst 1908 endgültig überschritten. Der Lebenshaltungskostenindex stieg zwar allmählich und unter Schwankungen von 1820 = 38 auf 77 im Jahr 1900, doch konnte auch hier für die Zeit von dem Nachkriegsjahr 1874 bis 1900 von einer eine Generation andauernden »relativen« Geldwertstabilität gesprochen werden. Vgl. Monatsberichte der Deutschen Bundesbank, März 1968, 3, 13 ff. und 19 (Anlage 6). Vgl. aber auch zur Problematik der Strukturveränderungen bei Indexberechnungen über Jahrzehnte hinweg *Hax*, ZfhF 1951, 433, 436.

Weltkriegen konnte sich der Eindruck halten, daß der Geldwert in normalen Zeiten[84] stabil war[85].

Zudem erschien um die Jahrhundertwende, nach einer Phase relativ großer Geldwertstabilität, die erste grundlegende geldtheoretische Abhandlung über den Nominalismus, *Knapps* »Staatliche Theorie des Geldes«[86]. Sie galt als wissenschaftliche Untermauerung der alten und durch die Stabilitätsphase scheinbar bestätigten Theorie, daß der Geldwert als solcher keinen Änderungen unterworfen sei[87], und trug entscheidend zu der Entwicklung des Nominalismus vom Erfahrungssatz zum Rechtsprinzip bei. Der Nominalismus brachte in der damaligen Geldwertsituation zwar auch kleinere Ungenauigkeiten mit sich, hatte jedoch große Vorteile im Hinblick auf Rechtssicherheit und Praktikabilität[88].

C. *Die Rechtswirklichkeit bezüglich des Geldwerts*

Die in der Grundvorstellung relativer Geldwertstabilität und in dem Geist des daraus hervorgegangenen Nominalismus geschaffenen Rechnungslegungsvorschriften des Aktiengesetzes treffen in unserer Zeit bezüglich der Stabilität unserer Währung auf eine veränderte Rechtswirklichkeit. Sie stehen heute, obgleich für einen konstanten Geldwert konzipiert, einem konstant abnehmenden Geldwert gegenüber[89]. Die Ungenauigkeiten, die in Kauf genommen werden konnten, solange sie sich über längere Zeit hinweg neutralisierten, häufen sich in jüngster Vergangenheit.

1. *Die Entwicklung des Geldwerts der D-Mark*

Ermittelt man vereinfachend die Entwicklung des Binnenwerts des Geldes aus der Entwicklung des Lebenshaltungskostenindex des Statistischen Bundesamtes, so erkennt man einen stetigen – von 1969 bis 1974 sogar pro-

84 Die Inflation und die Weltwirtschaftskrise etwa galten als nationale Unglücksfälle und wurden als Ausnahmesituation betrachtet.

85 So wurde der Lebenshaltungsindex des Jahres 1924 = 131 erst wieder 1941 überschritten, der Großhandelspreisindex sank sogar von 1924 = 137 bis 1944 = 118.

86 *Knapp*, Staatliche Theorie des Geldes, 1. Auflage 1905.

87 Vgl. auch *Mann*, S. 68 ff., der zu Recht in *Knapps* Werk nicht die Begründung, sondern die Wiederaufnahme des uralten nominalistischen Prinzips sieht.

88 Zum Nominalismus und seiner Verbindung zum aktienrechtlichen Anschaffungswertprinzip vgl. ausführlicher unten, S. 36 ff. und 38 ff. dieser Arbeit.

89 Der Außenwert der D-Mark wird hier außer Betracht gelassen. Vgl. zur Entwicklung des Binnenwerts der D-Mark das Gutachten der Deutschen Bundesbank in Monatsberichte der Deutschen Bundesbank, März 1968, S. 3, 6 ff.

gressiven – Anstieg der Geldentwertung[89a]. Mit 3,4 % in 1970, 5,3 % in 1971, 5,5 % in 1972, 6,9 % in 1973, 7,0 % in 1974, 6 % in 1975 und 4,5 % in 1976 erreichte sie besorgniserregende Ausmaße[90]. Dies um so mehr, als sich die Geldwertverschlechterung auch bei Konjunkturrückgang fast unvermindert fortsetzte[91].

2. *Die Wiederherstellbarkeit der Geldwertstabilität*

Es ist bis heute trotz erheblicher Bemühungen in der Bundesrepublik Deutschland nicht gelungen, den Geldwert zu stabilisieren. Der größte sichtbare Erfolg war die Beendigung der Progression der Geldwertverschlechterung im Jahr 1975. Dieser Erfolg fiel jedoch in eine Zeit, die durch eine stark restriktive Kreditpolitik der Bundesbank[92], eine allgemeine wirtschaftliche Rezession und eine Zahl von mehr als 1 Million Arbeitslosen[93] geprägt war. Daher ist es keineswegs sicher, ob sich in diesem Erfolg bereits eine Tendenzwende abzeichnet[94]. Denn der Umstand, daß unsere Geldentwertung mindestens auch zum Teil von der Preisentwicklung im Ausland abhängt[95], daß die drückende Zahl von fast 1 Million Arbeitslosen einen konsequenteren Stabilitätskurs der Bundesregierung verhindert[96], wie auch die Erwartung, daß der angestrebte Wirtschaftsaufschwung zur Durch-

89a Gemessen am allgemeinen Lebenshaltungskostenindex. Vgl. dazu die Tabelle des Statistischen Bundesamts in: Monatsberichte der Deutschen Bundesbank, März 1976, Statistischer Teil, S. 68.

90 Zu Recht weist *Hübener*, DB 1970, Beilage 19, S. 3, 6, darauf hin, daß die (in einer Prozentzahl ausgedrückten) Preissteigerungen, die ja die Grundlage für die Ermittlung der Geldentwertungsrate bilden, aus einer Jahr für Jahr erhöhten Basis errechnet werden.

91 Was zur Bildung des Schlagworts »Stagflation« (Stagnation des Sozialprodukts bei anhaltender Inflation) führte. Zur Entwicklung des Bruttosozialprodukts in diesen Jahren vgl. das Statistische Jahrbuch für die Bundesrepublik Deutschland, 1977, S. 500 ff.

92 Vgl. zu den Maßnahmen der Deutschen Bundesbank in neuerer Zeit *Willms*, Wirtschaftsdienst 1974, 245, 247.

93 Vgl. etwa Süddeutsche Zeitung vom 3./4. 4. 1976, S. 1.

94 Auf eine Prognose der Geldwertentwicklung oder eine Bewertung der verschiedenen Bestimmungsgründe der Inflation kann im Rahmen dieser Arbeit nicht eingegangen werden. Dafür ist die mit diesen Fragen zusammenhängende Problematik zu komplex.

95 Sog. importierte Inflation. Sie wird auch nicht zuletzt von der Preispolitik der rohstoffexportierenden Länder bestimmt. Vgl. *Meyers*, Handbuch über die Wirtschaft, S. 907.

96 Ein hoher Beschäftigungsstand gehört wie die Stabilität des Preisniveaus zu den im Stabilitätsgesetz festgelegten Zielen. Vgl. § 1 des Gesetzes zur Förderung der Stabilität und des Wachstums der Wirtschaft vom 8. 6. 1967.

setzung zuvor nicht realisierbarer Preiserhöhungen benutzt wird[97], sind Faktoren, die die Wiedergewinnung der Geldwertstabilität nicht fördern.

III. Die Beeinträchtigung der Funktionsfähigkeit der aktienrechtlichen Rechnungslegung durch Preis- und Geldwertänderungen und ihre Auswirkungen

In der aktienrechtlichen Rechnungslegung führt die Beibehaltung des Anschaffungswertprinzips bei nachhaltigen Preis- und Geldwertänderungen in einer Richtung zu erheblichen, vom Gesetzgeber nicht vorausbedachten Funktionsstörungen[98].

A. Beeinträchtigung der Vermögensabgrenzung

Zunächst wird die vom Aktiengesetz angestrebte Trennung des haftenden Kapitals vom haftungsfreien, ausschüttbaren Gesellschaftsvermögen ausgehöhlt. Denn durch den Ausweis sog. Scheingewinne kommt es zu einer unmerklichen Verschiebung des Gesellschaftsvermögens zugunsten des ausschüttbaren Gewinns.

Im Sachanlagevermögen[99] entstehen Scheingewinne in Höhe der Differenz zwischen den aktienrechtlich erlaubten und den betriebswirtschaftlich erforderlichen Abschreibungen. Nach § 154 Abs. 1 AktG werden die planmäßigen Abschreibungen von den Anschaffungs- oder Herstellungskosten berechnet. In der Kalkulation hingegen werden ihnen im Hinblick auf die spätere Ersatzbeschaffung die (meist höheren) Wiederbeschaffungspreise zugrunde gelegt. Werden die kalkulatorischen Abschreibungen am Markt realisiert, dann stehen ihnen in der Gewinn- und Verlustrechnung – als gewinnmindernder Aufwand – nur die nach § 154 Abs. 1 zulässigen, geringeren Abschreibungen gegenüber. Daher wird der Differenzbetrag zwischen den beiden Abschreibungsbeträgen als Bestandteil des aktienrechtlichen Gewinns ausgewiesen. Da dieser – betriebswirtschaftlich – kein echter Gewinn, sondern nur ein unterlassener Abschreibungsaufwand ist, bezeichnet man ihn als Scheingewinn[100]. Auch beim Vorratsvermögen[101] bildet

97 Wie etwa die Preiserhöhungen der Automobilindustrie im Frühjahr 1976.

98 *Sieben/Schildbach*, BFuP 1973, 577, 578.

99 Vgl. dazu aus der unübersehbaren Literatur nur etwa *Havermann*, WPg 1974, 423, 428; *Mang/Midunsky*, S. 11 ff., und *Schuhmacher*, BFuP 1973, 563 ff.

100 Denn dieser »Gewinn« ist nur eine Folge der Preissteigerungen und kein Ergebnis wirtschaftlichen Handelns. So auch *Havermann*, Vortrag auf dem 28. Deutschen Betriebswirtschaftstag in Berlin, Bericht der FAZ vom 26. 9. 1974, S. 14.

101 Vgl. etwa *Havermann*, WPg 1974, 423, 426 f., und *Klein*, DB 1972, 2169 ff.

sich – insbesondere bei Unternehmen mit langer Fabrikations- oder Umschlagdauer – ein Scheingewinn in Höhe der Differenz zwischen den bilanziellen Aufwendungen[102] und den im Preis kalkulierten Wiederbeschaffungswerten.

Als Bestandteil des festgestellten Bilanzgewinns unterliegen auch die Scheingewinne der Besteuerung, den aktienrechtlichen Bestimmungen über die Gewinnverwendung und damit der Dispositionsbefugnis der Hauptversammlung (§§ 58 Abs. 4 i. V. mit 174 Abs. 1 Satz 1 AktG). Damit kann es zur Ausschüttung der im Bilanzgewinn enthaltenen Scheingewinne, d. h. – wirtschaftlich gesehen – zur Kapital- bzw. Einlagenrückgewähr kommen[103].

Betriebswirtschaftlich führt die Ausschüttung von Scheingewinnen zu einer allmählichen Auszehrung der Unternehmenssubstanz, weil dem Unternehmen die zur Erhaltung der ursprünglichen Substanz erforderlichen Beträge entzogen werden[104].

B. Beeinträchtigung der Rechnungslegung

In gleichem Maße wie die Vermögensabgrenzung wird die Rechnungslegung der Aktiengesellschaft beeinträchtigt. Der Erkenntniswert des Jahresabschlusses[105] wird durch die bei verschiedenen Gesellschaften sehr unterschiedlichen Auswirkungen der Preis- und Geldwertänderungen zusätzlich verzerrt[106]. Diese Verzerrungen mindern die Vergleichbarkeit zeitverschiedener Jahresabschlüsse einer Gesellschaft ebenso wie die Vergleichbarkeit mit den Jahresabschlüssen anderer Gesellschaften und verschlechtern so die Qualität von Rechenschaft und Information[107]. Dadurch aber werden zugunsten genau informierter »Insider« die Interessen des durch die Publizität der aktienrechtlichen Rechnungslegung geschützten Personenkreises ver-

102 Auch der Aufwandsverrechnung in der Gewinn- und Verlustrechnung liegen die Anschaffungs- oder Herstellungskosten nach § 155 Abs. 1 AktG zugrunde.

103 *Schuhmacher*, BFuP 1973, 563, 564; *Havermann*, WPg 1974, 423, 428, und schon *Mahlberg*, S. 3.

104 *Schneider*, ZfhF 1968, 1, 18; *Luik*, Der Einfluß von Preissteigerungen auf den Jahresabschluß, Vortrag vom 5. 7. 1973 vor dem Landesverband der Baden-Württembergischen Industrie e. V., S. 9, und *Kremer/Kremer*, WPg 1952, 414, 416 f., und *Strobel*, DB 1976, 2217 ff., 2265 ff.

105 *Adler/Düring/Schmaltz*, Tz. 7 f. zu § 149.

106 *Ulrich*, Blick durch die Wirtschaft vom 23. 8. 1971, S. 4.

107 Nach *Meier* (in: Bericht über die Fachtagung 1971 des IdW, S. 71, 73) muß ein nach dem Nominalwertprinzip aufgestellter Jahresabschluß heute mehr oder weniger gegen § 149 Abs. 1 Satz 2 AktG verstoßen; *Leffson*, S. 334.

letzt[108]. Ebenso sinkt der Selbstinformationswert des Jahresabschlusses für die Unternehmensleitung. Das kann nicht nur zu unternehmerischen Fehlentscheidungen führen, sondern berührt auch die Pflicht des Vorstands, dem Aufsichtsrat in den Fällen des § 90 Abs. 1 AktG Bericht zu erstatten und Geschäftsverluste in Höhe der Hälfte des Grundkapitals der Hauptversammlung nach § 92 Abs. 1 AktG anzuzeigen. Hier können Preis- und Geldwertänderungen bewirken, daß die Kontrolle des Vorstands durch den Aufsichtsrat (besonders hinsichtlich der Lage der Gesellschaft und der Eigenkapitalrentabilität) an Effektivität verliert und daß eine Alarmierung der Aktionäre – wirtschaftlich gesehen – zu spät erfolgt.

C. Wirkung von Gegenmaßnahmen

Doch sind auch im geltenden Aktienrecht Elemente enthalten, die der Substanzerhaltung förderlich sind. Darüber hinaus läßt das Aktiengesetz Maßnahmen zu, die zumindest in gewissen Grenzen den Auswirkungen der Scheingewinne auf die Funktionsfähigkeit des Jahresabschlusses entgegenwirken[109].

So entstehen etwa im Anlagevermögen infolge des Anschaffungswertprinzips Gewinne am ruhenden Vermögen, weil die Gegenstände des Anlagevermögens nach § 153 Abs. 1 Satz 1 AktG selbst dann, wenn ihr wirklicher Wert im Laufe der Zeit erheblich gestiegen ist, stets nur mit den ursprünglichen Anschaffungs- oder Herstellungskosten bilanziert werden dürfen[110].

Im abnutzbaren Sachanlagevermögen kann man durch eine laufende Reinvestition verdienter Abschreibungen[111] den sog. »Lohmann-Ruchti-« oder »Kapazitätserweiterungseffekt« nutzen und dadurch die Scheingewinne mindern[112]. Ist eine laufende Reinvestition verdienter Abschreibungen

108 Die infolge solcher Informationsprivilegien getroffenen Spekulationsgeschäfte schädigen vor allem die normalen Aktienkäufer (Outsider). Vgl. *v. Stebut*, DB 1974, 613, 617 f.

109 Zu Recht wird die Einseitigkeit des Standpunkts derer angegriffen, die bei der Darstellung des Scheingewinnproblems die substanzerhaltenden Elemente des Anschaffungswertprinzips und die nach geltendem Recht zulässigen Maßnahmen zur Substanzerhaltung außer Betracht lassen. Vgl. dazu *Jonas*, DB 1973, 1957 ff., und *Boecken*, DB 1974, 881 ff.

110 Zu den Gewinnen am ruhenden Vermögen vgl. *Jonas*, DB 1973, 1957, 1958. Der niedrige Bilanzansatz kann sogar im Falle der Realisierung ruhender Vermögenswerte nach § 6 b EStG beibehalten werden.

111 Zum Begriff der »verdienten« Abschreibungen S. 111 dieser Arbeit.

112 Vgl. dazu nur *Hax*, Die Substanzerhaltung der Betriebe, S. 234 ff.

nicht möglich, so können ihre Zinserträge als Finanzierungsquelle für substanzerhaltende Maßnahmen zur Verfügung stehen[113]. Ferner wird die Möglichkeit, die Abschreibungsmethoden und die Nutzungsdauer im abnutzbaren Sachanlagevermögen für die Bilanz abweichend von der in der Kalkulation benutzten Abschreibungsmethode bzw. der tatsächlichen Nutzungsdauer anzusetzen, von vielen Gesellschaften ebenso als Mittel zur Hemmung des Substanzabbaus benutzt wie das Wahlrecht bei der Ermittlung der Herstellungskosten nach § 153 Abs. 2 AktG[114].

Im Umlaufvermögen kann dem Prozeß der Substanzminderung durch die Einhaltung des strengen Niederstwertprinzips begegnet werden[115]. Die gleiche Wirkung hat die nach § 155 Abs. 1 Satz 3 AktG zulässige Unterstellung einer zeitlichen Verbrauchsfolge beim Vorratsvermögen (LIFO/FIFO-Methode)[116].

Auch der Passivseite der Bilanz kommt für die Höhe der Scheingewinne und das Problem der Substanzerhaltung eine große Bedeutung zu: Denn erstens sind die nicht anpassungspflichtigen Passivposten, wie etwa das Grundkapital, die Schulden[116a] und die Rücklagen, Nominalwerte, die der Geldentwertung ausgesetzt sind. Und zweitens ist, wenn man mit der herrschenden Meinung[117] davon ausgeht, daß Scheingewinne nur an eigenkapitalfinanzierten Vermögensteilen entstehen können (zu dieser Problematik eingehend unten S. 105 ff.), die Höhe des Fremdkapitalanteils an der Gesamtfinanzierung entscheidend für den Scheingewinnanteil am Unternehmenserfolg[117a].

Doch selbst die volle Ausnutzung dieser Möglichkeiten[118] kann das Scheingewinnproblem in keiner Weise befriedigend lösen, denn zum einen kann dadurch nur ein Teil der Scheingewinne kompensiert werden. Zum andern muß dieser kleine Erfolg mit dem Nachteil erkauft werden, daß etwa die Bewertungsfreiheiten – anders als vom Gesetzgeber intendiert

113 *Boecken,* DB 1974, 881, 882.
114 *Boecken,* DB 1974, 881, 883.
115 *Boecken,* DB 1974, 881, 884.
116 Vgl. dazu ausführlich *Klein,* DB 1972, 2169, 2171 ff.
116a Vgl. dazu *Jacobs,* in: Festschrift für Leffson, S. 235 ff. Für die Anwendung der Konzeption der realen Kapitalerhaltung (Indexmethode) tritt neuerdings *Brinkmann,* DB 1976, 1589, 1594, ein.
117 Vgl. nur etwa *Sieben/Schildbach,* BFuP 1973, 577, 580 ff., und *Coenenberg,* AG 1975, 113, 116 ff. m. w. N.
117a Zur Eigenkapitalausstattung der deutschen Unternehmen und deren Entwicklung im Vergleich mit ausländischen Unternehmen vgl. *Feuerbaum,* DB 1976, 1595, 1597 f., 1638, und *Gruhler,* AG 1977, 73 ff.
118 Zu den hier nicht zu behandelnden Maßnahmen in der Steuerbilanz vgl. *Wohlgemuth,* AG 1975, 296, 297 ff.

und unabhängig von sonst notwendigen betriebswirtschaftlichen Überlegungen – allein unter dem Gesichtspunkt der Substanzerhaltung genutzt werden müssen[119]. Wenn diese Praxis auch im Hinblick auf die Wiederherstellung der Vermögensabgrenzungsfunktion des Jahresabschlusses – zumindest als Notlösung – sinnvoll sein mag, so ist sie doch hinsichtlich der Rechnungslegungsfunktion absolut unbefriedigend, denn sie stellt bestenfalls eine »negative Verfälschung« des Periodenergebnisses als Korrektur der »positiven Verfälschung« in Form der Scheingewinne dar, verbessert aber nicht die Qualität der Rechnungslegung[120].

Als in den meisten Fällen erforderliche Ergänzung zu den scheingewinnkompensierenden Maßnahmen hat die Verwaltung schließlich die Möglichkeit, im Rahmen ihres Einbehaltungsrechts nach § 58 Abs. 2 AktG die Ausschüttung von Scheingewinnen zu verhindern[120a].

Die Thesaurierung von Scheingewinnen wird jedoch durch das geltende Steuerrecht sehr erschwert[121]. Da es wie die aktienrechtliche Rechnungslegung den Gewinn als nominale Größe ermittelt[122], werden, unter Mißachtung des Prinzips der Leistungsfähigkeit[123], die nach § 58 Abs. 2 AktG einbehaltenen Gewinne als »nicht ausgeschütteter Gewinn« gem. § 23 Abs. 1 KStG mit dem höheren Steuersatz von 56 %[124] besteuert. Für einen Scheingewinnausgleich im Rahmen der Gewinnverwendung muß ein Unternehmen somit etwa 285 % des ermittelten Scheingewinns erwirtschaften[125]. Dies aber ist einem großen Teil der Unternehmen nicht möglich.

119 So wurde im Geschäftsbericht 1971/72 der Siemens AG bezeichnenderweise festgestellt, daß die vom Gesetzgeber für andere Zwecke erlaubten Sonderabschreibungen teilweise den Charakter erforderlicher Normalabschreibungen angenommen hätten. Vgl. bei *Bierich*, BFuP 1973, 521, 529.

120 So *Wohlgemuth*, AG 1975, 296, 297.

120a Zur mangelnden Inanspruchnahme dieser Möglichkeit vgl. kritisch *Wagner*, WPg 1976, 487, 494.

121 Vgl. zur Besteuerung einbehaltener Scheingewinne aus dem umfangreichen Schrifttum *v. Wallis*, DB 1973, 842 ff.; *v. Arnim*, BB 1965, 877 ff.; *Ulrich*, Blick durch die Wirtschaft vom 15. 1. 1973, S. 3; *Mutze*, AG 1975, 183, 189 ff.

122 Vgl. dazu BFH 89, 422, 438, wonach das Nominalprinzip auch den Steuertatbeständen immanent ist.

123 Dieses Prinzip gilt aber nach h. M. als ein wesentlicher Grundsatz des Steuerrechts. Vgl. *Kruse*, Steuerrecht I, S. 44 f.

124 Statt 36 % (Ausschüttungsbelastung) bei Gewinnausschüttung gem. § 27 Abs. 1 KStG.

125 Diese eindrucksvolle Berechnung, auf die erstmals *Schuhmacher* (Blick durch die Wirtschaft vom 31. 7. 1974) hinwies, folgt aus einer Belastung nicht ausgeschütteter Gewinne mit Einkommen- und Gewerbesteuer von zusammen maximal 65 %. Danach ergeben 285 DM abzüglich 65 % von 285 DM (Steuerbelastung) eine versteuerte Rücklage von etwa 100 DM.

IV. Die notwendigen Konsequenzen

Nicht nur die betriebswirtschaftlichen, sondern auch die gesamtwirtschaftlichen[126] Auswirkungen der Tatsache, daß nach dem Aktiengesetz auch bei anhaltenden Preis- und Geldwertänderungen die Rechnungslegung mit einem auf Geldwertstabilität zugeschnittenen Instrumentarium nominal zu erfolgen hat, machen Überlegungen zur Lösung dieses Konflikts erforderlich. Dabei führt die Kumulation der Auswirkungen in den vergangenen Jahren zu der Notwendigkeit, dieser Entwicklung möglichst unverzüglich mit geeigneten Maßnahmen zu begegnen. Die Unvereinbarkeit der Beibehaltung einer auf Nominalwerten basierenden Rechnungslegung bei langfristiger Geldentwertung erfordert für die aktienrechtliche Rechnungslegung entweder eine Zielkorrektur oder eine Anpassung an die geänderten Geldwertverhältnisse. Dabei könnte die Anpassung bei der Ursache des Problems, dem Wandel der Normsituation bezüglich des Geldwerts, oder bei seinen Auswirkungen angesetzt werden. Beide Möglichkeiten werden in den im folgenden Teil der Arbeit dargestellten Vorschlägen vertreten. Dabei wäre die erste Möglichkeit eine echte Lösung der Problematik, die zweite könnte nur – aber immerhin – zu einer Verbesserung der gegenwärtigen Funktionsfähigkeit der aktienrechtlichen Rechnungslegung beitragen.

126 Wie etwa volkswirtschaftliche Kapitalfehllenkungen, wirtschaftlicher Immobilismus oder der Verlust der »Signal- und Lenkungsfunktion der Preise«. Vgl. *Gemper*, Probleme der Nominalwertrechnung bei inflatorischer Geldentwertung, S. 11 f., und *Feuerbaum*, DB 1973, 737, 739 m. w. N. sowie DB 1976, 1595 ff., 1637 ff.

Teil II Die Vorschläge zur Berücksichtigung von Preis- und Geldwertschwankungen in der Rechnungslegung, ihre Realisierbarkeit und Eignung

Eine Untersuchung der in der betriebswirtschaftlichen Diskussion vorgebrachten Vorschläge zur Berücksichtigung der Preis- und Geldwertschwankungen in der Rechnungslegung auf ihre Eignung und zugleich auf ihre schnelle Realisierbarkeit erfordert zuerst die Darstellung der Vorschläge in allen für ihre Beurteilung relevanten Bereichen. Eine solche Darstellung würde die Arbeit allerdings mit einer Fülle von Detailfragen zur betriebswirtschaftlichen Problematik der Vorschläge belasten, noch ehe festgestellt wäre, ob die Vorschläge nach ihrer Grundkonzeption überhaupt mit dem geltenden Recht vereinbar sind. Die Untersuchung von Vorschlägen, die, weil im Widerspruch zum geltenden Recht stehend, nur de lege ferenda zu verwirklichen sind, kommt jedoch nach der Zielsetzung dieser Arbeit[1] erst dann in Betracht, wenn feststeht, daß auch durch Ausschöpfung aller Möglichkeiten des geltenden Rechts eine ausreichende Verbesserung der Funktionsfähigkeit der aktienrechtlichen Jahresabschlüsse nicht herbeigeführt werden kann. Es erscheint daher zweckmäßig, die Vorschläge zur Beurteilung ihrer Vereinbarkeit mit dem geltenden Recht an dieser Stelle nur in ihren Grundzügen und speziell im Hinblick auf ihre rechtliche Bewertung darzustellen[2].

Der Vorrang der Suche nach einer – wenn auch nur partiellen – Problemlösung de lege lata vor dem Streben nach einer umfassenden Problemlösung de lege ferenda folgt im übrigen auch aus der Notwendigkeit, möglichst unverzüglich der weiteren Verzerrung der aktienrechtlichen Jahresabschlüsse Einhalt zu gebieten[3]. Denn mit theoretisch geeigneten, aber aus rechtlichen oder tatsächlichen Gründen nicht praktizierbaren Bilanzierungsmodellen wäre der Forderung nach einer schnellen Verbesserung der gegenwärtigen Situation nicht gedient. Vielmehr ist es auch im Interesse der hier geforderten schnellen Realisierbarkeit eines Verbesserungsvorschlags von entscheidender Bedeutung, daß dieser ohne Gesetzesänderung de lege lata durchführbar ist[4].

1 Vgl. S. 2 f. dieser Arbeit.

2 Eine umfassende Darstellung der zur Zeit diskutierten Vorschläge und der ihnen zugrundeliegenden Konzeptionen findet sich im betriebswirtschaftlichen Anhang zu dieser Arbeit auf S. 97 ff.

3 Vgl. S. 28 dieser Arbeit.

4 Vgl. nur den schon Jahrzehnte andauernden Kampf um die richtige Form der

I. Die Vorschläge zur Berücksichtigung der Scheingewinne im Rahmen der Gewinnermittlung

Von den Vorschlägen, die sich mit der Berücksichtigung der Preis- und Geldwertschwankungen bei der aktienrechtlichen Rechnungslegung befassen, fordern einige die Eliminierung der Scheingewinne schon bei der Gewinnermittlung. Sie stimmen überein in der Erkenntnis, daß in Zeiten eines über längere Zeit stetig ansteigenden Preisniveaus die nominelle Erhaltung des Gesellschaftsvermögens (Prinzip der Nominalkapitalerhaltung)[5] für die Erhaltung eines Wirtschaftsunternehmens nicht ausreicht. Doch unterscheiden sich die Vorschläge erheblich in der Bestimmung des ihrer Ansicht nach richtigen Erhaltungsmaßstabs und in der Frage, durch welche Maßnahmen im Jahresabschluß das jeweilige Erhaltungsziel erreicht werden kann.

Der Philips-Konzern[6] etwa sieht die Unternehmenssubstanz als erhalten an, wenn der Ertrag einer Periode den Aufwand, gemessen an den Wiederbeschaffungskosten der verbrauchten Produktionsfaktoren, ausgleicht (reproduktive Bruttosubstanzerhaltung)[7]. Das wird erreicht durch die Bilanzierung der nichtmonetären Vermögenswerte im Anlage- und im Umlaufvermögen zu ihren Wiederbeschaffungskosten und durch Abschreibungen auf Wiederbeschaffungswertbasis. Die Differenzbeträge zwischen der Abschreibung von den Wiederbeschaffungskosten und den Abschreibungen von den Anschaffungs- oder Herstellungskosten werden – erfolgsneutral – über eine Neubewertungsrücklage verbucht. Die gleiche Konzeption liegt zwei Entwürfen der Kommission der Europäischen Gemeinschaften zugrunde[8]. In ihnen wird – fakultativ – die Bilanzierung und Abschreibung auf Wiederbeschaffungskostenbasis zugelassen[9]. Macht ein Unternehmen von dieser Möglichkeit Gebrauch, sind ebenfalls die Abschreibungsdifferenzbeträge erfolgsneutral einer Neubewertungsrücklage zuzuweisen. Diese Rücklage ist nur insoweit (erfolgswirksam) auflösbar, als eine Ersatzbeschaffung unterbleibt oder aus der Rücklage Kapital gebildet werden soll. In beiden Entwürfen gelten im Falle der Bilanzierung zu Wiederbeschaffungskosten verschärfte Publizitätsvorschriften.

Mitbestimmung der Arbeitnehmer oder den langen Weg bis zur Stärkung der Rechtsstellung der Aktionäre und die Förderung der Publizität durch das AktG 1965. Dazu etwa *Baumbach/Hueck*, Rn. 13 f. der Einleitung.

5 Vgl. dazu im Anhang S. 108.

6 Vgl. dazu im Anhang S. 100 f.

7 Vgl. dazu im Anhang S. 100 ff.

8 Vgl. dazu im Anhang S. 101 ff.

9 In dem einen Entwurf liegt das Wahlrecht bei dem Unternehmen, in dem anderen bei den einzelnen EG-Mitgliedstaaten.

Ein anderer Vorschlag beschränkt den Wiederbeschaffungswertgedanken auf die Ermittlung der Abschreibungen in der Gewinn- und Verlustrechnung[10]. Die Bewertung in der Bilanz erfolgt nach dem Anschaffungswertprinzip. Die statistisch ermittelte Differenz zwischen den Abschreibungen von den Anschaffungs- und Herstellungskosten und den Abschreibungen auf der Grundlage der Wiederbeschaffungskosten wird in eine Substanzerhaltungsrücklage auf der Aktivseite der Bilanz eingestellt.

Die Zulassung einer den steuerlichen Gewinn mindernden Substanzerhaltungsrücklage für das bewegliche Anlagevermögen hatte ein zwar im Bundestag abgelehnter, aber dennoch auch heute noch aktueller Gesetzentwurf des Bundesrates zum Ziel[11]. Er sieht eine Ermittlung der Wiederbeschaffungskosten durch mehrere von der Bundesregierung eigens zu diesem Zweck festgesetzte Spezialindizes vor. Die Ersatzbeschaffung muß innerhalb von zwei Jahren nach dem Ausscheiden des Wirtschaftsgutes erfolgen, anderenfalls ist die Rücklage gewinnerhöhend aufzulösen.

Andere Vorschläge ermitteln den ausschüttbaren Gewinn durch eine Kombination verschiedener Erhaltungskonzeptionen[12].

Nach *Hax*[13] ist bei fallenden Preisen der Nominalgewinn und bei steigenden Preisen der Gewinn ausschüttungsfähig, der sich bei Anwendung der Bruttosubstanzerhaltungskonzeption für das Sachanlagevermögen ergibt. In diesem Fall werden die Abschreibungsdifferenzbeträge über eine Substanzerhaltungsrücklage erfolgsneutralisiert.

In der »Polaren Bilanz« *Feuerbaums*[14] stehen Bruttosubstanzrechnung und Nominalkapitalrechnung gleichberechtigt nebeneinander. Ein ausschüttbarer Gewinn liegt vor bei nomineller und substantieller Vermögensmehrung, ein Verlust dagegen schon bei nomineller oder substantieller Vermögensminderung (sog. »imparitätischer Gewinnbegriff«)[15]. Die Substanzerhaltungsrücklage, in die die Abschreibungsdifferenzbeträge (auch der »noch nicht verdienten Abschreibungen«)[16] eingestellt werden, ist auch bei einem Rückgang der Preise unauflösbar.

Auch *Wedell*[17] schlägt eine Kombination von Bruttosubstanzerhaltungs- und Nominalkapitalerhaltungskonzeption für die Gewinnermittlung vor. Dabei soll der niedrigere Gewinn die Obergrenze für die Ausschüttung sein. Als Konsequenz dieser schon bei der Gewinnermittlung durchgeführten Substanzerhaltung befürwortet er für die Einbehaltung nach § 58 Abs. 2

10 Vgl. zur Konzeption der Substanzerhaltung ausführlich im Anhang S. 99 ff.
11 Vgl. dazu im Anhang S. 104 f.
12 Vgl. dazu im Anhang S. 110 ff.
13 Vgl. dazu im Anhang S. 110 ff.
14 Vgl. dazu im Anhang S. 112.
15 Vgl. dazu im Anhang S. 112.
16 Vgl. dazu im Anhang S. 112 Fn. 88.
17 Vgl. dazu im Anhang S. 112 f.

AktG die Bindung der Verwaltung an einen »Rahmenplan für Gewinnverwendung« und den Schutz des verbleibenden Bilanzgewinns durch das Erfordernis einer qualifizierten Mehrheit für eine weitergehende Gewinnthesaurierung.

Bei *Endres*[18] ist der »ausschüttbare Gewinn« in Zeiten sinkenden Geldwerts begrenzt durch den Gewinn nach Substanzerhaltung und den Gewinn nach realer Geldkapitalerhaltung. Nach der zuletzt genannten Erhaltungskonzeption werden die nichtmonetären Bilanzposten der Anfangsbilanz auf den Geldwert im Zeitpunkt der Aufstellung der Schlußbilanz umgerechnet[19].

Schneider[20] kombiniert bei der von ihm vorgeschlagenen Gewinnermittlung die (von sachfremden Einflüssen bereinigte) Nominalkapitalrechnung mit der Ertragswertrechnung[21]. Der Ertragswertzuwachs (»ökonomischer Gewinn«) kann ausgeschüttet werden, soweit er zugleich »nominell entziehbaren Gewinn«[22] darstellt.

Im Gegensatz zu der periodischen Anpassung bestimmter Bilanzpositionen an die Wiederbeschaffungswerte wird in einem Entwurf der Kommission der Europäischen Gemeinschaften vorgeschlagen, von Fall zu Fall die Neubewertung der Sachanlagen, der Beteiligungen sowie der sonstigen Finanzanlagen zuzulassen[23]. Auch hier sollen die sich ergebenden Differenzbeträge einer Neubewertungsrücklage zugeführt werden, die bei Realisierung der betreffenden Mehrwerte bzw. bei Umwandlung in Kapital insoweit aufzulösen ist.

Schließlich vertritt *Meier*[24] die Ansicht, daß vor einer periodischen Anpassung der Bilanzen an die gestiegenen Wiederbeschaffungskosten eine einmalige Neubewertung des Sachanlagevermögens als Sofortmaßnahme notwendig sei. Die Differenzbeträge seien einer Rücklage zuzuführen und sollten zur Verlusttilgung bzw. zur Kapitalaufstockung zur Verfügung stehen.

A. Realisierbarkeit

Diese Vorschläge haben bei allen Differenzierungen untereinander ein entscheidendes Merkmal gemeinsam. Sie setzen mit ihrer Kritik und mit ihrer Korrektur genau an dem Punkt an, den sie als Ursache der schwindenden Funktionsfähigkeit des Jahresabschlusses betrachten: der absoluten »Wert-

18 Vgl. dazu im Anhang S. 113.
19 Zur Konzeption der Realkapitalerhaltung vgl. ausführlich im Anhang S. 108 ff.
20 Vgl. dazu im Anhang S. 114 f.
21 Zur Konzeption der Ertragswerterhaltung vgl. auch im Anhang S. 98.
22 Zu diesem Begriff vgl. im Anhang S. 114 f.
23 Vgl. dazu im Anhang S. 115 f.
24 Vgl. dazu im Anhang S. 116 f.

messerfunktion« des Geldes[25]. Sie sprechen dem Geld die Fähigkeit ab, wegen der Relativität des eigenen Wertes[26] absoluter Maßstab für die Bewertung der im Jahresabschluß aufzuführenden Vermögensgegenstände zu sein, und kommen damit folgerichtig zur Ablehnung des auf der Annahme eines relativ stabilen Geldwerts basierenden Anschaffungswertprinzips. Bei der Suche nach Substitutionsmöglichkeiten für das Geld als Maßstab für die Darstellung der Vermögens- und Ertragslage der Gesellschaften gelangen sie jedoch zu sehr unterschiedlichen Lösungen:

Diejenigen Vorschläge, die (zumindest auch) eine der Substanzerhaltungskonzeptionen zur Grundlage haben[27], berücksichtigen bei der Wahl des Maßstabs für die Unternehmensrechnung die Besonderheit, daß es sich bei einem werbenden Unternehmen in der Regel um eine auf fortdauernden Betrieb angelegte Einrichtung handelt[28]. Da bei solchen Unternehmen die mengenmäßige Erhaltung der Produktionsfaktoren im Mittelpunkt des Erhaltungsinteresses steht, empfehlen diese Vorschläge zur Ermittlung der Vermögens- und Ertragslage eine Gütermengenrechnung[29] auf der Basis der Wiederbeschaffungspreise.

Dagegen muß aus der Sicht der auf einer der Kapitalerhaltungskonzeptionen basierenden Vorschläge die Gewinnrechnung der Unternehmung grundsätzlich eine Geldrechnung sein[30]. Diese Vorschläge benutzen das Geld zwar weiterhin als Instrument zur Wertmessung, allerdings in modifizierter Form: Maßstab soll nicht mehr der Geldbetrag als nominale Größe, sondern der durch seine allgemeine Kaufkraft bestimmte Geldwert sein[31]. Durch die Korrektur des Nominalwerts des Geldes um den eingetretenen Kaufkraftverlust wird ein am allgemeinen Preisniveau gemessen konstanter Wertmaßstab geschaffen. Die Rechnung mit dem realen Geld-

25 Vgl. *v. Caemmerer*, Gesammelte Schriften, Band II, S. 291 ff.; ebenso *v. Maydell*, S. 225, und *Simitis*, AcP 159, 406, 415.

26 Die Veränderung des Geldwerts beruht weitgehend auf seiner variablen Kaufkraft, die ihrerseits das Tauschverhältnis zwischen Geld und Gütern angibt. Daher wird in einer Marktwirtschaft die Kaufkraft des Geldes durch das Preisniveau bestimmt. Vgl. *v. Maydell*, S. 34.

27 Dies gilt auch für die von *Schneider* vertretene Konzeption der Ertragswerterhaltung. Vgl. dazu im Anhang S. 114 ff.

28 Zum sog. »Going Concern Concept« vgl. *Sieben/Schildbach*, BFuP 1973, 577, 578 f.

29 Vgl. dazu *Hax*, Bilanztheorien, allgemein, in: Handwörterbuch des Rechnungswesens, Sp. 238, 242 f., und S. 99 ff. dieser Arbeit.

30 *Hax*, Bilanztheorien, allgemein, in: Handwörterbuch des Rechnungswesens, Sp. 238, 242.

31 Vgl. aber zur Problematik der Bestimmung eines einheitlichen Preisniveaus bzw. einer einheitlichen Kaufkraft statt vieler *Haberler*, S. 98 ff.

wert als Wertmaßstab ist die »richtige« Rechnung aus der Sicht des Kapitalanlegers[32], für den die Erhaltung der allgemeinen Kaufkraft des investierten Kapitals im Vordergrund steht.

1. Vereinbarkeit mit dem Wortlaut des AktG

Dagegen sind die Bewertungsvorschriften des geltenden Aktienrechts geprägt durch das sog. Anschaffungswertprinzip. Nach diesem Prinzip sind in der Bilanz die Gegenstände des Anlagevermögens nach § 153 Abs. 1 Satz 1 AktG zu den (um die Abschreibungen und Wertberichtigungen verminderten) Anschaffungs- oder Herstellungskosten anzusetzen. Die Abschreibungen bzw. Wertberichtigungen haben dabei nur die Funktion, die Anschaffungs- oder Herstellungskosten planmäßig auf den voraussichtlichen Nutzungszeitraum zu verteilen. Auch im Umlaufvermögen sind gem. § 155 Abs. 1 Satz 1 AktG (abgesehen von den Sonderregelungen in § 155 Abs. 2, 3 und 4 AktG) die Anschaffungs- oder Herstellungskosten als Wertansatz vorgeschrieben. Dazu kommt, daß in den in § 151 Abs. 1 und § 157 Abs. 1 AktG vorgeschriebenen Gliederungsschemata eine gewinnmindernde Rücklage für Zwecke der Substanzerhaltung nicht vorgesehen ist[33]. Dadurch ist der materielle Inhalt der Gliederungspunkte Nr. 28 der Gewinn- und Verlustrechnung, der Jahresüberschuß bzw. Jahresfehlbetrag (und damit auch der Posten VIII. auf der Passivseite der Bilanz, der Bilanzgewinn, bzw. der Bilanzverlust nach Posten V. auf der Aktivseite der Bilanz) dahin gehend festgelegt, daß ihnen bezüglich der Bewertung des Vermögens und des Werteverzehrs der Rechnungsperiode höchstens die Anschaffungs- oder Herstellungskosten zugrunde liegen.

Mit diesen gesetzlichen Regelungen stehen jedoch die oben dargestellten Vorschläge nicht in Einklang. Einige der Vorschläge fordern den Ansatz der Wiederbeschaffungskosten in der Bilanz und gleichfalls die Wiederbeschaffungskosten als Ausgangspunkt für die Berechnung der Abschreibungen und Wertberichtigungen in der Gewinn- und Verlustrechnung[34]. Sie verstoßen damit gegen den Wortlaut der §§ 153 Abs. 1 Satz 1, 155 Abs. 1 Satz 1 und 154 Abs. 1 AktG. Andere Vorschläge lassen zwar die Bilanzansätze unberührt, nehmen jedoch eine Erfolgskorrektur in der Gewinn- und Verlust-

32 *Havermann*, WPg 1974, 423, 428.

33 Vgl. zur zwingenden Natur der aktienrechtlichen Gliederungsvorschriften etwa *Adler/Düring/Schmaltz*, Tz. 1 zu § 151 und Tz. 30 zu § 157.

34 So die Vorschläge auf der Grundlage der Bruttosubstanzerhaltungskonzeption (mit Ausnahme des Vorschlags der Groupe d'Etudes und der Gesetzesinitiative des Deutschen Bundesrats), der Konzeption der Realkapitalerhaltung und die Vorschläge zur fallweisen Neubewertung (vgl. im Anhang S. 115 f.).

rechnung vor[35]. Sie verändern unter Verletzung des § 154 Abs. 1 AktG den materiellen Inhalt des in Posten Nr. 28 der Gewinn- und Verlustrechnung vorgeschriebenen Zwischenergebnisses Jahresüberschuß/Jahresfehlbetrag und den Inhalt des Postens Bilanzgewinn/Bilanzverlust und verstoßen damit gegen das zwingende Gliederungsschema des § 157 Abs. 1 AktG. Die Vorschläge auf der Grundlage kombinierter Erhaltungskonzeptionen führen ihre Substanz- bzw. Ertragswertrechnung im Jahresabschluß parallel zu der (modifizierten)[36] traditionellen Jahresrechnung durch. Auch sie verstoßen deshalb gegen die §§ 153 Abs. 1 Satz 1, 155 Abs. 1 Satz 1 und 154 Abs. 1 AktG sowie gegen die in § 157 Abs. 1 AktG getroffene inhaltliche Bestimmung der Posten Jahresüberschuß/Jahresfehlbetrag und Bilanzgewinn/ Bilanzverlust.

Damit sind die Vorschläge, die die Preis- und Geldwertänderungen im Rahmen der Gewinnermittlung berücksichtigen, ausnahmslos mit dem Wortlaut tragender Bestimmungen des geltenden Aktiengesetzes unvereinbar[37].

2. *Möglichkeit der Übernahme eines der Vorschläge zur Berücksichtigung der Scheingewinne bei der Gewinnermittlung durch die Rechtsprechung*

Dennoch könnte einer der Vorschläge zur Berücksichtigung der durch Preis- und Geldwertänderungen hervorgerufenen Scheingewinne im Rahmen der Gewinnermittlung von der Rechtsprechung aufgegriffen werden[38]. Zwar ist die Rechtsprechung durch Art. 20 Abs. 3 GG zur Anwendung des Gesetzes verpflichtet. Sie stünde jedoch bei der Anwendung der Paragraphen des AktG, in denen sich das sog. Anschaffungswertprinzip niederschlägt, vor

35 So der Vorschlag der Groupe d'Etudes und die Gesetzesinitiative des Deutschen Bundesrats.

36 Etwa die Berücksichtigung der allgemeinen Geldentwertung bei *Endres* (S. 113 f. dieser Arbeit) oder die Bereinigung des Jahresabschlusses von allen systemfremden Einflüssen bei *Schneider* (S. 114 f. dieser Arbeit).

37 Die schwerverständliche Mißachtung des geltenden Rechts durch die Betriebswirtschaftslehre läßt sich nur aus der Neigung dieser Wissenschaft zu eigener Normativität erklären. Vgl. dazu etwa *Kruse*, Grundsätze ordnungsmäßiger Buchführung, S. 77 ff.

38 So wäre es denkbar, daß die Frage der Berücksichtigung der Scheingewinne in der Gewinnermittlung in einem Verfahren wegen Nichteintragung eines Jahresabschlusses ins Handelsregister (bei Vorliegen eines nicht berücksichtigten großen Scheingewinnanteils am Bilanzgewinn), in einem Aktienstrafverfahren nach § 400 Ziff. 1 AktG oder in einem zivilrechtlichen Schadensersatzverfahren nach § 823 Abs. 2 BGB i. V. mit 400 Ziff. 1 AktG entscheidungserheblich wird.

dem Problem, daß die wortlautgetreue Anwendung dieser Vorschriften den ursprünglichen objektiven Willen des Gesetzgebers ins Gegenteil verkehren würde. Denn das sog. Anschaffungswertprinzip, konzipiert, um die Verteilung unrealisierter Gewinne aus Überbewertungen zu verhindern, ermöglicht heute die Verteilung von Scheingewinnen[39]. Es wird daher im folgenden auf Rechtsnatur und Zweck des sog. Anschaffungswertprinzips und die Frage einzugehen sein, inwieweit eine Verbindung zwischen ihm und dem Nominalwertprinzip besteht.

a) Das Anschaffungswertprinzip

Die Bestimmung der Anschaffungs- oder Herstellungskosten als Höchstwert für den Ansatz der Aktivposten in der Bilanz geht auf die Aktiennovelle von 1884 zurück[40]. Die in Art. 185 a ADHGB angeordnete Bewertungsregel war als lex specialis zu Art. 31 ADHGB für die Aktiengesellschaften und die Kommanditgesellschaften auf Aktien gedacht. Denn nach Art. 31 ADHGB galt für die Bilanzierung nur die Regel, »sämtliche Vermögensgegenstände und Forderungen nach dem Werte anzusetzen, welcher ihnen zur Zeit der Aufnahme beizulegen ist«. Diese auf die Vermögensbewertung des Einzelkaufmanns zugeschnittene Bewertungsbestimmung[41] war von Anfang an unklar und heftig umstritten[42]. Während sie nach der Interpretation des Reichsoberhandelsgerichts nur für die Forderungen eine positive Bewertungsvorschrift sein sollte und ansonsten lediglich eine willkürliche Höherbewertung verbot[43], wurde ihr in der Folgezeit der Zeitwert (als »wahrer« oder »gemeiner« Wert) als der von Art. 31 ADHGB geforderte Bilanzwert entnommen[44]. Zwar konnten bei den Einzelkaufleuten und Personengesellschaften die persönliche Haftung und die strengen Kaufmannsgrundsätze einen Mißbrauch der Bewertung zum »wahren« Wert ver-

39 Vgl. dazu S. 23 f. dieser Arbeit.

40 Art. 185 a, 239 b ADHGB, eingefügt durch das Gesetz betreffend die Kommanditgesellschaften auf Aktien und die Aktiengesellschaften vom 18. 7. 1884. Nach *Barth* (S. 114 f.) soll schon *Savary* in seinem Kommentar zur Ordonnance de Commerce die Bewertung zu den Anschaffungskosten als höchstem Bilanzansatz in Übereinstimmung mit der damaligen Kaufmannspraxis vertreten haben. Kritisch jedoch *Kruse*, Grundsätze ordnungsmäßiger Buchführung, S. 46.

41 Sie galt bis zur Aktiennovelle 1884 mangels Spezialregelung auch für die Aktiengesellschaften.

42 Vgl. über den Jahrzehnte dauernden Streit in Wissenschaft und Rechtsprechung darüber, welchen Wert der Gesetzgeber mit Art. 31 ADHGB tatsächlich bestimmen wollte, *Barth*, S. 136 ff.

43 ROHG Bd. 12, S. 15, 18 ff.

44 *Barth*, S. 145. Vgl. auch *Kruse*, Grundsätze ordnungsmäßiger Buchführung, S. 47.

hindern. Dies war jedoch bei den Aktiengesellschaften, die sich in der »Gründerzeit«[45] explosionsartig vermehrt hatten, keineswegs der Fall. Die Schwäche des wenig objektiven »wahren« Werts wurde von vielen Aktiengesellschaften in den der »Gründerzeit« folgenden Depressionsjahren ab 1873 ausgenutzt. Durch Überbewertung der Aktiva, durch Ausweis oder Verteilung noch nicht realisierter oder gar nur erhoffter Gewinne wurden die durch Gründungsaufwand und Überproduktion entstandenen Verluste verschleiert[46].

Daraus ergibt sich, daß die gesetzliche Einführung der Anschaffungs- oder Herstellungskosten als Höchstgrenze für den Bilanzwert keinesfalls als allgemeiner Bilanzierungsgrundsatz gedacht war. Sie war nur eine zusätzliche[47] Höchstwertbestimmung für die Aktiengesellschaft und die Kommanditgesellschaft auf Aktien. Sie wurde als Ausnahmevorschrift mit dem »Wesen der Aktiengesellschaft« gerechtfertigt, das wegen der regelmäßigen Gewinnverteilung die Ausschüttung eines nominalen, aber noch nicht realisierten Gewinns begünstige[48].

Durch die Aktiennovelle von 1884 ist also keinesfalls ein Prinzip (etwa ein Anschaffungswert»prinzip«) eingeführt worden, sondern eine als Spezialvorschrift gekennzeichnete zusätzliche Höchstwertvorschrift für die damaligen Kapitalgesellschaften. Wenn auch die Höchstbewertung zum Anschaffungswert ähnlich wie das Niederstwertprinzip schon früher kaufmännischer Gewohnheit entsprach[49], so ist doch der Wandel dieser ursprünglich auf die Kapitalgesellschaften begrenzten Höchstwertbestimmung zum sog. Anschaffungswertprinzip und zum Grundsatz ordnungsmäßiger Buchführung im Handelsrecht nur durch den um die Jahrhundertwende neubelebten

45 Als »Gründerzeit« wird die Zeit nach Aufhebung des Konzessionssystems durch die Aktiennovelle 1870 bezeichnet. Das »Gründungsfieber« wurde verstärkt durch die – aus dem sog. Milliardensegen französischer Reparationsleistungen sich ergebende – übergroße Nachfrage nach Kapitalanlagen. Vgl. *Schmalenbach,* Dynamische Bilanz, 13. Aufl., S. 30 f., und *Reich,* S. 268 f.

46 Vgl. auch die typischen Gründungsschwindel durch Einbringung überbewerteter Unternehmen (Umwandlungsgründung), dargestellt bei *Reich,* S. 269.

47 Ausdrücklich wird in Art. 185 a ADHGB die grundsätzliche Weitergeltung der allgemeinen Vorschriften des Art. 31 ADHGB festgestellt.

48 So die Motive zur Aktiennovelle 1884 (allgemeine Begründung, S. 258 f.), zitiert nach *Hergenhahn,* Das Reichsgesetz betreffend die Kommandit-Gesellschaften auf Aktien und die Aktiengesellschaften, vom 18. Juli 1884, Anm. 2 zu Art. 185 a.

49 *Kruse,* Grundsätze ordnungsmäßiger Buchführung, S. 216; *Barth,* S. 157, der die Novelle von 1884 lediglich als Rückkehr auf das früher (d. h. vor dem Experiment mit dem Zeitwert) bewährte Verfahren versteht. A. A. *Düringer/Hachenburg,* Das Handelsgesetzbuch, 2. Aufl., Anm. 7 zu § 40.

Nominalismus[50] erklärbar[51]. Denn während die Höchstbewertung zum Anschaffungswert – als Gewohnheit und später als Spezialnorm des Aktienrechts – zunächst nur verhindern sollte, daß die aus »Teuerungen«[52] resultierenden (echten) Wertzuwächse am Anlage- oder Umlaufvermögen in die Bilanz eingingen, wurde sie mit der Entdeckung der Wertabhängigkeit des Geldes[53] – auch zur Eliminierung der Geldwertschwankungen aus der Bilanz – zum Prinzip (Anschaffungswertprinzip) erhoben. In dieser letzten Funktion liegt die nahe Verwandtschaft des heutigen Anschaffungswertprinzips zu dem erst in unserem Jahrhundert theoretisch erforschten Nominalismus begründet.

Die starke Beeinflussung des Anschaffungswertgedankens durch den Nominalismus macht es notwendig, auch auf das Phänomen des Nominalismus einzugehen. Denn nur so wird die spätere gedankliche Verbindung der beiden im Ursprung voneinander unabhängigen und in ihrer Zielrichtung völlig verschiedenen Prinzipien verständlich.

b) Der Nominalismus

Der Nominalismus gehört zu den geldtheoretischen Grundlagen unseres Währungsrechts. Der Nominalismus, auch Nominalwertprinzip, Nennwert- oder Nominalprinzip genannt, besagt in der Geldtheorie, daß eine Geldeinheit wertmäßig nur aus ihrer Bezeichnung (Nomen) heraus definierbar ist[54]. Der Nominalismus leugnet die Wertabhängigkeit des Geldes von anderen Größen, etwa seinem Metallwert[55] oder einer bestimmten Gütermenge[56]. Die nominalistische Betrachtungsweise[57], die den Geldwert verabsolutiert, hat sich im Währungsrecht allgemein durchgesetzt[58].

50 Vgl. zum Bedeutungswandel des Nominalismus in der Geschichte *Stützel,* Diskussionsbeitrag, N 26 ff.

51 Noch nach dem Erkenntnisstand nach der Jahrhundertwende wurde die Geldentwertung – da sie sich nicht im Geld, sondern im Warenpreis ausdrückte – als Warenpreisänderung angesehen. Vgl. *Schmalenbach,* Goldmarkbilanz, S. 24.

52 Preisrelationsverschiebungen infolge Verknappung oder ähnlichem.

53 Als Relation zwischen Geld und Ware. Vgl. dazu auch Fn. 51.

54 *v. Maydell,* S. 60. Vgl. auch BFH 89, 422, 434.

55 Nach dem sog. Metallismus.

56 Nach dem sog. Valorismus.

57 Ihr bedeutendster Verfechter ist *G. F. Knapp,* der in seinem Werk »Staatliche Theorie des Geldes« die theoretischen Grundlagen des Geldnominalismus legte. Sein Werk beginnt mit dem klassischen Satz: »Das Geld ist ein Geschöpf der Rechtsordnung« (*Knapp,* S. 1). Dieser Betrachtungsweise steht die ökonomische Erklärung des Geldes gegenüber, die von seiner Kaufmacht ausgeht.

58 *v. Caemmerer,* Gesammelte Schriften, Band II, S. 283, 288 ff.; *Pfleiderer,* Währungen in Staatslexikon, Sp. 406, 409, und *v. Maydell,* S. 60, der den besten Beweis für die Richtigkeit dieses geldtheoretischen Nominalprinzips in der Existenz und Funktionsfähigkeit der ungedeckten Papiergeldwährung sieht.

Träger der Währung ist das Geld[59]. Die durch eine Bezeichnung (Mark, Dollar o. ä.) gekennzeichnete Währungseinheit ist ihrem Wesen nach eine abstrakte, nominale Rechnungsgröße, in der üblicherweise die jeweils in einer Volkswirtschaft vorkommenden Preise und sonstigen Bewertungen ausgedrückt werden[60]. Das Nominalprinzip, das auch dem Währungsgesetz 1948 zugrunde liegt[61], sichert, da es den Geldwert ignoriert[62], die Identität der Währungseinheit auch bei Änderungen der Kaufkraft bzw. des Geldwerts. Es schafft den Grundsatz: »Mark = Mark«[63].

Die Wirkungsweise des Nominalismus als rechtliche Negierung der Relativität des Geldwerts zeigt sich vor allem auf den Rechtsgebieten, in denen die Diskrepanz zwischen der Fiktion »Mark = Mark« und dem sich tatsächlich ändernden Geldwert besonders stark zum Ausdruck kommt. Es sind dies das Geldschuldrecht[64], die Wirtschaftsrechnung[65] sowie das Steuerrecht[66]. Auf diesen Rechtsgebieten werden auch die bedeutenden Vorteile des Nominalprinzips deutlich, denn es dient durch sein Festhalten an der Identität der Geldeinheit der Rechtssicherheit, erleichtert den Zahlungsverkehr und ermöglicht erst eine Wirtschaftsrechnung mit festem Wertmaßstab. Auf den gleichen Gebieten ergeben sich aber auch die größten Spannungen, wenn die dem Nominalismus gedanklich zugrundeliegende »relative« Geldwertstabilität[67] verlorengegangen ist.

59 Geld wird zu Währungsgeld, wenn durch staatlichen Rechtssatz bestimmt wird, daß es nicht zurückweisbar (obligatorisch) und nicht einlösbar (definitiv) ist. Vgl. *Badura,* S. 297 f., und zur funktionellen Einteilung des Geldes *Knapp,* S. 87 ff.

60 *Pfleiderer,* Währungen in Staatslexikon, Sp. 406, 407.

61 Es wurde nach dem Prinzip des rekurrenten Anschlusses (§ 2 WährG ordnet an, daß an die Stelle der RM die DM als Rechnungseinheit tritt) übernommen.

62 Vgl. *Knapp* (S. 439): »Der Staat kennt gar keine Veränderlichkeit des ›Geldwerts‹«. Auch *Nußbaum* (S. 9) hält den Geldwert nicht für ein »den Geldbegriff unmittelbar konstituierendes Element«.

63 Dazu *v. Maydell,* S. 61.

64 Vgl. dazu statt aller *v. Maydell,* S. 105 ff. m. w. N. Bei den Geldschulden werden die »Geldsummenschulden«, nicht aber die »Geldwertschulden« vom Nominalismus beherrscht. Zu den Geldwertschulden (die Terminologie stammt aus der Aufwertungszeit) gehören etwa Schadensersatz-, Aufwendungsersatz-, Rückgewähr- sowie Bereicherungsansprüche. Siehe auch *v. Maydell,* S. 99 ff.

65 Vgl. etwa *Havermann,* WPg 1974, 423 ff., 445 ff.; *Sieben,* in: Bericht über die Fachtagung 1971 des IdW, S. 57 ff.; desgl. schon *Nußbaum,* S. 90 ff., und *Mügel,* Geldentwertung. S. 21 ff.

66 Vgl. aus der unübersehbaren Literatur nur etwa *Spanner,* DStR 475 ff. m. w. N. in Fn. 2; *Gemper,* BB 1972, 761 ff.; *v. Wallis,* DB 1973, 843 ff.

67 *Gemper,* BB 1972, 461.

Der Ursprung des Nominalismus ist unklar – nicht zuletzt deshalb, weil der Begriff des Nominalismus nicht eindeutig definiert und abgegrenzt ist[68]. Während sich der Begriff Nominalismus noch im vorigen Jahrhundert üblicherweise auf die Relation zwischen Geldzeichen und dem Gold bezog, kennzeichnete er nach der Jahrhundertwende im Rahmen der Staatlichen Theorie des Geldes das Verhältnis des Geldes zu den Waren (Kaufkraft). Der so verstandene Nominalismus lag auch den Währungsgesetzen[69] von 1909 und 1914[70] zugrunde, ebenso wie der bundesrätlichen Verordnung vom 28. 9. 1914[71], durch die der rechtliche Unterschied zwischen Goldmark und Papiermark aufgehoben wurde[72]. Der Grundsatz »Mark = Mark«, der erst auf dem Höhepunkt der Inflation vom Reichsgericht umgestoßen wurde, setzte sich auch nach der Stabilisierung der Währungsverhältnisse wieder durch[73]. Auch dem Währungsgesetz vom 18. 6. 1948 liegt das Nominalprinzip kraft rekurrenten Anschlusses der DM an die RM zugrunde[74]. Die Rechtsprechung zählt das Nominalprinzip zum »Ordnungsgefüge des Zivilrechts«[75] und nennt es ein »grundlegendes, unverzichtbares Element unserer Rechts- und Wirtschaftsordnung«[76], eine Norm, die, ohne Verfassungsrang zu besitzen, ihrer Natur nach alle Teilrechtsordnungen durchdringt[77].

68 Vgl. dazu *v. Maydell,* S. 54 ff. m. w. N.; *Mann,* S. 68 ff., und *Stützel,* Diskussionsbeitrag, in: Verhandlungen des 50. Deutschen Juristentages, N 27 ff. Zur mangelhaften Definition auch *Bettermann,* RdA 1975, 2 ff.

69 Bankgesetz vom 1. 6. 1909 (RGBl. S. 515) und Gesetz betreffend die Reichskassenscheine und die Banknoten vom 4. 8. 1914 (RGBl. S. 347).

70 *Hedemann,* S. 184. Vgl. auch RGZ 107, 78, 88 ff.

71 Durch sie wurde die Verpflichtung zur Goldzahlung für nicht verbindlich erklärt. Vgl. *Schaer,* S. 434.

72 »Es entstand das bekannte Gemisch von Goldmarkwerten, besseren, schlechteren und ganz schlechten Papiermarkwerten.« So *Schmalenbach,* Goldmarkbilanz, S. 24.

73 Für die Wirtschaftsrechnungen von Kaufleuten und Unternehmen galt gemäß der Verordnung über Goldbilanzen vom 28. 12. 1923 (RGBl. I, S. 1253) die Goldmark als fester Wertmaßstab, ansonsten galt die Rentenmark und schließlich vom 11. 10. 1924 an die Reichsmark. Dazu *Fögen,* S. 52 ff.; *v. Caemmerer,* S. 315.

74 *v. Maydell,* S. 61. Vgl. auch zu dem rechtsgeschichtlich einmaligen Eingriff des Gesetzgebers in die Vertragsfreiheit durch § 3 Satz 2 WährG, mit dem er einen DM-Benutzungszwang für die Begründung von Geldschuldverhältnissen schafft: *Stützel,* Diskussionsbeitrag, in: Verhandlungen des 50. Deutschen Juristentages, N 28 ff.; *Fögen,* S. 149 ff.; kritisch *v. Caemmerer,* Gesammelte Schriften, Band II, S. 283 ff.

75 BFH 89, 422, 435.

76 BVerwG, NJW 1973, 529, 530.

77 BFH 89, 422, 434. Vgl. jedoch kritisch zur gesetzlichen Legitimation des Nominalismus *Bettermann,* RdA 1975, 2, 3 ff.

Der Nominalismus funktioniert reibungslos bei absoluter Geldwertstabilität. Bei einer durch zyklische Geldwertschwankungen verursachten »relativen« Geldwertstabilität kompensiert der Vorteil[78], den der Nominalismus für die Rechtssicherheit, die Leichtigkeit des Zahlungsverkehrs sowie für die Konstanz des Wertmaßstabs Geld bedeutet, den Nachteil kleinerer Ungenauigkeiten durch den in Wirklichkeit schwankenden Geldwert. Vergrößert sich die Bandbreite der Geldwertschwankungen jedoch stark oder bewegt sich der Geldwert langfristig nur in eine Richtung, so führt ein Festhalten an der dann wirklichkeitsfremd werdenden Fiktion: »Mark = Mark« mehr und mehr zu Spannungen und Ungerechtigkeiten. Der unter dem Postulat der Gerechtigkeit stehende Interessenausgleich, den die Rechtsordnung herbeiführen soll, wird dann in zunehmendem Maß ungerecht[79].

Die enge gedankliche Verbindung zwischen dem Nominalismus und dem heutigen Anschaffungswertprinzip sowie der Einfluß des Nominalismus auf dessen Entwicklung von einer aktienrechtlichen Sondervorschrift zum allgemeinen Bilanzierungsgrundsatz und zum Grundsatz ordnungsmäßiger Buchführung haben zur Folge, daß eine Aufhebung oder Einschränkung des Anschaffungswertprinzips durch die Rechtsprechung gleichzeitig eine Verletzung des Nominalprinzips darstellen würde. Daher ist es für die Behandlung der Frage, ob die Rechtsprechung einen der gegen das Anschaffungswertprinzip verstoßenden Vorschläge aufgreifen könnte, notwendig festzustellen, ob und in welchem Umfang die Rechtsprechung bislang Einschränkungen des Nominalprinzips vorgenommen hat. Die Entwicklung der Rechtsprechung zum Nominalprinzip müßte mangels einer speziellen Judikatur zum Anschaffungswertprinzip Hinweise darauf enthalten, ob die Übernahme eines der (mit dem Anschaffungswertprinzip nicht zu vereinbarenden) Vorschläge durch die Rechtsprechung beim derzeitigen Grad der Geldentwertung nicht auch gegen den Wortlaut des Aktiengesetzes möglich oder sogar bereits geboten ist.

Das Nominalprinzip und seine Geltung in den einzelnen Bereichen der Rechtsordnung sind Gegenstand einer langjährigen Rechtsprechung gewesen, der sog. Aufwertungsrechtsprechung des Reichsgerichts. Auch nach der Währungsreform von 1948 haben sich die obersten deutschen Bundesgerichte mit der Haltbarkeit des Nominalprinzips bei anhaltender Geldwertverschlechterung befassen müssen. Es soll daher im folgenden untersucht werden, ob in dieser Rechtsprechung bezüglich der Einschränkung oder Aufhebung des Nominalprinzips Entscheidungen oder Überlegungen enthalten sind, die sich auf die gegenwärtige Problemsituation übertragen lassen und

78 Das konzediert sogar *Bettermann* (ZRP 1974, 13, 15), ein entschiedener Gegner des strikten Nominalismus.

79 *Bettermann,* ZRP 1974, 13; ähnlich für die Zeit nach 1918 *Reichert-Facilides,* JZ 1969, 617, 618.

damit die Möglichkeit der Übernahme eines der Vorschläge durch die Rechtsprechung aufzeigen.

c) Die Aufwertungsrechtsprechung des Reichsgerichts

Die Aufwertungsrechtsprechung des Reichsgerichts ist gekennzeichnet durch das zunächst zögernde, doch schließlich von dem zunehmenden Währungsverfall erzwungene schrittweise[80] Abrücken von dem das Nominalprinzip verkörpernden Grundsatz: Mark = Mark[81]. Die einzelnen Schritte von dem anfangs verlangten: »pacta sunt servanda«[82] bis zur richterlichen Anpassung[83] betreffen die Dogmatik, mit der man versuchte, den Währungszerfall in den Griff zu bekommen, und die Tatbestandsgruppen, auf die man die Berücksichtigung der Geldentwertung glaubte erstrecken zu dürfen. Die schrittweise Entwicklung erklärt sich zum einen aus der Unkenntnis des Ausmaßes, das der Zerfall der Währung noch annehmen sollte. Sie resultiert aber auch daraus, daß man die Inflation am Anfang nicht als solche erkannte[84] und daß deshalb die Rechtsprechung für ihre Berücksichtigung zunächst den falschen Ansatzpunkt wählte[85].

Dieser Ansatzpunkt war bei den zuerst zu entscheidenden gegenseitigen Verträgen die Sachleistung. Das Steigen der Preise wurde der Waren-[86] und nicht der Geldseite zugerechnet[87]. Den von der »Teuerung« benachteiligten

80 *Hedemann,* S. 248.

81 *Mügel,* Das gesamte Aufwertungsrecht, S. 53 f.

82 So noch RGZ 88, 172, 175 ff.; 92, 322, 324.

83 Wegbereitend waren die Entscheidungen des OLG Darmstadt vom 29. 3. und 18. 5. 1923 (JW 1923, 459 f., 522 ff.), des Obergerichts Danzig vom 16. 5. 1923 (JW 1923, 691 f.) und schließlich die Entscheidung des Reichsgerichts vom 28. 11. 1923, RGZ 107, 78 ff.

84 *Mügel,* Das gesamte Aufwertungsrecht, S. 54 und – rückblickend – RGZ 111, 60, 63: »In einer Erhöhung der Papiermarkbeträge sah man noch eine wirkliche Erhöhung der Preise; der Gedanke der Aufwertung hatte sich noch nicht durchgesetzt.«

85 Zur Veranschaulichung der jeweiligen Währungssituation wird den nachfolgenden Entscheidungen der Rechtsprechung (in Klammern hinter der Fundstelle) die Relation der Papiermark zur Goldmark am Tag der Urteilsverkündung hinzugefügt. Vgl. dazu die Tabelle bei *Mügel,* Das gesamte Aufwertungsrecht, S. 43 ff.

86 So erklärte man etwa den Anstieg des Kupferpreises mit der außerordentlich großen Nachfrage während des Krieges, vgl. RGZ 94, 45, 50 (100 PM = 64,5 GM), und die Verteuerung eines Raddampfers mit den Einwirkungen der Revolution und gestiegenen Lohn- bzw. Stoffpreisen. So RGZ 98, 18, 21 f. (100 PM = 8,97 GM).

87 Sicherlich haben den Preisanstieg auch solche Faktoren mitbestimmt, die zur Warenseite gehören, so etwa Preisrelationsverschiebungen im Krieg oder in den Jahren danach. Diese Faktoren waren aber gegenüber dem eigentlichen Verfall der Währung bald bedeutungslos.

Parteien sprang die Rechtsprechung mit der Lehre von der subjektiven Unmöglichkeit bei, sofern das Weiterbestehen der Leistungsverpflichtung für sie die Existenzvernichtung bedeutet hätte[88].

Die Argumentation mit der subjektiven Unmöglichkeit im Falle der Existenzgefährdung erwies sich jedoch mit der Zeit als zu eng[89]. Zusammen mit der Erkenntnis, daß der immense Anstieg der Preise im Wertverfall des Geldes[90] begründet war, setzte sich eine objektivere Betrachtungsweise in Form der Lehre von der »clausula rebus sic stantibus« (Geschäftsgrundlage) durch[91]. Gleichzeitig ging man dazu über, nun auch Sachverhalte zu behandeln, »wo die Geldleistung allein nach Änderung verlangte«[92]. Mit der Lehre von der Geschäftsgrundlage eng verbunden war die Argumentation mit der Störung des beim Vertragsschluß vorhandenen Gleichgewichts zwischen Sach- und Geldleistung. Aus beidem wurde der »Einwand veränderter Umstände«[93] gewonnen, mit dem das Reichsgericht auch die langfristige Bindung an ein Kaufangebot (Veränderung nur auf der Geldseite) löste.

So weit die Rechtsprechung des Reichsgerichts zu diesem Zeitpunkt auch schon gegangen war, so ermöglichte sie doch höchstens die Auflösung eines Rechtsverhältnisses, nicht aber eine Änderung der vertraglich festgesetzten Leistung[94]. Das Reichsgericht zögerte lange vor diesem Schritt, der später als »der schwerste Einbruch in die alte Zivilrechtsdogmatik« bewertet

88 So die sog. »Ruin-Rechtsprechung« in RGZ 98, 18, 21 (100 PM = 8,97 GM); RGZ 100, 134, 137 (100 PM = 5,97 GM); RGZ 102, 272, 274 (100 PM = 6,33 GM).

89 RGZ 103, 177, 178 (100 PM = 1,52 GM). Diese Entscheidung brach mit der ausschließlichen Anwendung der Unmöglichkeitslehre und der Voraussetzung des drohenden wirtschaftlichen Zusammenbruchs des Sachschuldners. Der Senat stellte die Umgestaltung der »Wertverhältnisse, insbesondere des Geldes« in den Vordergrund. Er hielt es für einen Verstoß gegen Treu und Glauben, wenn der Gläubiger in einem synallagmatischen Vertrag auf seiner Leistung auch für den Fall bestand, daß die ursprünglich intendierte Äquivalenz zwischen Leistung und Gegenleistung verlorengegangen war (Clausula rebus sic stantibus).

90 RGZ 103, 177, 178 (100 PM = 1,52 GM); RGZ 103, 329, 331 f. (100 PM = 2,05 GM).

91 RGZ 103, 177, 178 (100 PM = 1,52 GM); RGZ 103, 329, 332 (100 PM = 2,05 GM).

92 *Hedemann*, S. 250.

93 Vgl. dazu RGZ 106, 7, 9 f. (10 000 PM = 4,91 GM). In dieser Entscheidung korrigiert der 5. Senat seine eigene Entscheidung in RGZ 102, 98, 100 f. (100 PM = 6,77 GM). Dazu die Schilderung bei *Hedemann*, S. 251.

94 *Mügel*, Das gesamte Aufwertungsrecht, S. 93.

(Wegen der Angaben in Klammern hinter den Fundstellen der Rechtsprechung siehe oben Fn. 85.)

wurde[95]. Deshalb leitete es zunächst aus § 242 BGB die Pflicht des Sachschuldners ab, vor dem Rücktritt vom Vertrag bzw. seiner Kündigung (wegen grundlegender Äquivalenzstörungen) den Gläubiger zur Erhöhung seiner Gegenleistung aufzufordern[96]. Doch auch diese Zwischenlösung konnte den endgültigen Durchbruch zur richterlichen Aufwertung entwerteter Geldforderungen nicht aufhalten. Unter dem Eindruck der sich häufenden spezialgesetzlichen Anpassungsvorschriften[97], der wegen des vollständigen Währungszerfalls allgemeinen Verbreitung der Goldmarkrechnung in der Wirtschaft[98] und der Abänderungsrechtsprechung des Reichsgerichts bei Unterhalts- und Altenteilsverträgen[99] erging Ende 1923 die bahnbrechende Entscheidung des 5. Zivilsenats zur Hypothekenaufwertung[100]. Das hier ausgesprochene (wenn auch auf den Streitgegenstand beschränkte)[101] Aufwertungsrecht des Richters wurde nun aus dem Grundsatz von Treu und

95 *Hedemann,* S. 258. Vgl. auch RGZ 103, 328, 333 (100 PM = 2,05 GM): »Der Senat teilt nicht die Ansicht, daß es in der Macht des Richters stehe, in anderen Fällen, als in denen das Gesetz dies ausnahmsweise zuläßt, durch Gestaltungsurteil in den Inhalt eines Rechtsgeschäfts einzugreifen.«

96 RGZ 103, 328, 330 (100 PM = 2,05 GM).

97 Vgl. zu den gesetzgeberischen Einschränkungen des Grundsatzes »Mark = Mark« zur Anpassung an die wirtschaftlichen Verhältnisse die Aufzählung in RGZ 107, 78, 88 ff. Das Reichsgericht erblickte in diesen Anpassungsvorschriften die Durchbrechung des Grundsatzes, daß die Papiermark mit befreiender Wirkung in Zahlung gegeben werden dürfe (Nominalismus), durch den Reichsgesetzgeber.

98 Die Wirtschaft, in deren Bilanzen jahrelang Gold- und Papiermark gleichwertig behandelt und addiert wurden (*Schaer,* S. 434 ff.; *Schmalenbach,* Goldmarkbilanz, S. 24 ff.), war seit dem Sommer 1923 im Wege der Selbsthilfe allgemein dazu übergegangen, ihren Rechtsgeschäften die Goldmarkrechnung zugrunde zu legen. *Mügel,* Das gesamte Aufwertungsrecht, S. 53.

99 RG Warn. 1921 Nr. 99, 1923 Nr. 3 und Nr. 36, und RGZ 106, 233, 235 f. (10 000 PM = 1,80 GM) zu § 323 ZPO. Vgl. RGZ 107, 78, 90.

100 RGZ 107, 78 ff. (1 Billion PM = 1 GM). Wegbereiter dieses Urteils waren die Entscheidungen des OLG Darmstadt, JW 1923, 459 f. (10 000 PM = 2 GM). und JW 1923, 522 ff. (100 000 PM = 8,57 GM), und des Obergerichts Danzig, JW 1923, 691 f. (100 000 PM = 9,26 GM).

101 Die ausdrückliche Beschränkung auf den Streitgegenstand (RGZ 107, 78, 92) konnte jedoch – da das Reichsgericht mit seiner Entscheidung erstmals aus dem Rahmen der gegenseitigen Verträge herausgetreten war (RGZ 107, 78, 91 und *Hedemann,* S. 251) – nicht den Durchbruch zu dem allgemeinen Grundsatz verhindern, daß nominale Geldforderungen nach Treu und Glauben an die Geldentwertung anzupassen seien. Vgl. *Mügel,* Das gesamte Aufwertungsrecht, S. 94.

(Wegen der Angaben in Klammern hinter den Fundstellen der Rechtsprechung siehe oben Fn. 85.)

Glauben (§ 242 BGB)[102] entnommen – einem Grundsatz, den die Rechtsprechung auch schon früher (damals jedoch nur ergänzend) herangezogen hatte[103], der aber von nun an zur eigentlichen Grundlage der Aufwertungsrechtsprechung wurde.

d) Die Nachkriegsrechtsprechung zur Geldentwertung

Die Nachkriegsrechtsprechung der deutschen Gerichte zum Nominalismus läßt sich bis heute in zwei Phasen einteilen. Die erste Phase reicht bis 1973. In diesem Jahr wurde unter dem Druck der progressiv fortschreitenden Geldentwertung[104] durch die Ruhegehaltsurteile des BAG[105] und des BGH[106] die zweite Phase eingeleitet.

Bis zu diesem Zeitpunkt hat die Rechtsprechung bei bestehenden, summenmäßig fixierten Geldschulden strikt am Nominalismus festgehalten. Ein Beispiel dafür sind die sog. »Förderzins-Urteile« des BGH[107]. In diesen Fällen war der um die Jahrhundertwende nominal vereinbarte Förderzins durch die Geldentwertung bis auf einen Bruchteil seines ursprünglichen Werts entwertet. Dennoch versagte der BGH die Anpassung des Förderzinses an den gesunkenen Geldwert. Weder sei die Substanz der Sachleistung als solche wertvoller geworden, noch rechtfertige – da das Ver-

102 »Nur ›Treu und Glauben‹ waren so omnipotent, daß sie auch die Umformung von Verträgen zu decken vermochten.« *Hedemann*, S. 258. Die in dem Urteil (RGZ 107, 78 ff.) ebenfalls herangezogene ergänzende Auslegung nach § 157 trat in der Folgezeit, da sie nicht auf außervertragliche Geldansprüche anwendbar war, hinter § 242 zurück. Ebenso die Argumentation mit § 607, die speziell auf die Rückzahlung einer Darlehensschuld angelegt war.

103 Vgl. etwa RGZ 99, 115, 118 f.; 258, 259 f.; 100, 129, 131 f.; 103, 328, 333; 106, 7, 10; 233, 235.

104 Auch im folgenden soll die Geldwertsituation, die ja den Hintergrund der Entscheidungen bildet, in Klammern hinter der jeweiligen Fundstelle aufgezeigt werden. Die erste Zahl gibt die Kaufkraft wieder, die 100 DM des Jahres 1950 im Jahr der Entscheidung noch besaßen (Umrechnung auf Basiszahl 1950 = 100 aus dem Preisindex für die Lebenshaltung in langjähriger Übersicht, Statistisches Jahrbuch für die Bundesrepublik Deutschland 1975, S. 448). Die zweite Zahl spiegelt die Geldentwertung (GE) gegenüber dem Vorjahr wider. Vgl. dazu die o. a. Übersicht des Statistischen Bundesamts und Monatsberichte der Deutschen Bundesbank, März 1976, Statistischer Teil, S. 68.

105 BAG NJW 1973, 959 ff. (ca. 54,60 DM / 6,8 % GE).

106 BGHZ 61, 31 ff. (ca. 54,60 DM / 6,8 % GE).

107 BGH NJW 1959, 2203 ff. (ca. 84,10 DM / 1,0 % GE); BGH, MDR 1961, 307 (ca. 82,90 DM / 1,4 % GE); BGH NJW 1966, 105 ff. (ca. 72,20 DM / 3,4 % GE).

(Wegen der Angaben in Klammern hinter den Fundstellen der Rechtsprechung siehe oben Fn. 104.)

tragsverhältnis keinen Versorgungscharakter habe – die durch die Kaufkraftminderung verursachte Äquivalenzstörung eine Anpassung des Förderzinses[108]. Auch Klagen wegen der Anpassung eines fest vereinbarten Erbbauzinses waren erfolglos[109], obwohl in einem Fall der ortsübliche Erbbauzins im Zeitpunkt der Klageerhebung auf mehr als das Achtfache des vereinbarten Zinses gestiegen war[110]. In gleicher Weise beharrte die Rechtsprechung auf dem Nominalprinzip gegenüber Klagen auf Geldentwertungsausgleich beim Mietzins[111], bei Pensionszusagen[112] und im Steuerrecht[113]. Der Bundesfinanzhof lehnte die Berücksichtigung der Geldwertverschlechterung bei der Besteuerung von Einkünften aus Kapitalvermögen für 1961 ab und stellte sie erst für den Fall in Aussicht, daß die jährliche Geldentwertungsquote mindestens die Zinssätze für langfristiges Sparkapital überstiege. Erst dann käme die Besteuerung der Einkünfte aus Kapitalvermögen einem verfassungswidrigen Eingriff in die Substanz gleich[114].

Diese Phase des starren Festhaltens am Nominalwertprinzip bei nominal vereinbarten Geldleistungen war jedoch begleitet von einer ausgesprochen großzügigen Einstellung des BGH gegenüber vertraglich vereinbarten Siche-

108 Der Wegfall der Geschäftsgrundlage allein rechtfertige noch keine Umgestaltung des Vertragsverhältnisses nach § 242 BGB. Dazu bedürfe es einer »derartig einschneidenden Veränderung der maßgeblichen Verhältnisse, daß ein starres Aufrechterhalten der früheren Vereinbarung zu untragbaren Ergebnissen führen würde«. So BGH, NJW 1966, 105, 106 (ca. 72,20 DM / 3,4 % GE).

109 BGH, RdL 1958, 7 f. (ca. 86,70 DM / 2,2 % GE), und BGH, WM 1969, 64 f. (67,90 DM / 1,3 % GE).

110 Bei der zuletzt genannten Entscheidung des BGH spielte jedoch der Umstand eine Rolle, daß die Steigerung des ortsüblichen Erbbauzinses nur zum geringsten Teil (18 %) durch den allgemeinen Kaufkraftverlust des Geldes verursacht worden war.

111 BGH, DB 1969, 2029 (ca. 66,60 DM / 2,0 % GE).

112 BGH, NJW 1956, 485 (ca. 90,80 DM / 1,6 % GE) und BGH, DB 1968, 751 (ca. 68,80 DM / 1,5 % GE). In beiden Entscheidungen wird der Wegfall der Geschäftsgrundlage und eine Anpassung nach § 242 BGB abgelehnt, da keine Veränderungen vorliegen, »welche die Geschäftsgrundlage zu erschüttern und den Endzweck beider Parteien zu vereiteln geeignet sind«. So BGH, NJW 1956, 485, 486 (ca. 90,80 DM/1,6 % GE). Ablehnend zu der Zeit auch *Hueck/Nipperdey*, 7. Aufl., Bd. 1, S. 489 m. w. N.

113 Vgl. dazu die Grundsatzentscheidung in BFH 89, 422 ff. (ca. 68,80 DM / 1,5 % GE), vom Bundesverfassungsgericht bestätigt in BVerfG, DB 1969, 1819.

114 BFH 89, 422, 442. Diese Grenze ist jedoch auch in den Folgejahren nicht erreicht worden. Vgl. dazu BFH 90, 396 ff. (ca. 68,80 DM / 1,5 % GE); BFH NJW 1974, 2330 ff., 2335 (ca. 51,10 DM / 6,9 % GE); BFH NJW 1975, 2120 (ca. 48,30 DM / 5,9 % GE).

(Wegen der Angaben in Klammern hinter den Fundstellen der Rechtsprechung siehe oben Fn. 104.)

rungen gegen die Geldentwertung. Seit Anfang der sechziger Jahre ließ er genehmigungsfreie »Leistungsvorbehalte« und »Spannungsklauseln« zu, zeitweise sogar abweichend von der Genehmigungspraxis der Bundesbank[115]. Mit der engen Auslegung des § 3 Satz 2 WährG durch den BGH wurde die Genehmigungspflicht auf die unmittelbare Bestimmung einer Geldschuld (»volle Automatik«)[116] durch eine vereinbarte Vergleichsgröße beschränkt und die Koppelung einer Geldleistung mit dem Wert von Gütern oder Leistungen, die mit der Ggenleistung gleichartig sind, für ohne Genehmigung verbindlich erklärt[117]. Auf diese Weise war, obwohl die Rechtsprechung bei bestehenden Schuldverhältnissen am Nominalprinzip festhielt, zumindest bei der Begründung neuer Rechtsverhältnisse eine weitgehende Wertsicherung möglich.

Die Wende in der Rechtsprechung brachte im Jahr 1973 das Bundesarbeitsgericht mit zwei Entscheidungen zur Anpassung des Ruhegehalts an die Geldentwertung[118]. Darin sprach es die Pflicht des Arbeitgebers aus, nach Verhandlungen mit seinem ehemaligen Arbeitnehmer die Höhe des zugesagten Ruhegeldes nach billigem Ermessen anzupassen, wenn sich die Lebenshaltungskosten seit der letzten Vereinbarung um 40 % verteuert haben[119]. Das Urteil markierte erstmals eine klare Grenze für die Zumutbarkeit des Stillhaltens und wich damit von der früheren Rechtsprechung ab[120], nach der eine Aufwertung nur dann in Betracht kommen sollte, wenn die zugesagten Beträge wegen der Geldentwertung ihrer Versorgungsfunktion überhaupt nicht mehr gerecht würden[121].

115 Vgl. *Medicus,* DB 1974, 759, 761, unter Verweisung auf die Darstellung bei *Dürkes,* Wertsicherungsklauseln, S. 23 ff., und BGH, NJW 1962, 1393 f. (ca. 78,70 DM / 2,9 % GE).

116 *Dürkes,* S. 23 ff.

117 *Dürkes,* S. 118 ff. m. w. N., und in letzter Zeit BGH, NJW 1974, 273 ff. (54,60 DM / 6,8 % GE) m. w. N.

118 BAG 3 AZR 26/72 und BAG 3 AZR 34/72 vom 30. 3. 1973 (ca. 54,60 DM / 6,8 % GE), das erste Urteil veröffentlicht u. a. in NJW 1973, 959 ff. Vgl. dazu auch die Anmerkungen von *Höfer/Kemper,* DB 1973, 1347 ff., und *Merkert,* DB 1974, 496 ff.

119 Eine automatische Steigerung der Bezüge – Dynamisierung – wurde ausdrücklich abgelehnt. Die Pflicht zur Neuverhandlung und Neufestsetzung entspricht in etwa der Rspr. zu den »Leistungsvorbehalten«. Vgl. BAG, NJW 1973, 959, 962.

120 BAG NJW 1965, 1681, 1682 (ca. 72,20 DM / 3,4 % GE) m. w. N.

121 Ausdrücklich wird in dem Urteil darauf hingewiesen, daß die betrieblichen Versorgungsleistungen nicht nur der Aufrechterhaltung einer Minimalexistenz dienen, sondern der Aufrechterhaltung der im Berufsleben erworbenen sozialen Stellung.

(Wegen der Angaben in Klammern hinter den Fundstellen der Rechtsprechung siehe oben Fn. 104.)

Der Bundesgerichtshof bestätigte zwei Monate später die Rechtsprechung des Bundesarbeitsgerichts[122] und ging über sie noch insoweit hinaus, als er den gleichen Anspruch auf Erhöhung der Pension auch einem ehemaligen Vorstandsmitglied[123] einer Aktiengesellschaft zusprach[124].

Eine weitere Einschränkung erfuhr das Nominalprinzip durch die Rechtsprechung des Bundesgerichtshofes zum Zugewinnausgleich[125] und zur Anrechnung von Zuwendungen auf den Pflichtteil[126]. Danach wird die allgemeine Geldentwertung bei der Bewertung des Anfangsvermögens (§ 1376 Abs. 1 BGB) und der auf den Pflichtteil[127] anzurechnenden Zuwendungen (§ 2315 BGB) in der Weise berücksichtigt, daß das Anfangsvermögen auf den Zeitpunkt der Güterstandsbeendigung und die Zuwendungen auf den Zeitpunkt des Erbfalls mit dem Lebenshaltungskostenindex[128] hochindiziert werden.

Diese durch das Zugewinn-Urteil eingeleitete Entwicklung markiert gegenüber den Ruhegehaltsurteilen die zweite Stufe, auf der die Rechtsprechung die strikte Anwendung des Nominalprinzips aufgegeben hat. Hier sprach der BGH dem Geld die Fähigkeit ab, weiterhin absoluter

122 BGHZ 61, 31 ff. (ca. 54,60 DM / 6,8 % GE).

123 Nach BGHZ 61, 31, 35 f. sind Unterschiede in der rechtlichen Beurteilung der Ruhegehaltsansprüche von Arbeitnehmern (i. S. des Arbeitsrechts) und Vorstandsmitgliedern (bei denen das Bedürfnis nach sozialem Schutz typischerweise geringer ist – vgl. *Medicus*, DB 1974, 759, 762) nicht gerechtfertigt.

124 Häufig wird betont, der BGH sei auch dadurch, daß er die Anpassung selbst vorgenommen habe (BGH, DB 1973, 1497, 1498), weiter gegangen als das BAG. So etwa *Medicus*, DB 1974, 759, 762. Die Anpassung durch den BGH selbst ist jedoch nicht als grundsätzliche Weiterentwicklung zu verstehen. Der BGH sah die 3 ½jährigen Verhandlungen des zuletzt 90 Jahre alten Klägers als Anpassungsverzögerung des »Arbeitgebers« (i. S. des Buchst. a letzter Satz der Leitsätze des BAG NJW 1973, 959) an und nahm die Anpassung deshalb selber vor. In seiner jüngsten Entscheidung billigte der BGH die Anpassung des Ruhegehalts eines Vorstandsmitglieds bereits bei einer allgemeinen Geldentwertung von 33 ⅓ % (Opfergrenze) über § 315 Abs. 2 BGB.

125 BGH NJW 1974, 137 ff. (ca. 54,60 DM / 6,8 % GE); kritisch zu der antinominalistischen Tendenz des Urteils *Mann*, NJW 1974, 1297 ff.

126 BGH NJW 1975, 1831 ff. (ca. 48,30 DM / 5,9 % GE).

127 Dasselbe gilt für den Pflichtteilsergänzungsanspruch, vgl. BGH NJW 1975, 1831, 1833.

128 Preisindex für die Lebenshaltung in langjähriger Übersicht des Statistischen Bundesamts, jährlich veröffentlicht im Statistischen Jahrbuch für die Bundesrepublik Deutschland. Vgl. zu der Berechnungsmethode des BGH NJW 1974, 137, 139.

(Wegen der Angaben in Klammern hinter den Fundstellen der Rechtsprechung siehe oben Fn. 104.)

Wertmesser zu sein[129]. Gleichwohl bedeutete auch diese Rechtsprechung nur eine sachlich eng begrenzte Ausnahme von der ansonsten immer wieder bekräftigten[130] Geltung des Nominalprinzips. Das kam auch in den nachfolgenden Urteilen des BGH zur Anpassung des Erbbauzinses[131] und des Mietzinses[132] zum Ausdruck. In beiden Fällen lehnte der BGH die Anpassung an den gesunkenen Geldwert ab, weil die vorliegenden Äquivalenzstörungen noch nicht zu einem Wegfall der Geschäftsgrundlage geführt hätten und Ausnahmesituationen im Sinne des Ruhegehalts- bzw. des Zugewinnurteils nicht vorlagen[133].

e) Übertragbarkeit der bisherigen Rechtsprechung zur Geldentwertung auf die aktienrechtliche Gewinnermittlung

Die Übertragbarkeit der Leitgedanken früherer Rechtsprechung auf einen anderen Sachverhalt hängt entscheidend davon ab, daß sich beide Sachverhalte ähnlich sind, daß sie also in den für die rechtliche Bewertung maßgeblichen Hinsichten übereinstimmen[134]. Diese Übereinstimmung zwischen der gegenwärtigen Problemlage und der der Aufwertungsrechtsprechung zugrunde liegenden Situation ist jedoch in einigen wesentlichen Bereichen nicht gegeben.

Zunächst findet sich in der Aufwertungsrechtsprechung des Reichsgerichts keine Entscheidung, die speziell das Problem der Berücksichtigung der Geldentwertung bei der Gewinnermittlung zum Gegenstand hat. Dafür mögen

129 BGH NJW 1975, 1831, 1832; unausgesprochen auch schon BGH 1974, 137, 139. Vgl. zur Wertmesserfunktion auch schon *v. Caemmerer,* S. 291 ff., und *Reichert-Facilides,* JZ 1969, 617, 619 f.

130 Vgl. etwa BFH 89, 422, 434 ff.; BAG NJW 1973, 959, 960; BGH DB 1973, 1497, 1498; kritisch zu diesen »pflichtschuldigen Verbeugungen« vor jeder Durchbrechung des Nominalismus *Bettermann,* RdA 1975, 2.

131 BGH NJW 1974, 1186 f. (ca. 51,10 DM / 6,9 % GE). Vgl. dagegen aber OLG Hamburg, MDR 1973, 851 (ca. 54,60 DM / 6,8 % GE), das den Erbbauzins (8,42 DM monatlich bei einer Grundstücksgröße von 1010 qm) wegen Wegfalls der Geschäftsgrundlage um 150 % anhob. Vgl. dazu auch *Medicus,* DB 1974, 759, 763.

132 BGH ZMR 1976, 41 f. (ca. 48,30 DM / 5,9 % GE).

133 Abgelehnt wurde auch die Dynamisierung der Schmerzensgeldrente durch BGH NJW 1973, 1653 f. (ca. 54,60 DM / 6,8 % GE). Neben volkswirtschaftlichen Bedenken war entscheidend, daß die Dynamisierung einer »billigen« Entschädigung in Geld auch im Hinblick auf die Lage des Schuldners (und der Deckungshöchstsumme seiner Haftpflichtversicherung) nicht zuträglich schien.

134 So für die Gesetzesanalogie *Larenz,* Methodenlehre, S. 366.

(Wegen der Angaben in Klammern hinter den Fundstellen der Rechtsprechung siehe oben Fn. 104.)

mehrere Gründe ausschlaggebend gewesen sein: Die Einzelkaufleute und Personengesellschaften, die nach § 40 HGB bilanzierten, machten von der legitimen Möglichkeit Gebrauch, die Grundstücke und sonstigen zum Betriebsvermögen gehörenden Vermögensgegenstände zum – »gestiegenen« – Zeitwert in der Bilanz auszuweisen[135]. Doch auch die damaligen Kapitalgesellschaften, für die die Höchstbewertung zu den Anschaffungs- oder Herstellungskosten galt, konnten, selbst wenn sie wirtschaftlich mit Verlust arbeiteten, gesetzmäßig Gewinne verteilen. Denn zum einen wurden die Passiva durch den Geldwertschwund entwertet. Und zum anderen wurden die Erlöse und Veräußerungen sowie die laufenden Erträge aus dem Betrieb des Unternehmens durch die Geldentwertung so weit über das früher übliche Maß hinaus gesteigert[136], daß sogar übergroße »Gewinne« mit Hilfe von zusätzlichen Abschreibungen, Rücklagen, Rückstellungen und anderen Maßnahmen versteckt werden mußten[137]. Zudem bestanden zu dieser Zeit noch keine Publizitätserfordernisse, die einer solchen Geschäftspolitik hinderlich gewesen wären[138].

Aus dem Fehlen einer speziellen Rechtsprechung des Reichsgerichts zur Berücksichtigung der Geldentwertung bei der Gewinnermittlung folgt, daß von der Aufwertungsrechtsprechung des Reichsgerichts ohnehin nur Überlegungen grundsätzlicher Art übernommen werden können.

Doch selbst dagegen spricht die Überlegung, daß das Ausmaß der heutigen Geldentwertung mit dem bodenlosen Geldwertverfall der Jahre nach 1918 nicht vergleichbar ist. Während wir heute mit einer (zwar in ihrer Progression vorläufig gebremsten) jährlichen Geldentwertungsrate von etwa 6 % konfrontiert sind, betrug der Wert einer Goldmark Ende 1918 zwei Papiermark, Ende 1919 etwa 11 Papiermark, Ende 1920 etwa 17 Papiermark, Ende 1921 etwa 44 Papiermark, Ende 1922 etwa 1754 Papiermark und Ende 1923 schließlich 1 000 000 000 000 Papiermark[139]. In dieser Hyperflation waren auch die Folgen des Festhaltens am Nominalismus unvergleichbar viel größer als in der heutigen »schleichenden Inflation«[140]. Die Situation, vor die sich die Rechtsprechung – damals als justitia commutativa – zumindest seit Juli 1922 gestellt sah, war gekennzeichnet durch eine in keiner Hinsicht mehr funktionsfähige Währung. Das weitere Festhalten am Nominalismus hätte jedem Gerechtigkeitsempfinden Hohn ge-

135 *Mügel,* Geldentwertung, S. 21; *Schmalenbach,* Goldmarkbilanz, S. 24 f.

136 *Mügel,* Geldentwertung, S. 21.

137 Vgl. dazu die Schilderungen bei *Schmalenbach,* Goldmarkbilanz, S. 25 f.; *Schaer,* S. 434, und *Mügel,* Geldentwertung, S. 21 f.

138 Vgl. etwa zur historischen Entwicklung der aktienrechtlichen Publizität *Döllerer,* BB 1958, 1281 ff.

139 Vgl. die Tabelle bei *Mügel,* Das gesamte Aufwertungsrecht, S. 43 ff.

140 BAG NJW 1973, 959, 960.

sprochen. Daher muß das richterliche Aufwertungsrecht als eine Verzweiflungstat der Rechtsprechung in einem akuten Rechtsnotstand[141] verstanden werden, einem Zustand also, von dem bei den heutigen Geldentwertungsraten sicher nicht gesprochen werden kann[142].

Zudem war das lange Zögern der Rechtsprechung des Reichsgerichts in der ersten Phase der Inflation bis zur Anwendung der Lehre von der Geschäftsgrundlage[143] auf das (als solches erkannte) Phänomen der Geldentwertung durch eine weitgehende Unkenntnis von den geldtheoretischen Zusammenhängen um die sog. »Teuerungen« bedingt. Insofern stellt der völlig unterschiedliche Erkenntnisstand ein Kriterium dar, das auch den allenfalls vergleichbaren ersten Teil der reichsgerichtlichen Aufwertungsrechtsprechung mit der heutigen Rechtsprechung zur Geldentwertung unvergleichbar macht.

Aus der Aufwertungsrechtsprechung des Reichsgerichts sind also keine konkreten, übertragbaren Entscheidungen oder Überlegungen zu gewinnen, die sich auf die Berücksichtigung der Geldentwertung bei der Gewinnermittlung beziehen und einen Hinweis darauf geben, ob die heutige Rechtsprechung einen der mit dem Anschaffungswert nicht zu vereinbarenden Vorschläge aufgreifen könnte. Zu unterschiedlich von dieser Problemlage waren die Gegenstände der Aufwertungsrechtsprechung, zu unterschiedlich gegenüber den heutigen Verhältnissen war die Bewertungsfreiheit der Kaufleute[144] und Unternehmen[145], der Erkenntnisstand der Rechtsprechung am Anfang der Inflation und die Dimension des Geldwertverfalls in ihrem weiteren Verlauf. Daher kann der Aufwertungsrechtsprechung des Reichsgerichts allenfalls die Erkenntnis entnommen werden, daß die Rechtsprechung in der Bewältigung der verschiedenartigen Folgen der Geldentwertung eigentlich ein Problem des Gesetzgebers sieht und nur dort und nur insoweit rechtsfortbildend eingreift, als dies zur Vermeidung einer unzumutbaren Belastung für das Gerechtigkeitsempfinden unerläßlich scheint.

Dagegen stellt sich bei der Nachkriegsrechtsprechung zur Geldentwertung kein Vergleichbarkeitsproblem bezüglich des Wissensstandes und des Aus-

141 BFH 89, 422, 437 m. w. N.

142 So schon für die Zeit bis 1967 BFH 89, 422, 437 f. Seit dieser Zeit hat sich die Geldwertsituation zwar graduell, jedoch nicht essentiell verschlechtert.

143 Beginnend etwa 1922 (vgl. RGZ 103, 177 ff.; 331 ff.).

144 Für sie bestand noch keineswegs ein über § 38 Abs. 1 HGB verbindlicher Grundsatz ordnungsmäßiger Buchführung des Inhalts, daß auch für sie die Höchstbewertung zu den Anschaffungs- oder Herstellungskosten galt. Vgl. *Schmalenbach,* Goldmarkbilanz, S. 25, und *Düringer/Hachenburg,* 1. Bd., 2. Aufl., Anm. 7 zu § 40.

145 Sie waren nicht gehindert, die durch die Inflation nominell aufgeblähten Umsatzerlöse durch Unterbewertungen, Rücklagen und andere Maßnahmen herabzumindern. Vgl. *Mügel,* Geldentwertung, S. 21 f.

maßes der Geldwertverschlechterung. Die Schwierigkeit liegt hier – da die Gerichte speziell über die Berücksichtigung der Geldentwertung bei der Gewinnermittlung noch nicht entschieden haben – allein in der Frage, ob und in welchem Umfang die oben dargestellte Judikatur zum Nominalprinzip auf die aktienrechtliche Gewinnermittlung übertragbar ist. Dabei muß davon ausgegangen werden, daß die Rechtsprechung grundsätzlich am Nominalprinzip, dem sie einen überragenden Stellenwert zumißt, festhalten will[146]. Ihr partielles Abrücken vom Nominalismus ist bisher jedesmal als Ausnahme gekennzeichnet worden[147].

So kann für die Ruhegehaltsentscheidungen festgestellt werden, daß es sich bei den ihnen zugrundeliegenden Sachverhalten um einen bislang sachlich klar abgegrenzten Ausnahmekomplex handelt. Er umfaßt nur die betrieblichen Ruhegehalts[148]-Direktzusagen[149], d. h. die Versorgungsleistungen, die der Arbeitgeber aus den laufenden Mitteln des Unternehmens erbringt[150]. Diese Ruhegehaltsrechtsprechung stellt zwar schon einen Eingriff in ein bestehendes Schuldverhältnis dar[151], wird jedoch gerechtfertigt mit dem Versorgungszweck des Ruhegehalts. Nicht die zum Teil erheblichen Äquivalenzstörungen, sondern erst das spezifisch sozialstaatlich geprägte Kriterium des Versorgungscharakters[152] der Ruhegehaltsbezüge haben die Rechtsprechung zu diesem Schritt veranlaßt.

146 BAG NJW 1973, 959, 960; BGH NJW 1973, 1599, 1600; BGH NJW 1974, 137, 139 und schon BFH 89, 422, 434 ff.

147 Vgl. BGH NJW 1974, 137, 139: »Die uneingeschränkte Durchführung des Nominalismus ... würde bedeuten, ...« Ähnlich schon bezüglich der Folgen der »schleichenden Inflation« BAG NJW 1973, 959, 960.

148 Wegen der sozialen Rechtfertigung der Beschränkung dieser Rechtsprechung auf die Bezüge der nicht mehr aktiv Tätigen (d. h. nicht mehr zum Selbstschutz fähigen Gläubiger) vgl. *Reuter,* ZHR 1974, 482, 497 ff.

149 Vgl. BAG NJW 1973, 959.

150 Wie die Rechtslage bei sonstigen Formen der betrieblichen Altersversorgung ist (Pensionskassen, Unterstützungskassen oder Versicherung durch eine Lebensversicherungsgesellschaft), läßt das BAG dahingestellt sein. Vgl. BAG NJW 1973, 959.

151 Und zwar durch die Verpflichtung des Arbeitgebers zu Verhandlungen über eine zumutbare Anpassung. Ein gestaltender richterlicher Eingriff ist nur für den Fall vorgesehen, daß eine Einigung nicht zustandekommt, vom Arbeitgeber verzögert wird oder nicht dem »billigen Ermessen« entspricht.

152 Dieses Kriterium wird freilich dadurch wieder etwas verwässert, daß es nicht nur die Minimalexistenz sichern soll oder auf die Bedürftigkeit abstellt (vgl. dazu *Reichert-Facilides,* JZ 1974, 483, 486), sondern auf die »Aufrechterhaltung der im Berufsleben erworbenen Stellung« (BAG NJW 1973, 959, 961). So richtig diese Feststellung auch sozialpolitisch ist, so sehr verleitet sie jedoch dazu, jede langfristige Geldforderung als Versorgungsleistung zu etikettieren. Vgl. etwa BGH ZMR 1976, 41, 42.

Die durch die Kriterien Ruhegehalt, Direktzusage, erhebliche Äquivalenzstörung (40 %) und Versorgungszweck bewußt eng gehaltene Abgrenzung dieser Rechtsprechung wird sich sicher nicht lückenlos aufrechterhalten lassen. Zu ähnlich sind die Fälle der Versorgungsleistung aus einem Verkauf auf Rentenbasis, aus Vermietung oder Verpachtung oder aus privater Zusatzvorsorge gelagert[153]. Von der weiteren Geldwertentwicklung wird es abhängen, wie stark der »Analogiezwang«[154] der Ruhegehaltsanpassung wird und wie extensiv die Rechtsprechung die von ihr selbst gesetzten Begrenzungskriterien handhaben muß. Für das Problem der Berücksichtigung der Geldentwertung bei der aktienrechtlichen Gewinnermittlung ergibt die Ruhegehaltsrechtsprechung jedoch keine konkreten Ansatzpunkte. Die Sachverhalte sind zu verschiedenartig und zu sehr durch die jeweilige spezifische Problemlage geprägt. Der aktienrechtlichen Gewinnermittlung fehlt im Gegensatz zu den Ruhegehaltsvereinbarungen jedes synallagmatische Element. Darüber hinaus ist die aktienrechtliche Gewinnermittlung nicht durch ein eindeutiges Schuldner-Gläubiger-Verhältnis, sondern durch ein vielschichtiges Zusammentreffen mehrerer Interessenspositionen geprägt. Das Geldwertproblem bei der aktienrechtlichen Gewinnermittlung stellt deshalb gegenüber dem Problem der durch die Geldentwertung verlorengegangenen Austauschgerechtigkeit bei Ruhegehaltsvereinbarungen ein aliud dar.

Die Ruhegehaltsrechtsprechung enthält somit – abgesehen vielleicht von der allgemeinen Erkenntnis, daß sich die obersten deutschen Bundesgerichte sehr viel früher als seinerzeit das Reichsgericht dazu bereit finden, den Kampf gegen die Folgen des Nominalwertprinzips bei anhaltender Geldwertverschlechterung aufzunehmen – keine Elemente, die mit Gewinn auf das Problem der Berücksichtigung der Geldentwertung auf die aktienrechtliche Gewinnermittlung übertragen werden könnten.

Sehr viel näher am Problem der Berücksichtigung der Geldentwertung bei der Gewinnermittlung scheinen die Sachverhalte zu liegen, die in dem Zugewinn- bzw. Pflichtteil-Urteil des BGH zu entscheiden waren[155]. Beidemal kam hier dem Geld die Funktion zu, den Wert eines Sachvermögens (des Anfangsvermögens bzw. der anrechnungspflichtigen Zuwendungen) zu messen, der später von dem Wert einer anderen, in der gleichen Geldeinheit gemessenen Vermögensmasse abzuziehen war. In beiden Fällen hat die Rechtsprechung die durch die Benutzung des im Wert gesunkenen Wertmessers »D-Mark« hervorgerufene Benachteiligung des Ausgleichungsschuldners dadurch verhindert, daß sie den zwischen beiden Berechnungen

153 Vgl. etwa *Medicus*, DB 1974, 759, 762 f., und bezüglich der ungleichen Stellung des individuellen Sparens *Reichert-Facilides*, JZ 1974, 483, 487. Dazu auch *Höfer/Kemper*, DB 1973, 1347, 1348 f. m. w. N.

154 *Reuter*, ZHR 1974, 482, 501.

155 Vgl. oben S. 48 ff. dieser Arbeit.

eingetretenen Kaufkraftschwund der D-Mark berücksichtigte. Damit hat die Rechtsprechung in einem Bereich, in dem das Geld als Wertmesser[156] für einen (zeitversetzten) Vermögensvergleich dient, den Nominalismus zugunsten einer uneingeschränkten[157] Indexierung aufgegeben[158].

Die präjudizielle Bedeutung dieser Rechtsprechung mag dadurch groß erscheinen, daß ihre Anwendbarkeit nicht so klar eingegrenzt wurde wie die der Ruhegehaltsrechtsprechung. Beim Zugewinn-Urteil[159] läßt der BGH in seiner Begründung nämlich nur zwei Kriterien für die Eingrenzung erkennen: Erstens muß es sich um einen »Ausgleichsanspruch« handeln, und zweitens muß sich aus dem Sinn des dem Rechtsverhältnis zugrundeliegenden Gesetzes ergeben, daß eine allein durch die Geldentwertung hervorgerufene Beteiligung der einen (an dem »Ausgleich« beteiligten) Partei an dem Vermögen der anderen vom Gesetz nicht beabsichtigt ist.

Für die Reichweite dieser Rechtsprechung ist zunächst bedeutsam, daß der Inhalt dieses untechnischen Begriffs des »Ausgleichsanspruchs« keineswegs klar oder gar eindeutig ist[160]. Er muß daher im Zusammenhang mit dem zweiten Kriterium betrachtet werden, nämlich als Anspruch auf Ausgleich in der speziell vom zugrundeliegenden Gesetz intendierten Art[161]. In den beiden vom BGH entschiedenen Fällen war ein erheblicher Teil des nominalen Vermögenszuwachses allein dadurch verursacht, daß die Wertmessung zu verschiedenen Zeitpunkten stattgefunden hatte[162], obwohl dem Gesetz ein Vermögensvergleich nur im Zeitpunkt der Auseinandersetzung vor-

156 Nach Meinung von *Reichert-Facilides* (JZ 1974, 483, 486) ist die grundsätzliche Bedeutung dieser Entscheidungen des BGH jedoch peripher, da sie nicht die zentralen Punkte (privatrechtlich: die Aufwertung entwerteter Forderungen, währungspolitisch: Verschärfung der Geldentwertung) berührt.

157 Der automatisch einsetzenden Indexierung geht keine »Stillhaltephase« voraus.

158 *Reichert-Facilides*, JZ 1974, 483, 489.

159 Das gleiche gilt für das Pfichtteil-Urteil in NJW 1975, 1831 ff., das sich in seiner Begründung voll auf das Zugewinn-Urteil stützt.

160 Auch *Medicus* (DB 1974, 759, 763) empfindet diese Abgrenzung als »allzu farblos«.

161 D. h. für den Zugewinnausgleich, daß dieser – abgesehen von den Ausnahmefällen des § 1375 Abs. 2 BGB – nicht zu einer Verminderung des realen Anfangsvermögens des ausgleichspflichtigen Ehegatten führen darf. Vgl. BGH NJW 1974, 137, 138. Für die Anrechnung anrechnungspflichtiger Vermögensgegenstände bedeutet es die gesetzliche Annahme, daß die früher empfangenen Vermögenswerte erst im Zeitpunkt der Erbauseinandersetzung erhalten wurden. Vgl. BGH NJW 1975, 1831, 1832.

162 Darin liegt der Unterschied zur Schmerzensgeldberechnung. Denn nach der sog. »Differenzhypothese« wird dort ein Vermögensvergleich in realer und nicht in zeitlicher Hinsicht durchgeführt. Darin liegt aber gleichzeitig eine Parallele zu den Pachtrechtsentscheidungen, wie etwa RG JW 1922, 910, RGZ 104, 394 ff., und auch BGH (Urteil vom 18. 5. 1960) LM Nr. 1 zu § 589 BGB.

schwebte[163]. Nach diesem gesetzlichen Leitbild und aus der Erwägung heraus, daß der Gesetzgeber von der inhaltlichen Konstanz des Geldes als Wertmesser ausging[164], wurde der rein geldwertbedingte Zuwachs als nur »scheinbarer Zugewinn« nicht berücksichtigt.

Trotz äußerer Ähnlichkeit der Problemlagen bestehen gegen die Übertragung der Zugewinn- bzw. Pflichtteil-Rechtsprechung auf den Bereich der aktienrechtlichen Gewinnermittlung jedoch ganz erhebliche Bedenken. Zwar findet auch bei der Gewinnermittlung ein zeitversetzter Vermögensvergleich statt. Zwar wird auch dort bei der Ermittlung der zu vergleichenden Vermögenslagen mit dem Geld ein variabler Maßstab benutzt. Ebenso würde auch dort eine Berücksichtigung der Geldentwertung nicht unbedingt inflationstreibend wirken[165].

Allerdings führt die aktienrechtliche Gewinnermittlung keinen »Ausgleich« herbei, der als solcher mit dem Zugewinnausgleich oder dem Ausgleich von Vorempfängen vergleichbar wäre. In diesen Fällen handelt es sich nämlich um einen endgültigen Totalausgleich, mit dem die (durch Güterstandbeendigung oder Erbfall entstandenen) unklaren Verhältnisse zwischen fremden Vermögensmassen bereinigt werden. Bei der aktienrechtlichen Gewinnermittlung wird dagegen nur ein Periodenerfolg ermittelt, der, weil er einen künstlichen (und in der Wahl des Zeitpunkts willkürlichen) Einschnitt in die in dynamischer Entwicklung befindlichen Wirtschaftsunternehmen darstellt, stets mit zeitlichen und sachlichen Abgrenzungsproblemen beladen ist. Der durch die aktienrechtliche Gewinnrechnung ermittelte maximal ausschüttbare Betrag (Bilanzgewinn) ist typischerweise kein endgültiger »Ausgleich«. Eher gleicht er der Berechnung einer jährlichen Abschlagszahlung auf den Totalerfolg des Unternehmens[166].

Der aktienrechtlichen Gewinnrechnung fehlt auch deshalb der Ausgleichcharakter, weil es sich bei der Gewinnausschüttung nicht um eine Beteiligung an fremdem Vermögen, sondern nur um eine Umschichtung innerhalb des eigenen Vermögens des Aktionärs handelt[167].

Auch läßt sich keineswegs mit der gleichen Sicherheit wie im Zugewinn- oder Pflichtteil-Urteil feststellen, daß die Nichtberücksichtigung der Geldentwertung mit dem Zweck des der Gewinnermittlung zugrundeliegenden Gesetzes »schlechthin unvereinbar« sei[168]. Dafür ist der (nicht nur zwei,

163 BGH NJW 1975, 1831, 1832: »Es soll so angesehen werden, als würden sie die Werte, . . . , jetzt bei der Erbauseinandersetzung erhalten.«

164 Vgl. BGH NJW 1974, 137, 138.

165 *Medicus,* DB 1974, 759, 764; *Reichert-Facilides,* JZ 1974, 483, 486.

166 Der Totalerfolg ist der während der gesamten Lebensdauer der Unternehmung erzielte Erfolg. Er ist, da alle Geschäfte abgeschlossen sind, eine reine Kassenrechnung. Vgl. etwa *Coenenberg,* S. 406 f.

167 So auch *Medicus,* DB 1974, 759, 764.

168 So BGH NJW 1974, 137, 138 für den Zugewinnausgleich; ähnlich BGH NJW 1975, 1831, 1832.

sondern mehrere divergierende Interessenpositionen in sich vereinende) Bereich der aktienrechtlichen Bilanzierung zu komplex[169]. Schließlich hat sich selbst der Gesetzgeber des AktG 1965 gescheut, zur Berücksichtigung der Preis- und Geldwertänderung auch nur[170] eine gewinnmindernde Substanzerhaltungsrücklage zuzulassen[171].

Ein dritter Punkt, der gegen die Übertragbarkeit der Zugewinn-Rechtsprechung auf den Bereich der aktienrechtlichen Gewinnermittlung spricht, ist die fehlende Eignung der von der Rechtsprechung entwickelten Indexierungsmethode. Mag die sog. »allgemeine« Geldentwertung[172] auch die Preisentwicklung in den für Privatpersonen relevanten Bereichen hinreichend gut widerspiegeln, so entbehrt sie doch bezüglich der für die verschiedenen Wirtschaftszweige maßgeblichen Preisbewegungen jeglicher Aussagekraft[173].

Hinzu kommt, daß die Übertragung der Zugewinn-Rechtsprechung auf die aktienrechtliche Gewinnermittlung auch erhebliche Auswirkungen über den Bereich der Gewinnermittlung hinaus hätte. So ist etwa die Kompetenzverteilung innerhalb der Aktiengesellschaft mit der Gewinnermittlung verknüpft[174].

Auch würde eine Übertragung der Zugewinn-Rechtsprechung notwendig steuerliche Konsequenzen nach sich ziehen und damit dem Fiskus Steuerausfälle bringen[175]. Weiterhin könnte eine steuerliche Berücksichtigung der

169 Zudem ist die aktienrechtliche Gewinnermittlung ohnehin in mehreren Punkten korrekturbedürftig, wenn man eine Deutung der Grundsätze ordnungsmäßiger Buchführung nach der »betriebswirtschaftlichen Logik« zugrunde legt. Vgl. dazu ausführlich *Schneider,* WPg 1971, 607, 608 ff.

170 Sie stellt gegenüber einer Indexierung nach dem Vorbild der Zugewinn-Rechtsprechung unbestreitbar ein Minus dar.

171 Wegen der Vielfalt der Bedenken siehe nur etwa den Ausschußbericht bei *Kropff,* Aktiengesetz, S. 242.

172 Vgl. BGH NJW 1974, 137, 139.

173 So steht im Jahr 1973 (Basis ist 1950 = 100) der Index für die Lebenshaltung auf 187, für Maschinen auf 225, für Gebäude auf 298. Vgl. *Havermann,* WPg 1974, 423, 424. Eine Korrektur der Gewinnrechnung der Unternehmen um den Lebenshaltungsindex (BGH NJW 1974, 137, 139) würde also weder dem Erhaltungsinteresse noch dem Verlangen nach möglichst sicherem Einblick in die Vermögens- und Ertragslage der Gesellschaft gerecht.

174 So ist etwa der für den Inhalt des Anteilsrechts entscheidende Punkt, die Gewinnverwendung, (vgl. *Ballerstedt,* S. 133) durch die Regelung des § 58 AktG zwischen Vorstand und Hauptversammlung kompetenzmäßig aufgeteilt.

175 So wurde vom Rechts- und Wirtschaftsausschuß bei den Beratungen über eine »Substanzerhaltungsrücklage« im AktG 1965 festgestellt, daß diese, wenn sie zwingend vorgeschrieben würde, jedenfalls steuerlich als gewinnmindernd anerkannt werden müßte. Vgl. dazu den Ausschußbericht bei *Kropff,* Aktiengesetz, S. 242.

Geldentwertung aus verfassungsrechtlichen Gründen kaum auf die aktienrechtliche Gewinnermittlung beschränkt bleiben. Vielmehr müßte sie auch auf Unternehmen in anderer Rechtsform und u. U. – auch aus sozialpolitischen Erwägungen heraus[176] – auf jedermann ausgedehnt werden[177].

Schließlich könnte eine Übertragung der Zugewinn-Rechtsprechung auf die aktienrechtliche Gewinnermittlung den ohnehin an zu niedrigen Renditen krankenden Aktienmarkt[178] weiter belasten. Denn in Höhe der geldwertbedingten Scheingewinne würde der Bilanzgewinn sinken, was bei vielen Unternehmen zur Dividendenkürzung und damit zu sinkender Attraktivität am Aktienmarkt führen müßte. Diese weiterreichenden Folgen vermögensrechtlicher wie nichtvermögensrechtlicher Natur sind ein weiterer Punkt, in dem die aktienrechtliche Gewinnermittlung in ihrer Bedeutung und Tragweite weit über einen bloßen Vermögensausgleich hinausgeht.

Zusammenfassend kann daher gesagt werden, daß die bisherige Rechtsprechung, insbesondere auch die Zugewinn-Rechtsprechung des BGH, mangels Vergleichbarkeit der Sachverhalte und wegen der sehr unterschiedlichen Auswirkungen nicht auf die aktienrechtliche Gewinnermittlung übertragen werden kann. Daher wird man mit Medicus[179] davon ausgehen müssen, daß bis zu einer richterlichen Rechtsfortbildung in dieser Frage wegen der Komplexität der mit der Bilanz zusammenhängenden Probleme und der Fremdheit, mit der ihnen der Jurist oft gegenübersteht, wohl noch geraume Zeit vergehen wird.

B. Eignung

Da die oben besprochenen Vorschläge, die auf die Berücksichtigung der Scheingewinne im Rahmen der aktienrechtlichen Rechnungslegung abzielen, auf absehbare Zeit nicht realisierbar sind, erübrigt sich eine eingehende Untersuchung ihrer Eignung. Insbesondere ist es nach der Zielsetzung dieser Arbeit müßig, die Differenzierungen der Vorschläge untereinander auf die Frage hin zu prüfen, welcher von ihnen unter betriebswirtschaftlichen Gesichtspunkten am geeignetsten ist.

176 So auch *Medicus,* DB 1974, 759, 764.

177 Ausschußbericht bei *Kropff,* Aktiengesetz, S. 242. Vgl. zur Problematik der Besteuerung der Einkünfte aus Kapitalvermögen trotz Geldentwertung BFH 89, 422 ff.

178 Die Durchschnittsrendite deutscher Aktien in den letzten zehn Jahren liegt bei 3,7 %. Vgl. Der Spiegel Nr. 16/1976, S. 89, 90.

179 DB 1974, 759, 764.

Da die im Rahmen dieser Vorschläge vertretenen Erhaltungskonzeptionen[180] jedoch auch die gedankliche Grundlage solcher Vorschläge bilden, die die Scheingewinne in einer Nebenrechnung außerhalb der aktienrechtlichen Gewinnermittlung berücksichtigen[181], erscheint es angebracht, kurz auf die grundsätzliche Eignung dieser Konzeptionen zur Verbesserung der Funktionsfähigkeit des aktienrechtlichen Jahresabschlusses einzugehen:

Die Entwicklung der verschiedenen Erhaltungskonzeptionen basiert auf der Erkenntnis, daß das Prinzip der Nominalwerterhaltung von einer in Wirklichkeit nicht vorhandenen Wertkonstanz des Geldes ausgeht[182]. Daher wird die in der Konzeption der Nominalwerterhaltung vorgesehene Bestimmung des Gesellschaftsvermögens durch einen nominalen Geldbetrag bei den Substanzerhaltungskonzeptionen durch eine bestimmte Gütermenge, bei der Konzeption der Realkapitalerhaltung durch eine bestimmte Kaufkraftmenge ersetzt[183]. Auf diese Weise beseitigen beide Erhaltungskonzeptionen[184] die Ursache des Problems, die (auch im Anschaffungswertprinzip zum Ausdruck kommende) gesetzlich fingierte absolute Wertmessereigenschaft des Geldes.

Die Frage jedoch, ob sich die spezielle, im Unternehmen gebundene Gütermenge[185] oder eine – durch Anbindung an das allgemeine Preisniveau – kaufkraftkonstante Geldmenge[186] am besten als Ersatzmaßstab eignet, ist heute wie bei Beginn der Diskussion vor mehr als 50 Jahren umstritten. Während die Anhänger der Substanzerhaltungstheorien zu Recht darauf verweisen, daß die Preisentwicklung der im Unternehmen investierten Güter und die Entwicklung des allgemeinen Preisniveaus völlig unterschiedlich verlaufen können[187], geben die Befürworter der Konzeption der Realkapitalerhaltung zu bedenken, daß eine Berücksichtigung auch der speziellen Preissteigerungen, soweit sie über die allgemeine Geldentwertung hinausgehen, zu einer nicht vertretbaren Begünstigung der Sachwertinhaber gegenüber den Geldwertinhabern[188] sowie zu einer mit dem System der Markt-

180 Vgl. dazu im Anhang S. 99 ff. und 108 ff.

181 Dargestellt auf S. 117 ff.

182 Vgl. S. 20 f. dieser Arbeit.

183 Beide Mengen werden freilich in Geldeinheiten ausgedrückt.

184 Die Konzeption der Ertragswerterhaltung (vgl. S. 98 dieser Arbeit) muß hier unberücksichtigt bleiben, da sie nicht auf der herkömmlichen Einzelbewertung beruht.

185 Nach dem Wiederbeschaffungswertgedanken der Substanzerhaltungskonzeptionen. Vgl. dazu im Anhang S. 99 ff.

186 Nach der Konzeption der Realkapitalerhaltung. Vgl. im Anhang S. 108 ff.

187 *Schneider*, WPg 1971, 607, 612, und S. 56 dieser Arbeit.

188 Vgl. *Jonas*, DB 1973, 1957, 1960 mit Verweis auf *Kropff*, Aktiengesetz, S. 242, und *Luik*, Der Einfluß von Preissteigerungen auf den Jahresabschluß, S. 24 f.

wirtschaft nicht zu vereinbarenden Entlastung der Unternehmer von unternehmertypischen Risiken führen würde[189].

Die Frage, welcher der Erhaltungskonzeptionen grundsätzlich[190] der Vorzug zu geben ist, stellt sich also bei näherer Betrachtung als politische Wertentscheidung dar. Sie wird von der Zielvorstellung – Substanzerhaltung oder Geldentwertungsausgleich – bestimmt[191]. Beide Erhaltungskonzeptionen sind jedoch bei instabiler Preis- und Geldwertsituation der im Aktiengesetz enthaltenen Konzeption der Nominalkapitalerhaltung bezüglich des Erhaltungsmaßstabs überlegen und wären daher prinzipiell geeignet, die Funktionsfähigkeit der aktienrechtlichen Jahresabschlüsse zu verbessern.

II. Die Vorschläge zur Berücksichtigung der Scheingewinne außerhalb der Gewinnermittlung

Die Befürworter der Vorschläge, die die Scheingewinnproblematik nur außerhalb der aktienrechtlichen Gewinnermittlung berücksichtigen wollen, gehen von der Erwartung aus, daß die Berücksichtigung der Scheingewinne im Rahmen der Gewinnermittlung in absehbarer Zeit weder vom Gesetzgeber, noch von der Rechtsprechung zugelassen werden wird. Sie lassen daher den aktienrechtlichen Jahresabschluß nach § 148 ff. AktG unangetastet, ergänzen jedoch seine Aussagekraft durch die Einfügung einer freiwilligen Nebenrechnung in den Erläuterungsbericht. In dieser Nebenrechnung wird ermittelt, wie groß der Scheingewinnanteil an dem nach § 157 Abs. 1 AktG ermittelten Jahresüberschuß bzw. Jahresfehlbetrag ist.

Die Funktion der in der Literatur vertretenen Nebenrechnungsmodelle[192] besteht darin, durch die Nebenrechnung den von § 149 Abs. 1 Satz 2 AktG geforderten möglichst sicheren Einblick in die Ertragslage[193] der Unternehmen zu verbessern. Nur der Vorschlag von *Sieben*[194] bezweckt darüber

189 So *Jacobs*, DB 1974, 1026, 1029, der die Gefahr andeutet, daß sich der Staat dann auch unter Hinweis auf die Risikoentlastung bei den Wiederbeschaffungspreisen zu Eingriffen bei der Preisgestaltung der Unternehmen berechtigt fühlen könnte.

190 Über die Notwendigkeit, innerhalb der Erhaltungskonzeptionen die Finanzierungsstruktur zu berücksichtigen, besteht heute im wesentlichen Einigkeit. Vgl. *Coenenberg*, AG 1975, 113, 116 ff., und *Niehus*, WPg 1974, 649, 651 m. w. N.

191 *Havermann*, WPg 1974, 423, 429.

192 Vgl. dazu im Anhang S. 117 ff.

193 Die Vorschläge betrachten die Verbesserung des Einblicks in die Ertragslage als primäres Ziel und sehen daher von dem Versuch, auch den Einblick in die Vermögenslage der Unternehmen zu verbessern, zunächst ab. Vgl. *Niehus*, WPg 1974, 649, 654.

194 Vgl. im Anhang S. 117 ff.

hinaus eine automatische Erweiterung des Einbehaltungsrechts der Verwaltung nach § 58 Abs. 2 AktG, soweit die in der Nebenrechnung ermittelten Scheingewinne auch durch volle Ausnutzung des Einbehaltungsrechts nach § 58 Abs. 2 AktG nicht ausgeglichen werden können[195].

Die Berechnung des Scheingewinns erfolgt bei den von der deutschen Literatur vorgestellten Vorschlägen übereinstimmend nach der Konzeption der Nettosubstanzerhaltung[196], d. h. unter Berücksichtigung der Finanzierungsstruktur des Unternehmens. Die gleiche Konzeption liegt den meisten der in der deutschen Praxis erstellten Nebenrechnungen zugrunde[197]. Lediglich die Eternit-AG ermittelt ihre Scheingewinne nach der Bruttosubstanzerhaltungskonzeption[198]. Dagegen wird bei der englischen »Currant Purchasing Power Method«[199] und bei der amerikanischen »General Price-Level Accounting«[200] der Unternehmenserfolg auf der Grundlage der Konzeption der Realkapitalerhaltung[201] um den allgemeinen Kaufkraftverlust korrigiert.

Übereinstimmend lassen die Vorschläge die Veröffentlichung der Nebenrechnung in zusammengefaßter Form zu, wenn darin bestimmte Mindestangaben enthalten sind. Einigkeit besteht ferner darin, daß die Methode, mit der die Scheingewinne ermittelt wurden, erläutert werden und die gesamte Nebenrechnung der Prüfungspflicht unterliegen soll.

A. Realisierbarkeit

Somit ist die Berücksichtigung der Scheingewinne außerhalb der aktienrechtlichen Gewinnermittlung in einer Nebenrechnung zum Jahresabschluß zumindest dann, wenn sie nicht, wie etwa der Vorschlag von *Sieben*[202], auch eine Änderung des in § 58 Abs. 2 AktG geregelten Einbehaltungsrechts der Verwaltung einschließt, ohne weiteres de lege lata möglich. Da sie die Gewinnermittlung nicht beeinflußt, kollidiert sie nicht mit dem Anschaffungswertprinzip – und da sie keine unmittelbaren Auswirkungen

195 Zur Problematik des Ausgleichs der Scheingewinne durch versteuerte Gewinne vgl. oben S. 27, insb. Fn. 125.

196 Vgl. zu dieser Konzeption im Anhang S. 105 f.

197 Vgl. im Anhang S. 125 ff.

198 Vgl. im Anhang S. 126 f.

199 Vgl. im Anhang S. 123 ff.

200 Vgl. im Anhang S. 123 ff.

201 Vgl. zu dieser Konzeption im Anhang S. 108 ff.

202 Vgl. dazu die S. 117 ff. im Anhang. Dieser Vorschlag würde eine Revision der im AktG 1965 getroffenen Einbehaltungsregelung durch den Gesetzgeber erforderlich machen (vgl. *Sieben*, BB 1971, 61, 65 f. der BW zu Heft 26/71). Auch er muß deshalb unter dem Postulat einer schnellen Verwirklichbarkeit als derzeit nicht realisierbar angesehen werden.

auf die Gewinnverwendung hat, verstößt sie auch nicht gegen die Gewinnverteilungsregelung des § 58 AktG. Die übereinstimmend vorgesehene Plazierung der Neben- bzw. Ergänzungsrechnung im Erläuterungsbericht ist auch mit der die inhaltliche Ausgestaltung des Erläuterungsberichts regelnden Vorschrift des § 160 Abs. 2 und 3 AktG vereinbar. Denn § 160 Abs. 2 und 3 AktG zählen die Erläuterungspflichten nicht abschließend auf. Vielmehr haben im Erläuterungsbericht alle die Angaben ihren Platz, die als Ergänzung zum Jahresabschluß dem Ziel eines möglichst sicheren Einblicks in die Vermögens- und Ertragslage der Gesellschaft förderlich sind[203].

B. Eignung

Die Vorschläge, die die Scheingewinne nicht bei der Gewinnermittlung, sondern nur in einer freiwilligen Neben- oder Ergänzungsrechnung zum aktienrechtlichen Jahresabschluß und außerhalb der Gewinnermittlung berücksichtigen[204], streben einen Kompromiß zwischen dem aus betriebswirtschaftlicher Sicht Erforderlichen und dem nach geltendem Recht Möglichen an. Um nicht gegen die im Aktiengesetz vorgeschriebene Gewinnermittlung zu verstoßen, werden einzelne Elemente des ursprünglich zur Änderung der aktienrechtlichen Gewinnermittlung konzipierten Instrumentariums nun außerhalb des Jahresabschlusses angewandt: Die Methoden der Scheingewinnermittlung und die Erhaltungsmaßstäbe wurden von den Substanzerhaltungskonzeptionen[205] übernommen. Der Gedanke, die Jahresbilanz selbst unangetastet zu lassen, findet sich zum einen – unter Berufung auf die Dokumentationsfunktion der Handelsbilanz – im Vorschlag der Groupe d'Etudes[206] und resultiert zum anderen aus der Erkenntnis, daß weder der Gesetzgeber noch die Rechtsprechung in absehbarer Zeit eine scheingewinnbereinigte Bilanzierung zulassen werden. Der Vorschlag der freiwilligen Nebenrechnung verbindet auf diese Weise den Vorteil der hohen Aussagekraft der Substanzrechnung[207] bei gleichzeitiger Wahrung der Funktionen der nominalen Handelsbilanz[208] mit dem Vorteil, daß die Praktizierung dieses Vorschlags ohne Eingreifen des Gesetzgebers oder der Rechtsprechung jederzeit de lege lata möglich ist.

203 Vgl. *Kropff*, in: Geßler/Hefermehl/Eckardt/Kropff, Anm. 12 ff. zu § 160.
204 Vgl. S. 59 ff. und S. 117 ff. dieser Arbeit. Die Besonderheit des Vorschlags von *Sieben* (S. 117 ff. dieser Arbeit), die Erweiterung des § 58 Abs. 2 AktG, kann hier unberücksichtigt bleiben.
205 Dabei wird in den meisten Fällen die Konzeption der Nettosubstanzerhaltung vertreten.
206 Vgl. die S. 104 dieser Arbeit.
207 Durch Ausschaltung des Einflusses von Preis- und Geldwertänderungen auf den Jahresabschluß.
208 Vgl. dazu etwa *Jonas*, DB 1973, 1957, 1960 f.

Der Freiwilligkeit hinsichtlich der Durchführung und Publizierung der Nebenrechnung – bezüglich ihrer Realisierbarkeit nach dem geltenden Recht ein großer Vorteil gegenüber den anderen Vorschlägen – entspricht jedoch auf der anderen Seite – als entscheidender Nachteil – ihre Unverbindlichkeit. Denn die freiwillige Nebenrechnung in der vorgeschlagenen Art ist nur ein Appell an Einsicht und Verantwortungsbewußtsein der Unternehmensführungen. So besteht durchaus die Möglichkeit, daß eine Vielzahl von Unternehmen den Arbeitsaufwand für eine solche Nebenrechnung höher veranschlagt als ihren Nutzen[209].

Andere könnten den Standpunkt vertreten, der Nutzen, den die Publizität der Nebenrechnung für Aktionäre, Gläubiger, Aktienmarkt und Öffentlichkeit bringe, decke sich nicht mit dem Nutzen für das Unternehmen selbst, sondern komme vielmehr auf seine Kosten zustande[210]. Schließlich dürfte es eine Rolle spielen, daß bei der Beurteilung der Unternehmensleitung die durch die Nebenrechnung aufgedeckten Scheingewinne den in der Bilanz ausgewiesenen Erfolg nicht unwesentlich schmälern können. Dabei wird die Aufdeckung der Scheingewinne einem Unternehmen besonders dann schwerfallen, wenn durch sie erkennbar wird, daß sich hinter dem nominell ausgewiesenen Bilanzgewinn ein realer Bilanzverlust verbirgt.

So steht zu befürchten, daß die vorgeschlagene Nebenrechnung auf freiwilliger Basis im Endeffekt zu keiner wirklichen Verbesserung des Einblicks in die Vermögens- und Ertragslage der Aktiengesellschaften führen wird[210a]. Denn wenn nur solche Unternehmen eine scheingewinnbereinigte Nebenrechnung führen und publizieren, die trotz der in der Bilanz enthaltenen Scheingewinne ein gutes Ergebnis vorweisen können, dann ist aus gesamtwirtschaftlicher Sicht nichts gewonnen[211].

209 Vgl. zur geringen Verbreitung der sog. »Hausbilanzen«, die einer vollständigen Erfolgsrechnung nach einer der Substanzerhaltungskonzeptionen entsprechen, die Untersuchung von *Eckardt*, S. 191 ff.

210 *Kronstein/Claussen* (S. 27, 29) weisen zu Recht darauf hin, daß auch bezüglich einer »wahren Unterrichtung« der Aktionäre über die Gewinne Wissen Macht bedeutet.

210a Davon geht auch *Mertens* (in: Lutter [Hrsg.], Wirtschaftsprüfung heute, S. 18 f.) aus. Für ihn hat sich die Hoffnung, die Veröffentlichung inflationsbereinigter Nebenrechnungen könnte sich ohne gesetzliche Vorschriften durchsetzen, nach den bisherigen Erfahrungen als trügerisch erwiesen. Denn auf die – wenn auch nur scheinbaren – Wohltaten der Inflationsillusion verzichte man nicht gerne, jedenfalls dann nicht, wenn der Verzicht nicht allgemein sei.

211 Dann ist die Nebenrechnung nur mehr eine Bestätigung der alten Regel für den Bilanzleser, daß eine gute Bilanz immer noch besser, eine schlechte Bilanz immer noch schlechter sei, als sie aussehe. Auch *Jonas* (DB 1973, 1957, 1960) sieht in der Handelsbilanz immer nur »die Spitze des Eisbergs«.

Die freiwillige Nebenrechnung ist daher wegen ihrer Unverbindlichkeit zur Lösung des vorliegenden Problems der preis- und geldwertbedingten Minderung der Funktionsfähigkeit des aktienrechtlichen Jahresabschlusses nicht geeignet.

III. Fazit

So steht man heute vor einem Dilemma: Trotz einer nach wie vor ungebremsten Geldentwertung von immer noch mehr als 4 % im Jahr 1976 scheint – obwohl das Problem der Preis- und Geldwertänderungen und ihrer schädlichen Auswirkungen sowohl auf den Zweck als auch auf die Aussagekraft der Bilanzen seit Jahren bekannt und ausgiebig erforscht ist – ein gangbarer Weg zu seiner Lösung nicht zu bestehen. Die bislang vorgetragenen Vorschläge, die sich mit dem geltenden Recht vereinbaren lassen, können ihrem Wesen nach nicht mehr als unverbindliche Empfehlungen sein. Die Vorschläge aber, die geeignet sein könnten, dem aktienrechtlichen Jahresabschluß zu seiner ursprünglichen Funktionsfähigkeit zurück zu verhelfen, sind auf absehbare Zeit aus rechtlichen Gründen nicht realisierbar.

Da mit einem Eingreifen des an sich berufenen Gesetzgebers nicht zu rechnen ist[212], muß es das Ziel der nachfolgenden Überlegungen sein, einen Weg zu finden, der mit dem geltenden Recht vereinbar ist und dennoch – wenn auch nicht zu einer echten Lösung des Problems – zu einer Verbesserung der gegenwärtigen Situation führt.

Dabei wird man nach den oben angestellten Überlegungen[213] davon auszugehen haben, daß das Gebiet der aktienrechtlichen Gewinnermittlung als Ansatzpunkt für eine auch nur partielle Verbesserung der verminderten Funktionsfähigkeit des Jahresabschlusses ausscheidet. Denn jede Einbeziehung von Geldentwertungs- bzw. Substanzerhaltungsgesichtspunkten in den Bereich der aktienrechtlichen Gewinnermittlung wäre ein Verstoß gegen das im Aktiengesetz geltende Anschaffungswertprinzip und damit mit dem geltenden Recht unvereinbar[214].

Diese Unvereinbarkeit mit dem geltenden Recht gilt aber nur für eine direkte Berücksichtigung der Geldentwertung oder Substanzerhaltung im Rahmen der aktienrechtlichen Gewinnermittlung. Sie hindert keineswegs die Nutzung des Substanzerhaltungsgedankens und des von der Betriebswirtschaftslehre zur Bestimmung der Substanzerhaltungserfordernisse entwickelten Instrumentariums außerhalb der Gewinnermittlung. Im Gegen-

212 Zu der verworrenen Interessenlage des Staates in seiner Eigenschaft als schlichtender Ordnungsmacht, als Fiskus, Eigenkapitalgeber und als Gläubiger vgl. *Bernheimern*, S. 55 ff.

213 Vgl. S. 30 ff., insbesondere S. 34 f. und S. 57 ff.

214 Vgl. die S. 49 ff. dieser Arbeit.

teil! Wie im folgenden Teil der Arbeit nachzuweisen sein wird, steht es schon beim derzeitigen Grad der Geldentwertung nicht mehr im Belieben des Vorstands einer Aktiengesellschaft, von den gesicherten betriebswirtschaftlichen Erkenntnissen Gebrauch zu machen oder nicht. Vielmehr ergibt sich bereits heute aus dem geltenden Aktiengesetz die Rechtspflicht des Vorstands einer Aktiengesellschaft, sich in geeigneter Weise Klarheit über die Auswirkungen der Preis- und Geldwertänderungen auf sein Unternehmen zu verschaffen und das Ergebnis dieser Berechnungen in geeigneter Weise im Rahmen der aktienrechtlichen Publizität offenzulegen.

Teil III Die Rechtspflicht zur Ermittlung und Offenlegung des Scheingewinnanteils am Unternehmenserfolg

Die Pflicht des Vorstands einer Aktiengesellschaft, die Auswirkungen mehr als unerheblicher Preis- oder Geldwertschwankungen auf den Jahresabschluß zu ermitteln und im Geschäftsbericht offenzulegen[1], ist schon heute aus dem geltenden Recht abzuleiten. Die Ermittlungspflicht hat ihre gesetzliche Grundlage in den §§ 76 Abs. 1, 93 Abs. 1 Satz 1 AktG, die Pflicht zur Offenlegung ist in den §§ 160 Abs. 2 Satz 1, 160 Abs. 4 Satz 1 AktG begründet.

I. Die Ermittlungspflicht

Die Ermittlung der Auswirkungen der Preis- und Geldwertschwankungen auf den Jahresabschluß gehört jedenfalls bei den heutigen Geldwertverhältnissen[2] zu den unerläßlichen Maßnahmen einer den Anforderungen der §§ 76 Abs. 1 i. V. mit 93 Abs. 1 Satz 1 AktG genügenden Geschäftsführung.

1 Nur angedeutet werden sollen die eventuell weiter bestehenden Pflichten des Vorstands, die Auswirkungen der Preis- oder Geldwertänderungen auf das Unternehmen
- nach § 90 Abs. 1 AktG an den Aufsichtsrat zu melden,
- bei der Rücklagendotierung durch den Vorstand nach § 58 Abs. 1 AktG und
- beim Gewinnverwendungsvorschlag nach § 170 Abs. 2 Satz 1 AktG zu berücksichtigen.

2 Die Festlegung auf eine bestimmte Prozentzahl ist problematisch. Als Anhaltspunkt kann jedoch die Toleranzschwelle von 2 % allgemeiner Geldwertminderung dienen, die die Deutsche Bundesbank in ihrer Stellungnahme für das Urteil des BFH vom 27. 7. 1967 (IV 300/64), abgedruckt in BFH 89, 422, 426 f., ermittelte. Zu Recht weist *Pearcy*, Journal UEC 1971, 204, auf die Tatsache hin, daß eine jährliche Inflationsrate von 3 % über zehn Jahre bestimmte Zahlen in den Jahresabschlüssen genauso verzerrt wie etwa eine Inflationsrate von 15 % über zwei Jahre oder 30 % in einem Jahr. Die heutige Inflationsrate von 4 % und mehr pro Jahr wird auf lange Sicht übereinstimmend als unerträglich bezeichnet.

A. Die Leitungspflicht nach § 76 Abs. 1 AktG

Durch § 76 Abs. 1 AktG wird die grundsätzliche und ausschließliche Zuständigkeit des Vorstands[3] für die Leitung der Gesellschaft festgelegt[4]. Die Leitung des Unternehmens umfaßt – innerhalb der Grundlagen der Gesellschaft[5] – die Festlegung der Unternehmenspolitik und ihre Durchsetzung durch die Verwaltung der Gesellschaft[6]. Damit gehört in den Bereich der Unternehmensleitung jede auf den Betrieb des Unternehmens gerichtete Tätigkeit rechtsgeschäftlicher oder auch tatsächlicher Natur[7]. Um die Pflicht zur Leitung dem Inhalt nach auszugestalten und um aus einer getroffenen oder unterlassenen Leitungsmaßnahme ggf. Rechtsfolgen ableiten zu können, braucht § 76 Abs. 1 AktG eine inhaltliche Ergänzung hinsichtlich der Frage, wie und nach welchen Kriterien die Gesellschaft zu leiten ist. Diese Ergänzung findet sich in § 93 Abs. 1 Satz 1 AktG als gesetzliche Festlegung des Sorgfaltsmaßstabs für die Geschäftsführung[8] des Vorstands.

B. Der Sorgfaltsmaßstab des § 93 Abs. 1 Satz 1 AktG

Nach § 93 Abs. 1 Satz 1 AktG sind die Mitglieder des Vorstands verpflichtet, »bei ihrer Geschäftsführung die Sorgfalt eines ordentlichen und gewissenhaften Geschäftsleiters anzuwenden«. Mit dieser Bestimmung umreißt das Gesetz generalklauselartig den Idealtypus des »pflichtbewußten Unternehmers«[9] und formuliert die Anforderungen an die Sorgfalt des Vorstands bei seiner Geschäftsführung.

Die in § 93 Abs. 1 Satz 1 AktG gewählte Generalklausel zur Bestimmung der Sorgfaltspflichten des Vorstands bei der Geschäftsführung ist allein aus ihrem Wortlaut heraus nicht justitiabel. Sie ermöglicht es aber der Recht-

3 Von einer Differenzierung der Verantwortlichkeit einzelner Mitglieder eines mehrköpfligen Vorstands wird im folgenden abgesehen. Vgl. zu dieser Problematik *Dose*, S. 32 m. w. N.

4 *Baumbach/Hueck*, Rn. 6 zu § 76.

5 *A. Hueck*, Das Recht der OHG, S. 115, 116; RGZ 162, 370, 374. Für die AG vgl. *Baumbach/Hueck*, Rn. 8 zu § 76.

6 *Hefermehl*, in: Geßler/Hefermehl/Eckardt/Kropff, Anm. 10 zu § 76.

7 *Baumbach/Hueck*, Rn. 8 zu § 76. Auf die Unterscheidung zwischen Geschäftsführung und Vertretung kommt es hierbei nicht an.

8 Geschäftsführung im weitesten Sinn. Vgl. *Schilling*, in: Großkommentar, Anm. 1 (a. E.) zu § 93; *Godin/Wilhelmi*, Anm. 4 zu § 93; *A. Hueck*, Das Recht der OHG, S. 115 ff.

9 Zu diesem Begriff vgl. *H. Westermann*, Die Verantwortung, in: Festschrift für Vits, S. 251, 267.

sprechung, durch Verweisung auf den »Normaltypus« des sozial richtigen Verhaltens einer bestimmten Gruppe[10] die Anforderungen an das Verhalten in jedem Einzelfall selbst zu bestimmen[11]. Daher ist es das Ziel der nachfolgenden Untersuchung, den Sorgfaltsmaßstab des § 93 Abs. 1 Satz 1 AktG unter Berücksichtigung seiner historischen Entwicklung nach seinem Normzweck inhaltlich zu konkretisieren und aus ihm in Verbindung mit der allgemeinen Leitungsmacht die Rechtspflicht des Vorstands zur Ermittlung des Scheingewinnanteils am Unternehmenserfolg herzuleiten.

C. *Die Generalklausel des § 93 Abs. 1 Satz 1 AktG der »Sorgfalt eines ordentlichen und gewissenhaften Geschäftsleiters«*

1. *Die Funktion des § 93 Abs. 1 Satz 1 AktG*

Bei der Untersuchung des § 93 Abs. 1 Satz 1 AktG auf seinen materiellen Gehalt fällt auf, daß die Funktion dieser Bestimmung nicht einheitlich beurteilt wird. Einigkeit besteht zwar darin, daß in § 93 Abs. 1 Satz 1 AktG ein typisierter Verschuldensmaßstab für Pflichtverletzungen von Vorstandsmitgliedern normiert ist. Doch während sich für einen Teil des Schrifttums[12] der Zweck des § 93 Abs. 1 Satz 1 AktG in dieser Funktion erschöpft, versteht ihn ein anderer Teil[13] darüber hinaus noch als allgemeinen Auffangtatbestand für alle gesetzlich nicht normierten Vorstandspflichten[14].

10 Vgl. *Esser*, Grundsatz und Norm, S. 97 (»... conduite sociale correcte de cette catégorie ...«).

11 *Larenz*, Methodenlehre, S. 274.

12 *Baumbach/Hueck*, Rn. 6 ff. zu § 93; *Schilling*, in: Großkommentar, Anm. 9 ff. zu § 93; *Schlegelberger/Quassowski*, Anm. 4 ff. zu § 84; ausdrücklich und mit Hinweis auf die Funktionsgleichheit von § 93 Abs. 1 Satz 1 AktG mit § 276 Abs. 1 Satz 2 BGB auch *Dose*, ZGR 1973, 300, 303, der jedoch unverständlicherweise in Fn. 14 *Godin/Wilhelmi*, *Schilling* und *Baumbach/Hueck* für die Gegenmeinung zitiert.

13 So *Mertens*, Kölner Kommentar, Anm. 12 zu § 93; *Hefermehl*, in: Geßler/Hefermehl/Eckardt/Kropff, Anm. 9 zu § 93. Auf die Frage, ob der Verstoß gegen die Sorgfaltspflicht ein Rechtswidrigkeitskriterium oder einen Bestandteil des Haftungstatbestands darstellt, braucht hier nicht eingegangen zu werden. Vgl. dazu *Mertens*, in: Kölner Kommentar, Anm. 12 ff. zu § 93.

14 Auf die Frage, ob der Verstoß gegen die Sorgfaltspflicht ein Rechtswidrigkeitskriterium oder einen Bestandteil des Haftungstatbestands darstellt, braucht hier nicht eingegangen zu werden. Vgl. dazu *Mertens*, in: Kölner Kommentar, Anm. 12 ff. zu § 93.

a) Die strittige Funktion als Auffangtatbestand

Diesem Meinungsstreit braucht hier jedoch nicht nachgegangen zu werden. Für die Herleitung der Rechtspflicht des Vorstands zur Ermittlung der Auswirkungen von Preis- oder Geldwertschwankungen auf den Unternehmenserfolg kommt es nämlich auf die genaue Lokalisierung des Haftungstatbestands für die Verletzung dieser Rechtspflicht nicht an. Denn jedenfalls ergibt sich die Vorstandspflicht zur Ermittlung des Scheingewinnanteils am Unternehmenserfolg aus seiner Pflicht zur eigenverantwortlichen Leitung der Gesellschaft nach § 76 Abs. 1 AktG i. V. mit dem Sorgfaltsmaßstab des § 93 Abs. 1 Satz 1 AktG, nach dem er bei seiner Geschäftsführung[15] die Sorgfalt eines ordentlichen und gewissenhaften Geschäftsleiters anzuwenden hat.

b) Erweiterung des Kreises verwertbarer Auslegungsbeispiele

Der Widerspruch in der Literatur über die haftungsbegründende Funktion des § 93 Abs. 1 Satz 1 AktG hat jedoch für die folgende inhaltliche Bestimmung des Sorgfaltsmaßstabs des § 93 Abs. 1 Satz 1 AktG einen Vorteil. Es können nämlich bei dieser Untersuchung sowohl die von der Rechtsprechung und Lehre für den Verschuldensmaßstab als auch die für die Feststellung der Tatbestandsmäßigkeit[16] entwickelten Konkretisierungen des § 93 Abs. 1 Satz 1 AktG zu Hilfe genommen werden. Denn da in beiden Fällen die Ausfüllung des generalklauselartigen Begriffs der »Sorgfalt eines ordentlichen und gewissenhaften Geschäftsleiters« jeweils der Haftungsbegründung dient[17], macht es keinen Unterschied, ob die hierfür erforderliche Wertung[18] des Einzelfalls bei der Prüfung der Tatbestandsmäßigkeit[19] oder bei der Beurteilung der Vorwerfbarkeit vorgenommen wird.

2. Bestimmung des in § 93 Abs. 1 Satz 1 AktG normierten Sorgfaltsmaßstabs

a) Typisierung des allgemeinen Sorgfaltsmaßstabs des § 276 Abs. 1 Satz 2 BGB

Als Verschuldensmaßstab ist die in § 93 Abs. 1 Satz 1 AktG festgelegte Sorgfalt für den Vorstand einer Aktiengesellschaft eine spezielle Ausformung des allgemeinen Fahrlässigkeitsmaßstabs in § 276 Abs. 1 Satz 2

15 Bzw. der Leitung der Gesellschaft. Vgl. Fn. 8 auf S. 66.
16 Bzw. der Rechtswidrigkeit. Vgl. Fn. 14 auf S. 67.
17 Zur Beschränkung der Ablehnung einer individuellen Schuldprüfung auf das »Haftungsrecht« vgl. BGHZ (GZS) 24, 21, 27 und *Larenz*, Fahrlässigkeitsmaßstäbe, in: Festschrift für Wilburg, S. 119 ff.
18 Zum Werturteil bei »auslegungsbedürftigen Maßstäben« siehe *Larenz*, Methodenlehre, S. 273 ff.
19 Vgl. Fn. 14 auf S. 67 dieser Arbeit.

BGB[20]. Während die dort verlangte »im Verkehr erforderliche Sorgfalt« einen allgemeinen, objektivierten[21] Verschuldensmaßstab umschreibt[22], sind für den Kaufmann in § 347 Abs. 1 HGB (»Sorgfalt eines ordentlichen Kaufmanns«) und für den Vorstand der Aktiengesellschaft[23] spezielle Verschuldensmaßstäbe normiert.

b) Der Verschuldensmaßstab des § 347 Abs. 1 HGB

Dabei rechtfertigt sich eine Verschärfung[24] des Verschuldensmaßstabs beim Kaufmann aus der größeren Sachkunde im Vergleich zu anderen Personen[25]. Innerhalb der Gruppe der Kaufleute wurden wiederum spezifische Verschuldensmaßstäbe normiert[26], die den Besonderheiten verschiedener Geschäftsarten Rechnung trugen. Dagegen wurde jedoch eine weitere Differenzierung nach den kaufmännischen Fähigkeiten und nach der Größe des Unternehmens abgelehnt[27].

c) Der Verschuldensmaßstab des § 241 Abs. 2 HGB

Bis zum Inkrafttreten des AktG 1937 galt für den Vorstand einer Aktiengesellschaft gem. § 241 Abs. 2 HGB als Verschuldensmaßstab die »Sorgfalt eines ordentlichen Geschäftsmannes«, die der »Sorgfalt eines ordentlichen Kaufmanns« nach § 347 Abs. 1 HGB entsprach. Ein strengerer Verschuldensmaßstab für den Vorstand einer Aktiengesellschaft war zu dieser Zeit auch nicht erforderlich. Denn der Vorstand war lediglich das ausführende Organ der Generalversammlung ohne selbständige Stellung und ohne eigenverantwortliche Leitungsmacht[28].

20 *Schlegelberger/Quassowski*, Anm. 4 zu § 84; Dose, S. 111; *Pickardt*, S. 13.

21 So die Rechtsprechung und die herrschende Lehre. Vgl. *Larenz*, Fahrlässigkeitsmaßstäbe, in: Festschrift für Wilburg, S. 119 ff., und *Deutsch*, S. 38 ff. m. w. N.

22 Vgl. zur Modifizierung des allgemeinen Sorgfaltsmaßstabs je nach Zugehörigkeit des Handelnden zu bestimmten Menschengruppen *Palandt/Heinrichs*, Anm. 4 b zu § 276; *Fikentscher*, Schuldrecht, S. 286; BGHZ 39, 281, 283 m. w. N.

23 Die Vorstandsmitglieder sind nicht schon als solche Kaufleute i. S. des HGB. Vgl. *Baumbach/Hueck*, Rn. 7 zu § 76; zur Begründung einer speziellen Sorgfaltsmaßstabs für den Vorstand durch Art. 241 Abs. 2 HGB siehe *Kayser*, Gesetz, betreffend die Kommanditgesellschaften auf Aktien und die Aktiengesellschaften vom 18. Juli 1884, Art. 241 Abs. 2, Bem. 3 und Art. 213 a Abs. 2, Bem. 15.

24 *Mertens*, in: Großkommentar, Anm. 31 zu § 93 m. w. N.; RGZ 95, 16, 18.

25 *Schlegelberger*, HGB, Anm. 1 zu § 347.

26 So die »Sorgfalt eines ordentlichen Frachtführers« in § 429 HGB, die »Sorgfalt eines ordentlichen Reeders« in § 559 Abs. 2 HGB und die »Sorgfalt eines ordentlichen Verfrachters« in § 606 HGB; vgl. auch RGZ 64, 254, 257.

27 *Baumbach/Duden*, Anm. 2 zu § 347.

28 Vgl. dazu die Ausführungen über die Stellung des Vorstands vor dem AktG 1937 bei *Hueck*, Gesellschaftsrecht, S. 143 ff., und *Geßler*, JW 1937, 497.

aa) Umformulierung des Verschuldensmaßstabs durch § 84 Abs. 1 Satz 1 AktG 1937

Nach dem Inkrafttreten des AktG 1937 war unklar, ob der in § 84 Abs. 1 Satz 2 AktG 1937 neuformulierte Verschuldensmaßstab für den Vorstand (»Sorgfalt eines ordentlichen und gewissenhaften Geschäftsleiters«) identisch war mit dem des § 241 Abs. 2 HGB (»Sorgfalt eines ordentlichen Geschäftsmannes«)[29]. Denn nach der reichsgerichtlichen Rechtsprechung durfte innerhalb der vom Gesetz vorgenommenen Gruppenbildung zur Vermeidung einer verkehrsfeindlichen Subjektivierung des Verschuldensmaßstabs nicht weiter nach Qualifikation und persönlicher Fähigkeit differenziert werden[30].

bb) Verschärfung des Verschuldensmaßstabs des § 241 Abs. 2 HGB durch § 84 Abs. 1 Satz 1 AktG 1937

Dennoch vertritt die h. M.[31] die Auffassung, daß der Verschuldensmaßstab für den Vorstand durch § 84 Abs. 1 Satz 1 AktG 1937 gegenüber der Regelung des § 241 Abs. 1 HGB eine Verschärfung erfahren hatte. Dieser Standpunkt wird aus der durch das AktG 1937 geschaffenen besonderen Stellung des Vorstands als verantwortlicher Verwalter fremden Vermögens hergeleitet[32]. Die Übertragung der alleinigen, eigenverantwortlichen Leitungsmacht auf den Vorstand durch das AktG 1937 habe eine entsprechende Erhöhung der Verantwortlichkeit notwendig gemacht[33]. Die Verschärfung der Verantwortung bildete damit das notwendige Korrelat zu dem durch das AktG 1937 geschaffenen Machtzuwachs des Vorstands[34].

d) Konkretisierung des Verschuldensmaßstabs des § 93 Abs. 1 Satz 1 AktG aus seinem Verhältnis zu den anderen Verschuldensmaßstäben

Aus dem Zusammenhang der Sorgfaltsmaßstäbe des § 276 Abs. 1 Satz 2 BGB, des § 347 Abs. 2 und des § 241 Abs. 2 HGB sowie des § 93 Abs. 1

29 So noch heute *Godin/Wilhelmi,* Anm. 4 zu § 93.

30 Vgl. nur RGZ 119, 397, 400 m. w. N.

31 *Baumbach/Hueck,* Rn. 6 zu § 93; *Hefermehl,* in: Geßler/Hefermehl/Eckardt/Kropff, Anm. 12 zu § 93; *Schlegelberger/Quassowski,* Anm. 4 zu § 84; *Mestmäcker,* S. 210; *Golling,* S. 29 f.; a. A. nur *Godin/Wilhelmi,* Anm. 4 zu § 93.

32 *Hefermehl,* in: Geßler/Hefermehl/Eckardt/Kropff, Anm. 2 zu § 93; *Meyer-Landrut,* in: Großkommentar, Einleitung I 2 d; *Golling,* S. 30; *H. Westermann,* Die Verantwortung, in: Festschrift für Vits, S. 251, 258; und schon *Geßler,* JW 1937, 479, 501.

33 *Schilling,* in: Großkommentar, Anm. 9 zu § 93; *Schlegelberger/Quassowski,* Anm. 1 zu § 84.

34 *H. Westermann,* Die Verantwortung, in: Festschrift für Vits, S. 251.

Satz 1 AktG zueinander lassen sich für die Bestimmung des in § 93 Abs. 1 Satz 1 AktG festgelegten Sorgfaltsmaßstabs folgende Umrisse erkennen:

aa) Strengster Verschuldensmaßstab

Die Anforderungen an die Sorgfalt des Vorstands sind nach geltendem Recht strenger als die an die Sorgfalt des Kaufmanns oder des Vorstands nach früherem Recht. Das folgt aus der Stellung des Vorstands als eigenverantwortlicher Verwalter fremden Vermögens im Gegensatz zum Kaufmann, der – zumindest auch – eigenes Vermögen[35] verwaltet und im Gegensatz zum Vorstand nach altem Recht, dem keine eigene Leitungsmacht zustand.

bb) Objektivierung der Sorgfaltsanforderungen

Aus der Eigenschaft des Verschuldensmaßstabs des § 93 Abs. 1 Satz 1 AktG als spezieller Ausformung des allgemeinen Sorgfaltsmaßstabs des § 276 Abs. 1 Satz 2 BGB ergibt sich, daß es auch beim Vorstandsverschulden auf die objektiv erforderliche Sorgfalt ankommt und nicht etwa auf das übliche Sorgfaltsmaß[36]. Zwar trifft den Vorstand keine Erfolgshaftung[37], doch wird durch die Verpflichtung des Vorstands zur Anwendung der erforderlichen Sorgfalt der Verschuldensmaßstab gleichsam »dynamisiert«. Er nimmt neue Anforderungen an die Sorgfalt, die sich im Laufe der Zeit als erforderlich herausgestellt haben, automatisch in sich auf, und er gebietet in gleicher Weise die Berücksichtigung neu entwickelter Erkenntnisse und Möglichkeiten bei der Anwendung der von ihm geforderten Sorgfalt. Dabei kann sich der Vorstand nicht auf persönliches[38] Nichtkennen solcher neuentstandener Sorgfaltserfordernisse bzw. neuentwickelter Erkenntnisse oder gar auf seine persönliche[38] Unfähigkeit zu ihrer Berücksichtigung berufen. Denn ebenso wie den Arzt[39] und den Rechtsanwalt[40] trifft den Vorstand einer Aktiengesellschaft ein Verschulden, wenn er sich nicht über die Er-

35 Vgl. auch *Schlegelberger/Quassowski*, Anm. 1 zu § 84.

36 *Schilling*, in: Großkommentar, Anm. 9 zu § 93; RGZ 128, 39, 44 und RGZ 148, 154, 162 für § 276 Abs. 1 Satz 2 BGB und RGZ 163, 200, 208 für die nach dem damaligen § 34 Abs. 1 GenG geforderte Sorgfalt eines ordentlichen Geschäftsmannes.

37 *Schlegelberger/Quassowski*, Anm. 1 zu § 84; *Geßler*, JW 1937, 497, 501.

38 So schon RGZ 163, 200, 208 für den Vorstand einer Genossenschaft. Vgl. zur Nichtberücksichtigung individueller Elemente im Rahmen des objektiv-typisierten Fahrlässigkeitsmaßstabs im Haftungsrecht auch BGHZ (GZS) 24, 21, 27 und *Deutsch*, S. 38 ff. Er leitet die Nichtberücksichtigung aus der Sicherheit des Rechtsverkehrs (S. 310) und aus dem Vertrauensgrundsatz im Verkehr (S. 140) ab.

39 BGH LM BGB § 276 (C a) Nr. 15; BGH VersR 1955, 573, 574; BGH VersR 1962, 250, 251.

40 BGH NJW 1952, 425; BGH NJW 1958, 825.

kenntnisse und Erfahrungen der Wissenschaft auf den für seinen Aufgabenbereich wichtigen Gebieten informiert. Aufgrund der Objektivierung der Anforderungen an die Fähigkeiten eines Vorstands gilt dies auch bei schwierigen Sachverhalten, zumal ihm die Möglichkeit offensteht, sich – wie beim Auftreten einer schwierigen Rechtsfrage[41] – fachlich qualifizierter Berater zu bedienen.

cc) Typisierung der Sorgfaltsanforderungen

Auch im Rahmen des § 93 Abs. 1 Satz 1 AktG schlägt die zu § 347 Abs. 1 HGB entwickelte Typisierung der Sorgfaltsanforderungen in den branchentypischen Bereichen der Geschäftsführung durch. Der Vorstand hat diejenige Sorgfalt anzuwenden, die von einem ordentlichen und gewissenhaften Geschäftsleiter eines Unternehmens gerade dieser bestimmten Art[42] gefordert wird.

3. *Bestimmung der in § 93 Abs. 1 Satz 1 AktG geforderten Sorgfalt anhand weiterer Beispiele in der Literatur*

Der inhaltliche Gehalt der in § 93 Abs. 1 Satz 1 AktG geforderten Sorgfalt tritt als Maßstab für »richtiges« Verhalten besonders deutlich in den nicht speziell normierten Bereichen der Geschäftsführung hervor.

a) Die Sorgfaltspflichten aus §§ 76 Abs. 1 i. V. mit 93 Abs. 1 Satz 1 AktG

Auch hier ergibt sich die Pflicht zum Tätigwerden aus § 76 Abs. 1 AktG. Diese Norm ist jedoch so allgemein gehalten, daß die Vorschrift des § 93 Abs. 1 AktG nicht nur als Verschuldensmaßstab (wie bei einer tatbestandlich exakt fixierten Tätigkeitsverpflichtung) benötigt wird, sondern bereits als Maßstab für die Frage, zu welcher konkreten Tätigkeit der Vorstand aufgrund seiner allgemeinen Leitungspflicht nach § 76 Abs. 1 AktG verpflichtet ist. Diese Sorgfaltspflichten[43] können in jedem Geschäftsbereich entstehen, den ein Vorstandsmitglied aufgrund von Gesetz oder Geschäfts-

41 *Schilling*, in: Großkommentar, Anm. 16 zu § 93.

42 *Baumbach/Hueck*, Rn. 6 zu § 93; *Schilling*, in: Großkomm., Anm. 9 zu § 93; *Schlegelberger/Quassowski*, Anm. 4 zu § 84; *Pickardt*, S. 18 m. w. N.

43 Sie werden in der Literatur aus verschiedenen Vorschriften hergeleitet. *Mertens* (in: Kölner Kommentar, Anm. 12 zu § 93) und *Hefermehl* (in: Geßler/Hefermehl/Eckardt/Kropff, Anm. 9 zu § 93) leiten sie direkt aus § 93 Abs. 1 Satz 1 AktG ab. Vgl. aber zu dieser Ansicht den von der Literatur »mit vollem Recht« zurückgewiesenen Versuch der Rechtsprechung (etwa RGZ 66, 289, 291; 166, 22, 25), die positive Vertragsverletzung direkt aus § 276 BGB zu entnehmen. So *Larenz*, Schuldrecht Bd. 1, S. 298. *Dose*, S. 112, entnimmt sie als Tätigkeitsverpflichtung im Einzelfall aus § 93 Abs. 1 Satz 1 AktG i. V. mit dem für den Vorstand geltenden Aufgabenkatalog des Aktiengesetzes, der Satzung, der Geschäftsordnung und den einzelnen Anstellungsverträgen.

verteilung[44] zu leiten verpflichtet ist. Dabei lassen sich für die Vorstandsmitglieder zwei grundsätzlich verschiedene Pflichtenkreise unterscheiden. Der eine beinhaltet die von der wirtschaftlichen Betätigung des Unternehmens geprägten speziellen Pflichten eines Vorstandes gerade dieser Branche. Der andere umfaßt die branchenunabhängigen, allgemeinen Pflichten des Vorstands eines in der Rechtsform einer Aktiengesellschaft geführten Unternehmens.

b) Branchentypische Sorgfaltspflichten

In jedem Unternehmen ergeben sich für den Vorstand aus den §§ 76 Abs. 1, 93 Abs. 1 Satz 1 AktG branchentypische Sorgfaltspflichten. Sie sind Ausfluß derjenigen Sorgfalt, die einem Geschäftsleiter obliegt, der ein Unternehmen gerade dieser bestimmten Art[45] zu leiten hat. Diese Sorgfaltspflichten entsprechen in ihrer Differenzierung der Aufgliederung der allgemeinen Sorgfaltsanforderungen des § 347 Abs. 1 HGB in die speziellen Sorgfaltsanforderungen der §§ 439, 559 Abs. 2, 606 HGB. Wie sie dienen die branchentypischen Sorgfaltspflichten der Sicherheit des Rechtsverkehrs und dem Vertrauensgrundsatz im Verkehr[46]. Denn der Verkehr muß darauf vertrauen können, daß derjenige, der als Mitglied einer bestimmten Fachgruppe auftritt, die in diesem Verkehrskreis vorausgesetzte Sorgfalt auch in gesetzlich nicht geregelten Bereichen der Geschäftsführung anwendet und die für die Mitgliedschaft in diesem Verkehrskreis notwendigen Fähigkeiten besitzt[47]. Daher dürfte etwa die Information über technische Erkenntnisse und Neuerungen – und im Falle ihrer Eignung ihre Anwendung – ebenso zu den gesetzlich nicht speziell geregelten branchentypischen Sorgfaltspflichten des Vorstands eines technisch ausgerichteten Unternehmens zählen wie die Information des Vorstands eines Bankunternehmens über Rechtsänderungen im Bereich des steuerbegünstigten Sparens und die Weiterleitung relevanter Neuerungen an die zuständigen Sachbearbeiter[48].

c) Allgemeine Sorgfaltspflichten

Neben den für den speziellen Geschäftszweig typischen Sorgfaltspflichten treffen den Vorstand jedoch auch branchenunabhängige, allgemeine Sorgfaltspflichten. Sie haben – losgelöst vom Gegenstand des Unternehmens – ihren Ursprung in der Rechtsform der Gesellschaft als Aktiengesellschaft. Die wichtigsten sind als allgemeine Vorstandspflichten im Aktiengesetz und in der Gesellschaftssatzung normiert oder im Anstellungsvertrag festgelegt.

44 Vgl. zur Problematik der Geschäftsverteilung *Golling*, S. 49 ff., und *Dose*, S. 47 ff.

45 Vgl. Fn. 42 auf S. 72 dieser Arbeit.

46 *Deutsch*, S. 140.

47 *Deutsch*, S. 138.

48 BGH NJW 1964, 2058 f.

Darüber hinaus jedoch strahlt die Gesamtheit der so fixierten allgemeinen Vorstandspflichten ihren materiellen Gehalt auch in das Vorfeld der tatbestandlich erfaßten Pflichten aus, in den weiten Bereich des Vorstandsermessens[49] bei der Geschäftsführung. Die von den Vorstandsmitgliedern anzuwendende Sorgfalt soll auch in den gesetzlich nicht geregelten Bereichen der Geschäftsführung vom Geist derjenigen Grundsätze geprägt sein, die in den aktienrechtlichen Normierungen zum Ausdruck kommen. Denn die über das gesamte Aktiengesetz verstreuten Vorschriften zur Regelung von Vorstandspflichten[50] wirken nicht nur als Einzelnormierungen auf den Inhalt der in § 93 Abs. 1 Satz 1 AktG geforderten Sorgfalt ein. Vielmehr wird der Inhalt dieser Sorgfalt und damit auch der Inhalt der aus § 76 Abs. 1 i. V. mit § 93 Abs. 1 Satz 1 Akt abgeleiteten Sorgfaltspflichten über den Wortlaut der Einzelnormierungen hinaus durch die hinter ihnen stehenden grundsätzlichen Wertentscheidungen des Gesetzgebers bestimmt.

aa) Der Einfluß aktienrechtlicher Grundsätze auf den Inhalt der durch § 93 Abs. 1 Satz 1 AktG geprägten Handlungspflichten

Aus einer Gesamtschau der normierten Einzelanweisungen an das Vorstandsverhalten[51] läßt sich erkennen, daß es sich dabei vor allem[52] um die aktienrechtlichen Grundsätze der Erhaltung des Grundkapitals[53], der Erhaltung der Vermögenssubstanz der Gesellschaft[54] sowie dem Grundsatz der getreuen Rechenschaft[55] der Verwaltung über das ihr anvertraute Fremdvermögen handelt.

bb) Der Schwerpunkt der im Aktiengesetz normierten Grundsätze

Allerdings sind nicht alle auf den Inhalt der allgemeinen Sorgfaltspflichten einwirkenden Grundsätze im Aktiengesetz normiert. Denn die in das Aktiengesetz aufgenommenen Gebots-, Verbots-, Straf- und Haftungsnormen für bestimmte Handlungen des Vorstands haben überwiegend die Absicherung der aktienrechtlichen Grundsätze der Erhaltung des Grundkapitals wie

49 *Hefermehl*, in: Geßler/Hefermehl/Eckardt/Kropff, Anm. 14 zu § 76.
50 Vgl. *Meyer-Landrut*, in: Großkommentar, Anm. 59 zu § 84.
51 So etwa die – allerdings unvollständige – Zusammenstellung bei *Meyer-Landrut*, in: Großkommentar, Anm. 59 zu § 84.
52 Für diese Arbeit kommt es auf die vollständige Erfassung der aktienrechtlichen Grundsätze nicht an. Auf sie wird daher verzichtet.
53 *Baumbach/Hueck*, Rn. 13 zu § 1; *Meyer-Landrut*, in: Großkommentar, Anm. 5 zu § 1.
54 *Barz*, in: Großkommentar, Anm. 3 zu § 57.
55 Dieser Grundsatz ist in den §§ 90 Abs. 4, 131 Abs. 2, 160 Abs. 4 Satz 1, 334 Abs. 4 Satz 1 ausdrücklich festgelegt und kommt auch in § 149 Abs. 1 AktG als Grundsatz der »Bilanzwahrheit« (bei *Mellerowicz*, in: Großkommentar, Anm. 75 zu § 149, und *Adler/Düring/Schmaltz*, Tz. 26 zu § 149) für den Jahresabschluß zum Ausdruck.

der Erhaltung des gesamten haftenden Gesellschaftsvermögens zum Ziel. Diese Grundsätze und ihre Einhaltung waren dem Gesetzgeber – wie die Vielzahl von Straf- und Haftungsnormen zeigt[56] – seit den schlechten Erfahrungen der »Gründerzeit«[57] aus dem Gesichtspunkt des Gläubigerschutzes besonders wichtig. Auch die Vorschriften über die Rechnungslegung der Verwaltung dienen neben der Rechenschaftslegung und der Publizität letztlich dem Ziel der Erhaltung des Grundkapitals und der haftenden Vermögenssubstanz der Gesellschaft.

cc) Der Grundsatz der Pflicht des Vorstands zur Förderung des Gesamtwohls

Nicht minder wichtig, wenn auch weniger regelungsbedürftig ist jedoch ein weiterer Grundsatz für das Verhalten des Vorstands: seine Pflicht zur Förderung des Gesellschaftswohls und zur Abwendung aller Nachteile von der Gesellschaft[58]. Für die privatrechtlich strukturierten und autonome Ziele verfolgenden Gesellschaften innerhalb einer freiheitlich-liberalen Wirtschaftsordnung spielt diese Pflicht bei der Leitung von Unternehmen eine entscheidende Rolle[59]. Die sich aus der Treuepflicht[60] des Vorstands gegenüber der Gesellschaft ergebende Verpflichtung rechtfertigt sich aus der großen Machtfülle, mit der der Vertrauensposten des Vorstands regelmäßig ausgestattet ist. An der großen Bedeutung dieser Pflicht ändert auch der Umstand nichts, daß auf ihre Normierung im AktG 1965 verzichtet wurde. Denn die Verpflichtung des Vorstands auf das »Wohl des Betriebs und seiner Gefolgschaft« wurde – neben den anderen Zielsetzungen des § 70 AktG 1937 – u. a. wegen ihrer Selbstverständlichkeit nicht in das AktG 1965 übernommen[61].

56 Die §§ 399 bis 401, 405 Abs. 1 Nr. 1, 3 und 4, § 93 Abs. 2 Satz 1 und Abs. 3 sowie die Vielzahl der den einzelnen Normkomplexen nachgestellten Haftungsbestimmungen. Vgl. etwa für die Gründungshaftung die §§ 46 ff. AktG.

57 *Meyer-Landrut,* in: Großkommentar, Einl. I 2 b.

58 *Baumbach/Hueck,* Rn. 6 zu § 93 sowie Rn. 8 zu § 84; *Pickardt,* S. 7; BGHZ 21, 354, 357; RG StRecht 1930, Nr. 823; ähnlich *Schlegelberger/Quassowski,* Anm. 5 zu § 70, und *Würdinger,* Aktien- und Konzernrecht, S. 112 ff.

59 *Mertens,* in: Kölner Kommentar, Anm. 5 zu § 76; *Hefermehl,* in: Geßler/Hefermehl/Eckardt/Kropff, Anm. 22 zu § 76.

60 *Baumbach/Hueck,* Rn. 8 zu § 84; *A. Hueck,* Gesellschaftsrecht, S. 150.

61 Vgl. dazu die Begründung des Regierungsentwurfs bei *Kropff,* Aktiengesetz, S. 97. Zur Weitergeltung der Gemeinwohlklausel im AktG 1965: *Baumbach/Hueck,* Rn. 1 zu § 76; *Mertens,* in: Kölner Kommentar, Anm. 5 zu § 76; *Godin/Wilhelmi,* Anm. 5 zu § 76; *A. Hueck,* Gesellschaftsrecht, S. 152; *H. Westermann,* Die Verantwortung, in: Festschrift für Vits, S. 251 ff.; ***Hanau,*** BB 1969, 760 f.; BVerfGE 14, 263, 282; a. A.: *Hefermehl,* in: Geßler/Hefermehl/Eckardt/Kropff, Anm. 19 f. zu § 76; *Meyer-Landrut,* in: Großkommentar, Anm. 9 zu § 76; *Rittner,* Verantwortung, in: Festschrift für Geßler, S. 139, 142 ff.; ähnlich auch *Wiedemann,* ZGR 1975, 385, 422 ff.

Die grundsätzliche Verpflichtung des Vorstands zur jederzeitigen Förderung des Gesellschaftswohls gehört also ebenso wie die anderen im Aktiengesetz enthaltenen Grundsätze zu den Faktoren, die den Inhalt der nach § 93 Abs. 1 Satz 1 AktG erforderlichen Sorgfalt bestimmen. Auch dieser Grundsatz kann sich – allein oder im Zusammenwirken mit einem anderen Grundsatz – über § 76 Abs. 1 i. V. mit § 93 Abs. 1 Satz 1 AktG in einer selbständigen Sorgfaltspflicht konkretisieren.

dd) Abhängigkeit der Sorgfaltspflichten von der Spezialität des Einzelfalls

Der präzise Inhalt einer solchen Sorgfaltspflicht hängt jedoch normalerweise von der konkreten Lage des Einzelfalls[62] sowie vom Informationsstand des Vorstands im Augenblick der Entscheidung ab. Losgelöst vom konkreten Fall kann man daher über den Inhalt der Sorgfaltspflichten keine detaillierten Angaben machen[63].

ee) Die problemspezifisch typisierten Sorgfaltspflichten in besonderen Situationen

Dennoch lassen sich für spezielle Situationen wie die der derzeitigen hohen und nur in ihrer Progression vorläufig gebremsten Geldentwertung aus den Bestimmungen der §§ 76 Abs. 1 i. V. mit 93 Abs. 1 Satz 1 AktG problemspezifische, allgemeine Sorgfaltspflichten auch losgelöst von der speziellen Lage des Einzelfalls herauskristallisieren.

(1) Die Pflicht zur Information über betriebswirtschaftlich relevante Erkenntnisse

Den Vorstand trifft aus seiner Verpflichtung auf das Wohl seiner Gesellschaft und aufgrund der für sein Amt vorausgesetzten Fähigkeiten stets die Pflicht, sich über neue Erkenntnisse in dem für ihn wichtigen Bereich der Unternehmensführung zu informieren und gesicherte betriebswirtschaftliche Erkenntnisse zu berücksichtigen[64]. Zu den heute gesicherten Erkenntnissen gehört, daß die Anwendung der auf dem Anschaffungswertgedanken basierenden aktienrechtlichen Rechnungslegungsvorschriften in Zeiten heutiger Geldwertverschlechterung die wirtschaftliche Substanz der Unternehmen gefährdet. Dieses Faktum darf der Vorstand nicht ignorieren.

(2) Die Pflicht zur Überwachung der Lage der Gesellschaft

Schon in Zeiten relativ stabiler Geldwertverhältnisse besteht für den Vorstand eine Verpflichtung des Inhalts, daß er sich stets um ein möglichst

62 *Pickardt,* S. 17 ff.; *Dose,* S. 31.

63 *Mestmäcker,* S. 213.

64 *Mertens,* in: Kölner Kommentar, Anm. 32 zu § 93; *Mellerowicz,* in: Kölner Kommentar, Anm. 50 zu § 160; *Pickardt,* S. 7 f. Vgl. dazu auch die Rechtsprechung zur Informationspflicht praktizierender Ärzte, z. B. BGH LM BGB § 276 (a) Nr. 15; BGH VersR 1955, 573; BGH VersR 1962, 250, 251.

genaues Bild von der Lage der Gesellschaft[65] zu bemühen hat. Diese Verpflichtung besteht unabhängig von der Berichtspflicht an den Aufsichtsrat[66] oder den Vorstandspflichten im Hinblick auf eine mögliche Überschuldung der Gesellschaft[67].

Bei einer Geldwertverschlechterung des derzeitigen Ausmaßes gilt die Pflicht des Vorstands, sich stets um ein möglichst genaues Bild von der Lage der Gesellschaft zu bemühen, wegen der typischerweise allmählichen und verdeckten Wirkungsweise der Geldwertverschlechterung in verstärktem Maße. Sie umfaßt dann nicht nur die Lage innerhalb der Gesellschaft oder der Branche, sondern auch besonders die Lage des Unternehmens in der Gesamtwirtschaft. Denn strukturelle Preisverschiebungen wie auch die gesamtwirtschaftliche Geldwertentwicklung gehören zu denjenigen außerbetrieblichen Umständen und Einflüssen, die für die Unternehmensführung so wesentlich sind, daß auch ihre Beobachtung zu den Pflichten des Vorstands zählt[68].

(3) Die Pflicht zur Berücksichtigung betriebswirtschaftlicher Methoden bei der Unternehmensführung

Zur Erlangung eines möglichst genauen Bildes von der Lage der Gesellschaft muß der Vorstand, will er der verantwortungsvollen Aufgabe seines Amtes gerecht werden, über die Information über betriebswirtschaftliche Probleme hinaus auch die zu ihrer Lösung entwickelten gesicherten Methoden[69] der Betriebswirtschaftslehre berücksichtigen[70]. Für die Berechnung der Auswirkungen von Preis- und Geldwertänderungen auf Wirtschaftsunternehmen existieren solche Methoden in unterschiedlichen Ausgestaltungen. Die sachgerechte Auswahl und Anwendung[71] einer dieser Methoden macht es dem Vorstand möglich, die Auswirkungen, die die Preis- und Geldwertänderungen speziell auf sein Unternehmen haben, zuverlässig zu quantifizieren.

(4) Die Verpflichtung des Vorstands zur Ermittlung des Scheingewinnanteils am Unternehmenserfolg

Da wegen der Geltung des Anschaffungswertprinzips die aktienrechtlichen Grundsätze der Erhaltung des Grundkapitals und der gesamten haftenden Vermögenssubstanz schon bei nur geldziffernmäßiger Erhaltung als erreicht

65 Vgl. *Mertens,* in: Kölner Kommentar, Anm. 32 zu § 93; *Pickardt,* S. 8.
66 Nach § 90 Abs. 1 Ziff. 2 und 3 i. V. mit Abs. 4 AktG.
67 Vgl. die in § 92 AktG normierten Vorstandspflichten.
68 *Mertens,* in: Kölner Kommentar, Anm. 32 zu § 93.
69 Vgl. die Darstellung der Methoden zur Scheingewinnermittlung auf den S. 97 ff. und ihre Beurteilung hinsichtlich ihrer Eignung und Praktikabilität auf den S. 57 ff. dieser Arbeit.
70 *Mertens,* in: Kölner Kommentar, Anm. 32 zu § 93, und *Pickardt,* S. 7 f.
71 Vgl. dazu die S. 117 ff. dieser Arbeit.

angesehen werden, bleibt zwar für die Berücksichtigung des Geldwerts innerhalb des Jahresabschlusses kein Raum. Die grundsätzliche Pflicht des Vorstands zur Förderung des Gesellschaftswohls versagt es ihm jedoch, sich für die Leitung der Gesellschaft bei unstabilem Geldwert mit dem Informationswert des aktienrechtlichen Jahresabschlusses zufriedenzugeben. Vielmehr zwingt sie ihn, sich im Interesse der wirtschaftlichen Erhaltung der Gesellschaft eine der gesicherten Ermittlungsmethoden als Führungshilfe zunutze zu machen, um sich auf diese Weise zumindest Klarheit über das Ausmaß der Auswirkungen der Preis- und Geldwertänderungen auf sein Unternehmen zu verschaffen. Denn nur eine unverfälschte Information über das Ausmaß der Geldwerteinflüsse auf das Unternehmen versetzt ihn in die Lage, rechtzeitig sachgerechte Entscheidungen zu ihrer Bekämpfung zu treffen.

Damit konkretisiert sich die Grundpflicht des Vorstands zur sorgfältigen Leitung der Gesellschaft bei mehr als unerheblicher Preis- und Geldwertänderung zu der in § 76 Abs. 1 i. V. mit § 93 Abs. 1 Satz 1 AktG begründeten Verpflichtung des Vorstands, in Ergänzung zum aktienrechtlichen Jahresabschluß den Scheingewinnanteil am Unternehmenserfolg zu ermitteln.

II. Die Offenlegungspflicht

Die Verpflichtung des Vorstands, die Auswirkungen mehr als unerheblicher Preis- und Geldwertänderungen auf den Unternehmenserfolg zu ermitteln, wird ergänzt durch die in den §§ 160 Abs. 2 Satz 1 i. V. mit 160 Abs. 4 Satz 1 AktG begründete Pflicht, die Ergebnisse der zugrundeliegenden Ergänzungsrechnung im Erläuterungsbericht offenzulegen. Die Offenlegung dieser Angaben ist ein unverzichtbarer Bestandteil einer den Grundsätzen einer gewissenhaften und getreuen Rechenschaft entsprechenden Erläuterung des Jahresabschlusses.

A. Die Stellung des Erläuterungsberichts in der aktienrechtlichen Rechnungslegung

Der Erläuterungsbericht hat die Aufgabe, das standardisierte Zahlenwerk des Jahresabschlusses so zu ergänzen, daß es einem bilanzkundigen Leser in seinen wesentlichen Punkten verständlich wird[72]. Ohne Erläuterung un-

72 *Baumbach/Hueck,* Rn. 6 zu § 160; *Claussen,* in: Kölner Kommentar, Anm. 14 zu § 160; *Adler/Düring/Schmaltz,* Tz. 28 zu § 160. Für die Verwaltung gewinnt der Erläuterungsbericht dann an Bedeutung, wenn man mit *Timm* (Anm. zu OLG Düsseldorf, AG 1977, 195, 198) in der neuesten Rechtsprechung die Möglichkeit eröffnet sieht, durch Hinweis auf Schwierigkeiten bei einem bestimmten Bilanzausweis einer möglichen Nichtigkeitsfolge aus § 256 Abs. 4 Satz 1 AktG vorzubeugen.

verständliche Posten des Jahresabschlusses müssen erklärt[73] und die dem Jahresabschluß zugrundeliegende »Gesamttendenz der bilanzpolitischen Maßnahmen«[74] muß erkennbar gemacht werden. Der Erläuterungsbericht liefert damit den Schlüssel zum Verständnis des Jahresabschlusses[75].

B. Der Zweck des Erläuterungsberichts

Die durch das AktG 1965 erweiterten Berichtspflichten nach § 160 Abs. 2 und 3 AktG unterstreichen den Zweck, der mit dem Erläuterungsbericht verfolgt wird. In erster Linie soll er – zusammen mit dem Lagebericht – eine Entscheidungsgrundlage für wesentliche Beschlüsse der Gesellschaftsorgane sein: Er soll – in Ergänzung zu den Berichten gem. § 90 Abs. 1 und § 166 AktG – dem Aufsichtsrat die Entscheidung über die Billigung des Jahresabschlusses nach § 172 AktG ermöglichen[76]. Er dient der Hauptversammlung als Grundlage für den Entlastungsbeschluß nach § 120 AktG (u. U. auch für den Beschluß der Hauptversammlung über die Feststellung des Jahresabschlusses) und den Gewinnverwendungsbeschluß nach § 174 Abs. 1 AktG[77]. Schließlich soll der Erläuterungsbericht Gläubigern und Arbeitnehmern einen Einblick in die wirtschaftliche Lage der Gesellschaft vermitteln[78] und – vor allem bei Publikums-Aktiengesellschaften – die Öffentlichkeit[79] unterrichten.

C. Die Regelung der Erläuterungspflicht durch Generalklauseln

Ebenso wie das Phänomen der Preis- und Geldwertänderungen an keiner Stelle des Aktiengesetzes berücksichtigt wird, ist auch die Pflicht zur Offenlegung ihrer Auswirkungen auf die Gesellschaften im Erläuterungsbericht nicht ausdrücklich angeordnet. Dennoch wird diese Pflicht heute durch § 160 Abs. 2 Satz 1 i. V. mit § 160 Abs. 4 Satz 1 AktG begründet.

73 *Adler/Düring/Schmaltz*, Tz. 28 zu § 160.

74 *Kropff*, in: Geßler/Hefermehl/Eckardt/Kropff, Anm. 29 zu § 160.

75 So *Forster*, WPg 1965, 586, 595.

76 *Baumbach/Hueck*, Rn. 1 und Rn. 23 zu § 160; *Mellerowicz*, in: Großkommentar, Anm. 3 und Anm. 49 zu § 160; *Kropff*, in: Geßler/Hefermehl/Eckardt/Kropff, Anm. 12 zu § 160, der allerdings den Informationswert des Erläuterungsberichts für den Aufsichtsrat sehr gering einschätzt; *Claussen*, in: Kölner Kommentar, Anm. 3 zu § 160; *Adler/Düring/Schmaltz*, Tz. 6 zu § 160.

77 Vgl. auch auf S. 7 f. dieser Arbeit.

78 Vgl. auch S. 11 f. und 12 f. dieser Arbeit.

79 Vgl. S. 13 dieser Arbeit.

Sowohl die grundsätzliche Erläuterungspflicht des § 160 Abs. 2 Satz 1 AktG als auch die Pflicht zur Erörterung aller vergleichbarkeitsschädlicher Abweichungen des Jahresabschlusses von dem des Vorjahres nach § 160 Abs. 2 Satz 4 AktG und schließlich die Anforderungen an die inhaltliche Ausgestaltung der Erläuterungen in § 160 Abs. 4 Satz 1 AktG sind durch Generalklauseln geregelt. Das erklärt sich aus dem Umstand, daß eine vollständige und abschließende Aufzählung der erläuterungspflichtigen Punkte – im Gegensatz zur Normierung nur einiger, erfahrungsgemäß stets erläuterungsbedürftiger Positionen in § 160 Abs. 3 AktG – wegen der Spezialität jedes einzelnen Jahresabschlusses gesetzestechnisch[80] nicht sinnvoll ist. Aus dem gleichen Grund wird auf eine detaillierte Beschreibung der inhaltlichen Anforderungen an die Erläuterungen verzichtet. Mit der Anwendung der Generalklauseln wird erreicht, daß die Frage der Erläuterungsbedürftigkeit der einzelnen Positionen wie auch ihre inhaltliche Ausgestaltung in jedem Einzelfall aufs neue am Zweck des Erläuterungsberichts zu messen ist.

D. Inhaltliche Bestimmung der Generalklauseln in § 160 Abs. 2 Satz 1 und § 160 Abs. 4 Satz 1 AktG

Während man für die Bestimmung des § 160 Abs. 2 Satz 1 AktG neben dem Zweck des Erläuterungsberichts auch die im Gesetz selbst vorgenommenen Konkretisierungen der allgemeinen Erläuterungspflicht in § 160 Abs. 2 AktG zur Hilfe nehmen kann, werden die inhaltlichen Anforderungen an die Erläuterungen nach § 160 Abs. 4 Satz 1 AktG allein vom Zweck des Geschäftsberichts bestimmt[81].

1. Konkretisierung des § 160 Abs. 2 Satz 1 AktG

a) Der Zweck der Erläuterungen

Der Zweck der Erläuterungen zum Jahresabschluß als Teil des Geschäftsberichts liegt – wie oben erwähnt[82] – in der Vermittlung derjenigen Informationen, die der Jahresabschluß selbst nicht geben kann, die aber dennoch für die Beschlüsse von Aufsichtsrat und Hauptversammlung sowie für die Beurteilung der Gesellschaft durch Gläubiger, Arbeitnehmer und die Öffentlichkeit erforderlich sind. Er wird im Aktiengesetz durch § 160 Abs. 2

80 Denn es ist unmöglich, »die unerschöpftliche Mannigfaltigkeit der in steter Änderung begriffenen Lebensverhältnisse restlos in ein engmaschiges Begriffsnetz einzufangen«. So *Larenz*, Allgemeiner Teil, S. 55.

81 *Baumbach/Hueck*, Rn. 23 zu § 160; *Kropff*, in: Geßler/Hefermehl/Eckardt/Kropff, Anm. 10 zu § 160; *Claussen*, in: Kölner Kommentar, Anm. 5 zu § 160.

82 Vgl. oben S. 79 dieser Arbeit.

Satz 2 zum Ausdruck gebracht. In dieser Vorschrift wird – in Ergänzung der für den Jahresabschluß geltenden Regelung des § 149 Abs. 1 Satz 2 AktG – auch der Erläuterungsbericht dem Postulat eines »möglichst sicheren Einblicks in die Vermögens- und Ertragslage der Gesellschaft« unterstellt[83]. Aus diesem Hauptzweck des Erläuterungsberichts leiten sich die speziellen Normzwecke der einzelnen Bestimmungen des § 160 AktG ab.

b) Normzweck der einzelnen Bestimmungen des § 160 Abs. 2 AktG

Bei der Untersuchung der einzelnen durch das AktG 1965 stark erweiterten[84] Bestimmungen zur Regelung der quantitativen Anforderungen an den Erläuterungsbericht ergibt sich, daß auch hier der schon den Bewertungsvorschriften des AktG 1965 zugrundeliegende Normzweck der Vergleichbarkeit[85] der Jahresabschlüsse deutlich im Vordergrund steht[86]. Die Vergleichbarkeit der Jahresabschlüsse und insbesondere die Vergleichbarkeit der aufeinanderfolgenden Jahresabschlüsse sind eine wesentliche Grundlage für die sachgerechte Beurteilung eines Jahresabschlusses. Denn weder die Vermögens- noch die Ertragslage einer Gesellschaft – die ja durch Gegenüberstellung der Schlußbilanzwerte des Vorjahres mit denen des Berichtsjahres ermittelt wird – ist in dem erforderlichen Maße erkennbar, wenn durch einen verdeckten Methodenwechsel etwa bei der Bewertung oder auch durch andere Abweichungen gegenüber dem Vorjahresabschluß die Vergleichbarkeit der Jahresabschlüsse vereitelt wird.

Dennoch treten häufig Umstände ein, die Abweichungen des Jahresabschlusses des Berichtsjahres von dem des Vorjahres bewirken[87]. Solche

83 Nach *Kropff,* in: Geßler/Hefermehl/Eckardt/Kropff, Anm. 26 zu § 160, gilt dieses Postulat für alle Erläuterungen nach § 160 Abs. 2 AktG. Diese Ansicht rechtfertigt sich aus dem Zweck des Erläuterungsberichts und aus der Überlegung, daß der geforderte möglichst sichere Einblick durch die Angabe von Bewertungs- und Abschreibungsmethoden dann nicht vermittelt werden könnte, wenn die Erläuterung anderer für den Einblick wichtiger Punkte nach weniger strengen Maßstäben erfolgen dürfte.

84 Vgl. statt aller *Goerdeler,* WPg 1966, 113 ff., und *Forster,* WPg 1965, 595 ff.

85 Ausschußbericht bei *Kropff,* Aktiengesetz, S. 259; *Baumbach/Hueck,* Rn. 6 zu § 160; *Kropff,* in: Geßler/Hefermehl/Eckardt/Kropff, Anm. 24 zu § 160; *Claussen,* in: Kölner Kommentar, Anm. 17 zu § 160; vgl. auch zum »Fundamentalprinzip« der Vergleichbarkeit *Albach,* NB 1966, 178, 191 m. w. N.

86 Auf den Normzweck des § 160 Abs. 2 Satz 2 wie den des § 160 Abs. 2 Satz 3 AktG, Rückschlüsse auf die Abschreibungs- und Bewertungspolitik der Verwaltung zu ermöglichen sowie auf den Normzweck der in § 160 Abs. 3 AktG geforderten Einzelangaben soll in diesem Zusammenhang nicht weiter eingegangen werden. Vgl. dazu *Kropff,* in: Geßler/Hefermehl/Eckardt/Kropff, Anm. 33 ff. und Anm. 40, sowie *Baumbach/Hueck,* Rn. 12 ff. zu § 160.

87 Vgl. zur Priorität betriebswirtschaftlicher Erfordernisse gegenüber einer starren Bewertungskontinuität *Kropff,* in: Geßler/Hefermehl/Eckardt/Kropff, Anm. 20 ff. zu § 154, und *Forster,* WPg 1966, 555 ff.

Umstände können in einer Änderung des zu bilanzierenden Sachverhalts, in abweichenden Bilanzierungsentscheidungen der Verwaltung im Rahmen der nach dem AktG 1965 zulässigen Bewertungswahlrechte[88] oder in anderen vergleichbarkeitsschädlichen Umständen[89] liegen[90].

Eine Änderung der Bilanzierungsmethode gegenüber dem Vorjahresabschluß ist, obwohl sie die Vergleichbarkeit und damit die Aussagekraft des Jahresabschlusses mindert, meist aus betriebswirtschaftlichen Gründen geboten. In anderen Fällen ergeben sich Abweichungen zwangsläufig aus Strukturänderungen des Unternehmens, aus Änderungen bei den wertbestimmenden Merkmalen bilanzierter Gegenstände oder aus sonstigen Umständen, auf die die Verwaltung keinen Einfluß hat. Sinn und Normzweck der speziellen Bestimmungen des § 160 Abs. 2 Satz 4 und Satz 5 AktG wie auch der allgemeinen Vorschrift des § 160 Abs. 2 Satz 1 AktG ist es in diesen Fällen, den zulässigen Abweichungen vom Vorjahresabschluß, die unerkennbar in das Zahlenwerk des Jahresabschlusses des Berichtsjahres eingegangen sind, durch aureichende Erläuterung ihre vergleichbarkeitsschädliche Wirkung zu nehmen.

2. *Konkretisierung des § 160 Abs. 4 Satz 1 AktG*

In § 160 Abs. 4 Satz 1 AktG sind generalklauselartig die qualitativen Anforderungen an den Geschäftsbericht und damit auch an die durch § 160 Abs. 2 und Abs. 3 AktG geforderten Erläuterungen festgelegt. Die inhaltliche Konkretisierung des in § 160 Abs. 4 Satz 1 AktG gewählten Begriffs der »gewissenhaften und getreuen Rechenschaft« erfordert ein Zurückgehen auf den Zweck[91] des Geschäftsberichts.

a) *Bestimmung der Anforderungen an den Geschäftsbericht aus seinem Zweck*

Aus dem Zweck des Geschäftsberichts und seiner bedeutenden Stellung innerhalb der aktienrechtlichen Rechnungslegung ergibt sich nach herrschen-

88 Vgl. dazu *Kropff,* in: Geßler/Hefermehl/Eckardt/Kropff, Anm. 91 zu § 149 und Anm. 6 ff. der Vorbem. vor § 153.

89 § 160 Abs. 2 Satz 4 zweiter Halbsatz AktG ist nur eine beispielhafte Nennung solcher Umstände. Erörterungspflichtig sind aber auch andere Abweichungen in aufeinanderfolgenden Jahresabschlüssen, sofern sie deren Vergleichbarkeit beeinträchtigen. Vgl. etwa *Baumbach/Hueck,* Rn. 10 zu § 160. Auch *Mellerowicz,* in: Großkommentar, Anm. 20 zu § 160, sieht im ersten Halbsatz des § 160 Abs. 2 Satz 4 AktG eine »allgemeingültige Bestimmung«.

90 Einteilung nach *Kropff,* in: Geßler/Hefermehl/Eckardt/Kropff, Anm. 43 zu § 160; *Claussen,* in: Kölner Kommentar, Anm. 29 f. zu § 160; *Adler/Düring/Schmaltz,* Tz. 48 zu § 160.

91 Vgl. dazu oben S. 79 dieser Arbeit.

der Ansicht, daß auch der Erläuterungsbericht wahr, vollständig, klar und deutlich sein muß[92]. Er darf nicht nur »im Rahmen des Gesetzes dürftig berichten«, sondern er muß »alle erheblichen Tatsachen umfassend darlegen«[93]. Im Interesse des berechtigten Informationsbedürfnisses des Aufsichtsrats, der Hauptversammlung und der anderen Beteiligten darf er bei der Erläuterung des Jahresabschlusses nichts beschönigen oder verschweigen[94]. Vielmehr verlangen die Grundsätze einer gewissenhaften und getreuen Rechenschaft, daß »über alles berichtet werden muß, was unter Berücksichtigung der Sorgfalt eines ordentlichen und gewissenschaften Geschäftsleiters (§ 93 Abs. 1 Satz 1) zur Beurteilung der Vermögens- und Ertragslage und der Entwicklung der Gesellschaft notwendig ist«[95].

b) Das Postulat einer »getreuen« Rechenschaft

Die Verpflichtung des Vorstands, im Geschäftsbericht alles das aufzudecken[96], was Aufsichtsrat und Hauptversammlung zur Kontrolle der eigenen Leistungstätigkeit über den »fachmännisch« erstellten Jahresabschluß hinaus[97] benötigen, erfordert vom Vorstand in dieser Hinsicht ein kritisches und gegen sich selbst gerichtetes Denken. Diese besonders strengen Anforderungen an die Rechtschaffenheit des Vorstands leiten sich aus seiner der Gesellschaft gegenüber bestehenden Treuepflicht ab, auf die auch das Wort »getreu« in bezug auf die Art der Rechenschaft in § 160 Abs. 4 Satz 1 AktG verweist[98]. Die besondere Treuebindung erweist sich etwa bei der

92 *Kropff*, in: Geßler/Hefermehl/Eckardt/Kropff, Anm. 10 ff. zu § 160; *Claussen*, in: Kölner Kommentar, Anm. 5 zu § 160; *Mellerowicz*, in: Großkommentar, Anm. 49 zu § 160; *Adler/Düring/Schmaltz*, Tz. 6 zu § 160.

93 *Baumbach/Hueck*, Rn. 23 zu § 160.

94 *Mellerowicz*, in: Großkommentar, Anm. 49 zu § 160.

95 *Mellerowicz*, in: Großkommentar, Anm. 49 zu § 160.

96 Zu den Grenzen der Aufdeckungspflicht vgl. unten S. 88 dieser Arbeit.

97 Zum »Verlustverschleierungspotential« der stillen Reserven und seiner Handhabung unter der Geltung des AktG 1937 siehe Stützel, Diskussionsbeitrag, in: Das Frankfurter Publizitätsgespräch, S. 244, 249.

98 *Adler/Düring/Schmaltz*, Tz. 4 zu § 160 unter Verweisung auf *Baumbach/Hueck*, 12. Aufl., Rn. 9 A zu § 128, die die Bewertung des Wortes »getreu« jedoch nicht in ihre 13. Aufl. übernommen haben. Auch der Bundesgerichtshof hebt bezüglich der ebenfalls nach den Grundsätzen einer gewissenhaften und getreuen Rechenschaft zu erstellenden Berichte an den Aufsichtsrat nach § 81 Satz 2 AktG 1937 unter Berufung auf BGHZ 20, 239, 246 das Merkmal der Treue und der unbedingten Offenheit hervor. Vgl. BGHZ 47, 241, 252. Die vom Vorstand verlangte Treue in seiner Berichterstattung dürfte aber bei der jährlichen Rechenschaftsablegung über das ihm anvertraute Aktionärsvermögen mindestens ebenso bedeutsam sein. So betonen auch *Kronstein/Claussen* (S. 17) die Pflicht des Vorstands zu einer rückhaltlosen Rechenschaft, die sich aus der im Anstellungsvertrag begründeten Stellung des Vorstands als Treuhänder der Aktionäre ergebe.

Behandlung langfristiger Entwicklungen und Problemlagen als notwendig. Zwar ist im Geschäftsbericht über die für das abgelaufene Geschäftsjahr relevanten Punkte des Geschäftsverlaufs und der Lage der Gesellschaft zu berichten[99]. Doch gibt es auch solche Entwicklungen, die für jedes Geschäftsjahr einzeln betrachtet nicht wesentlich erscheinen, die in ihrer Kumulation über mehrere Jahre hinweg jedoch zu einer ernsten Gefahr für die Gesellschaft führen können. In solchen Fällen hängt der Erfolg von Gegenmaßnahmen oft entscheidend davon ab, daß diejenigen, die über Gegenmaßnahmen zu befinden haben, so früh und so genau wie möglich über Art und Ausmaß der drohenden Entwicklung unterrichtet werden.

Der Rechtsgedanke, daß der Verwalter von fremden Vermögenswerten dem wirtschaftlichen Eigentümer eine drohende Gefahr für den Bestand der ihm anvertrauten Vermögenswerte rechtzeitig anzuzeigen hat, ist dem geltenden Recht nicht fremd[100]. Auch im Aktiengesetz ist in § 90 Abs. 1 und 2 eine Berichtspflicht des Vorstands – je nach Dringlichkeit regelmäßig oder unverzüglich – an den Aufsichtsrat als sein Kontrollorgan vorgeschrieben, und durch § 92 Abs. 1 AktG wird bei Ermittlung eines Verlusts in Höhe der Hälfte des Grundkapitals die Einberufung der Hauptversammlung und die Anzeige des Verlusts an sie angeordnet. Der Sinn dieser Maßnahmen besteht darin, in den von § 90 Abs. 1 und 2 AktG umfaßten Fällen das Aufsichtsorgan und im Falle des § 92 Abs. 1 AktG die in der Hauptversammlung vertretenen wirtschaftlichen Eigentümer der Gesellschaft »auf die Gefahr hinzuweisen und Beschlüsse zu ermöglichen«[101]. Schleichende Entwicklungen mit ihren Spätwirkungen stehen, auch wenn sie von der Berichtspflicht nach § 90 Abs. 1 und 2 AktG oder der Anzeigepflicht nach § 92 Abs. 1 AktG nicht erfaßt werden, u. U. einem erkannten, berichts- oder anzeigepflichtigen Ereignis an Gefährlichkeit für den Bestand des Unternehmens nicht nach. Aus diesem Grunde und weil die rechtzeitige und umfassende Aufklärung der Aktionäre über das Ausmaß der Gefahr entscheidend für den Erfolg von Gegenmaßnahmen sein kann, erfordert eine »getreue« Rechenschaft ihre rückhaltlose Offenlegung im Erläuterungsbericht schon im frühestmöglichen Stadium.

99 Vgl. etwa *Baumbach/Hueck*, Rn. 4 zu § 160.

100 Dieser Rechtsgedanke findet sich in vergleichbarer Form in den §§ 545 Abs. 1, 581 Abs. 2 i. V. mit 545 Abs. 1, 1042, 1218 Abs. 2 BGB. Diese Vorschriften begründen die Pflicht des Mieters gegenüber seinem Vermieter, des Pächters gegenüber dem Verpächter, des Nießbrauchers gegenüber dem Eigentümer oder des Pfandgläubigers gegenüber dem Verpfänder, eine drohende Gefahr für den Bestand der in ihrem Besitz befindlichen Sache unverzüglich anzuzeigen.

101 *Baumbach/Hueck*, Rn. 5 zu § 92.

E. *Die Rechtspflicht des Vorstands zur Offenlegung des Scheingewinnanteils am Unternehmenserfolg aus § 160 Abs. 2 Satz 1 i. V. mit § 160 Abs. 4 Satz 1 AktG*

Damit ergibt sich für den Vorstand aus § 160 Abs. 2 Satz 1 i. V. mit § 160 Abs. 4 Satz 1 AktG auch die Pflicht, im Erläuterungsbericht die Auswirkungen der heutigen Preis- und Geldwertschwankungen auf den Unternehmenserfolg durch die Veröffentlichung der Ergebnisse seiner Nebenrechnung zur Scheingewinnermittlung offenzulegen. Denn die Information darüber, welcher Teil des Unternehmenserfolgs nur Scheinerfolg und allein zur Erhaltung der Unternehmenssubstanz dringend erforderlich ist, gehört zu den wesentlichen Angaben, die auch derjenige, der »Bilanzen zu lesen versteht, zu deren Verständnis braucht und an anderer Stelle nicht erhält«[102]. Die Information über den Scheingewinnanteil am Unternehmenserfolg wird auch von dem Postulat der §§ 149 Abs. 1 Satz 2 und 160 Abs. 2 Satz 2 a. E. AktG nach einem »möglichst sicheren Einblick in die Vermögens- und Ertragslage der Gesellschaft« erfaßt. Dieses Postulat, das bezüglich der Angaben des Geschäftsberichts nicht mehr der Einschränkung »im Rahmen der Bewertungsvorschriften« unterliegt[103], soll gewährleisten, daß – neben den anderen Adressaten der Rechnungslegung – die Aktionäre die Informationen erhalten, die sie zu einer sachgerechten Stimmabgabe bei der Beschlußfassung in der Hauptversammlung benötigen. Dabei ist kein Grund ersichtlich, warum das Wort »möglichst« in § 149 Abs. 1 Satz 2 und § 160 Abs. 2 Satz 2 a. E. AktG stets nur als Einschränkung ausgelegt werden soll. Ihm kommt nämlich ebenso die extensive Bedeutung zu, daß die Verwaltung verpflichtet ist, das im Rahmen eines Jahresabschlusses oder eines Geschäftsberichts Mögliche an Einblick zu gewähren[104]. Diese Pflicht erfordert aber zu allererst, daß das Unternehmen die Grundvoraussetzung für die sachgerechte Beurteilung des vorgelegten Jahresabschlusses, seine Vergleichbarkeit mit dem Jahresabschluß des Vorjahres, im Rahmen des ihm Möglichen wiederherstellt. Da dem Unternehmen die Korrektur der Maßstabsverschiebung wegen der Geltung des Anschaffungswertprinzips innerhalb des Jahresabschlusses verwehrt ist, muß es die Auswirkungen der Maßstabsverschiebung auf seinen Jahresabschluß im Erläuterungsbericht offenlegen. Ohne diese grundlegenden Angaben könnte das Unternehmen selbst mit noch so umfassender Information in den übrigen Bereichen der Rechnungslegung der Forderung nach einem möglichst sicheren Einblick in die Vermögens- und Ertragslage der Gesellschaft nicht gerecht werden.

102 *Claussen,* in: Kölner Kommentar, Anm. 14 zu § 160.

103 *Kropff,* in: Geßler/Hefermehl/Eckardt/Kropff, Anm. 27 zu § 160.

104 Ausschußbericht bei *Kropff,* Aktiengesetz, S. 259.

Der Rechtsgedanke, daß nur vergleichbare Jahresabschlüsse ihrer Funktion gerecht werden können, zieht sich auch durch die Aktienrechtsreform 1965. Er hat sich im AktG 1965 in den neuen Bewertungsbestimmungen und in § 160 Abs. 2 AktG niedergeschlagen. So sind etwa nach § 160 Abs. 2 Satz 4 AktG Abweichungen des Jahresabschlusses von dem letzten Jahresabschluß, die die Vergleichbarkeit mit dem letzten Jahresabschluß beeinträchtigen, zu erörtern. Bei Abweichungen, die auf einer Bilanzierungsentscheidung im Rahmen des Ermessensspielraums der Verwaltung beruhen, geht das Gesetz in § 160 Abs. 2 Satz 5 AktG sogar noch einen Schritt weiter: Erreicht die einzelne Änderung eine gewisse Größenordnung[105], so ist sie betragsmäßig anzugeben. Zwar sind beide Vorschriften auf die vergleichbarkeitsschädlichen Änderungen des Wertmessers »D-Mark« in der heutigen Preis- und Geldwertsituation nicht direkt anwendbar. Denn zum einen könnte durch eine bloß verbale »Erörterung« der Auswirkungen der Preis- und Geldwertsituation auf das Unternehmen nach § 160 Abs. 2 Satz 4 AktG nicht die Vergleichbarkeit der Jahresabschlüsse wiederhergestellt werden. Und zum anderen hat § 160 Abs. 2 Satz 5 AktG schon nach seinem Wortlaut nur den begrenzten Zweck, freiwillige Bewertungsänderungen ziffernmäßig aufzudecken. Gleichwohl zeigt diese Bestimmung, wie intensiv der Gesetzgeber – wenn auch auf begrenztem Gebiet – bemüht war, Störungen der Vergleichbarkeit zu begegnen, und daß ihm das Instrument der ziffernmäßigen Offenlegung solcher Störungen nicht fremd ist.

Schließlich zählen Preis- und Geldwertänderungen, sofern sie sich nachhaltig in einer Richtung bewegen, zu den typischerweise »schleichenden« Entwicklungen, die – zunächst nicht ernst genommen – in der Summe ihrer jährlichen Auswirkungen zu einer Auszehrung der Unternehmenssubstanz und am Ende, bei übergroßem Finanzierungsbedarf, zum Kollaps des Unternehmens führen können. Da die Verwaltung eines Unternehmens nicht damit rechnen kann, allein mit den ihr nach § 58 Abs. 1 AktG zur Verfügung stehenden Mitteln die Unternehmenssubstanz langfristig erhalten zu können, erfordert eine getreue Rechenschaft die frühzeitige und exakte Unterrichtung der Aktionäre über den Scheingewinnanteil am Unternehmenserfolg. Wenn auch dadurch der Unternehmenserfolg als Indikator für die unternehmerische Fähigkeit der Verwaltung verringert oder gar in einen Verlust verwandelt wird, so ist die ziffernmäßige Korrektur des Jahresergebnisses im Erläuterungsbericht dennoch erforderlich, um der Hauptversammlung einen problemgerechten und verantwortungsbewußten Beschluß über die Gewinnverwendung zu ermöglichen.

105 10 % vom Jahresüberschuß oder Jahresfehlbetrag und 0,5 % des Grundkapitals.

1. Berechnung des Scheingewinns

Um die Funktionsfähigkeit der aktienrechtlichen Jahresabschlüsse wieder in ausreichendem Maße zu verbessern, muß die Nebenrechnung zur Berechnung des Scheingewinns aus rechtlicher Sicht den folgenden Anforderungen gerecht werden: Sie muß zunächst die Differenz zwischen dem nach § 154 AktG zulässigen und dem wirtschaftlich notwendigen Abschreibungs- und Wertberichtigungsaufwand im Anlagevermögen aufzeigen. Ferner muß sie angeben, um welchen Betrag die Wiederbeschaffungswerte des Umlaufvermögens über die nach § 155 AktG zulässigen Bilanzwerte hinausgehen. Dabei muß sie auch die Auswirkungen der Finanzierungsstruktur des Unternehmens auf das Entstehen von Scheingewinnen berücksichtigen.

Daher ist für die Berechnung des Scheingewinnanteils am Unternehmenserfolg die Konzeption der Nettosubstanzerhaltung am besten geeignet[107]. Sie gewährleistet die Berücksichtigung spezieller Preissteigerungen an den eigenkapitalfinanzierten Vermögensgegenständen auch über die Steigerung des allgemeinen Preisniveaus hinaus[108].

Die Konzeption der Nettosubstanzerhaltung hat gegenüber den anderen Erhaltungskonzeptionen den Vorteil, daß sie als Substanzrechnung auf die speziellen Erfordernisse eines Wirtschaftsunternehmens zugeschnitten ist, auf der anderen Seite jedoch Scheingewinne nur beim eigenkapitalfinanzierten Sachvermögen ermittelt. Dadurch wird eine Verschiebung der Kapitalstruktur vermieden[109].

2. Ausgestaltung der Nebenrechnung

Dabei ist es nicht erforderlich, daß die Nebenrechnung in der Form eines vollständigen, scheingewinnbereinigten Jahresabschlusses vorgelegt wird.

107 So die heute h. M., vgl. nur etwa *Sieben/Schildbach*, BFuP 1973, 577 ff.; *Coenenberg*, AG 1975, 113, 116; *Mutze*, AG 1975, 184, 186; mit weiterer Differenzierung (vgl. Fn. 45 auf S. 106 dieser Arbeit) *Bierich*, BFuP 1973, 521 ff., und neuestens auch der Hauptfachausschuß des Instituts der Wirtschaftsprüfer, WPg 1974, 666 f. Vgl. zur Eignung der verschiedenen Erhaltungskonzeptionen auch *Wohlgemuth*, AG 1975, 313, 315 ff., und S. 57 ff. und 106 ff. dieser Arbeit.

108 Dagegen wäre für den Fall, daß die Scheingewinnermittlung den aktien- oder steuerrechtlichen Gewinn beeinflussen würde, aus dem verfassungsrechtlichen Gesichtspunkt der Gleichbehandlung heraus höchstens an eine Berücksichtigung der allgemeinen Geldentwertung zu denken. Bei der hier vertretenen Nebenrechnung (ohne unmittelbare rechtliche Auswirkungen), die primär der Verbesserung der Rechnungslegung dient, erscheint es jedoch zweckmäßig, auch die Besonderheit des in einem Wirtschaftsunternehmen gebundenen Kapitals (Going-Concern-Concept) zu berücksichtigen.

109 Vgl. im einzelnen S. 106 ff. dieser Arbeit.

Denn da der aktienrechtliche Jahresabschluß primär der Erfolgsermittlung dient[110], muß auch der Hauptzweck der Nebenrechnung in der Korrektur des nominellen Jahreserfolges um den in ihm enthaltenen Scheinerfolg liegen. Für diesen Zweck genügt aber eine Aufwandskorrektur für den Werteverzehr im Sachanlage- und im Vorratsvermögen.

Dabei entgeht eine allein auf die Erfolgskorrektur beschränkte Nebenrechnung dem Vorwurf, sie decke detaillierte Unternehmensinterna auf und überschreite damit die Grenzen der Publizität[111]. Insbesondere könnte eine als kompletter, scheingewinnbereinigter Jahresabschluß ausgestaltete Nebenrechnung Schlüsse auf Unternehmensdaten ermöglichen, deren Preisgabe mit der Verschwiegenheitspflicht des Vorstands unvereinbar wäre[112]. Diese Gefahr besteht jedoch bei einer Nebenrechnung, die nur die gem. § 162 Abs. 2 Satz 2 AktG geprüften Ergebnisse der Scheingewinnermittlung offenlegt, nicht.

3. *Modell einer Nebenrechnung*

Für den oben beschriebenen Zweck der Verbesserung des Einblicks in die Ertragslage der Unternehmen existiert ein geeignetes Modell, vorgeschlagen vom Hauptfachausschuß des Instituts der Wirtschaftsprüfer[113]. Es stellt, obgleich es mit einigen Vereinfachungen arbeitet, einen praktikablen Weg zu einer ausreichend exakten Scheingewinnbestimmung dar.

Auch ihm liegt die Konzeption der Nettosubstanzerhaltung zugrunde, wobei das Zuordnungsproblem nach dem Geldcharakter und nach der Fristigkeit der Vermögensposten in sachgerechter Weise gelöst wird[114].

Durch die Ermittlung der Scheingewinne nach diesem Modell bedient sich der Vorstand einer Aktiengesellschaft einer Methode, die – bei zumutbarem Arbeitsaufwand – dem neuesten gesicherten Erkenntnisstand der Betriebswirtschaftslehre zu diesem Problemkreis entspricht. Durch die Veröffentlichung der Nebenrechnung in der vom Hauptfachausschuß des Insti-

110 Vgl. Fn. 65 auf S. 17 dieser Arbeit

111 Dazu *Kropff*, in: Geßler/Hefermehl/Eckardt/Kropff, Anm. 29 f. zu § 160. In der Tat würde ein vollständiger, scheingewinnbereinigter Jahresabschluß als Nebenrechnung die Wertdifferenz zwischen den Bilanzansätzen und dem wirklichen Wert der bilanzierten Gegenstände (§ 131 Abs. 3 Ziff. 3 AktG) aufdecken.

112 Vgl. zum Umfang der der Verschwiegenheitspflicht nach § 93 Abs. 1 Satz 2 AktG unterliegenden Tatsachen *v. Stebut*, Geheimnisschutz und Verschwiegenheitspflicht im Aktienrecht, S. 57, 58 ff., 62 ff.

113 Vgl. dazu ausführlich die S. 121 ff. dieser Arbeit. Dieses Modell eignet sich für die meisten Unternehmen, so für Industrieunternehmen und andere Unternehmen mit wesentlichem nichtmonetärem Vermögen.

114 Siehe dazu auch *Coenenberg*, AG 1975, 113, 116 f.

tuts der Wirtschaftsprüfer vorgeschlagenen Form[115] verbessert er erheblich den durch die Scheingewinne verfälschten Einblick in die Ertragslage der Gesellschaft. Er wird damit seiner Rechenschafts- und Informationspflicht besser gerecht und erhält durch die Veröffentlichung des Scheingewinnanteils am Unternehmenserfolg eine wichtige Argumentationshilfe für die Rechtfertigung hoher Rücklagen zur Substanzerhaltung nach § 58 Abs. 2 AktG und – sofern erforderlich – für die Forderung nach weiteren Rücklagen im Gewinnverwendungsvorschlag nach § 170 Abs. 2 Satz 1 AktG[116].

Die Anwendung dieses Modells bewahrt den Vorstand einer Aktiengesellschaft in der gegenwärtigen Geldwertsituation jedenfalls vor dem Vorwurf, er habe bei der Leitung der Gesellschaft hinsichtlich der Behandlung der Scheingewinne nicht die erforderliche Sorgfalt angewendet oder sei seiner Rechnungslegungspflicht nicht in der vom Gesetz geforderten Weise nachgekommen.

4. Gleichwertige Modelle

Gleichwohl darf durch die Feststellung der grundsätzlichen Eignung des vom Hauptfachausschuß des Instituts der Wirtschaftsprüfer vorgeschlagenen Modells nicht die Anwendung anderer, gleichwertiger Methoden ausgeschlossen werden, wenn dies wegen der speziellen Besonderheiten eines Unternehmens erforderlich ist. Denn die Auswirkungen der Preis- und Geldwertänderungen auf die verschiedenen Wirtschaftsunternehmen sind zu unterschiedlich, als daß ein Modell als für alle Unternehmen verbindlich erklärt werden könnte. So müßten Unternehmen mit nur unwesentlichen nichtmonetären Vermögensgegenständen die Scheingewinne nach einer für sie speziell geeigneten Methode ermitteln. Dabei müßte allerdings die gewählte Methode sachlich gerechtfertigt und ausreichend erkennbar gemacht werden.

5. Fortrechnung nicht einbehaltener Scheingewinne

In jedem Fall ist in Ergänzung zu der veröffentlichten Nebenrechnung darzulegen, in welcher Höhe die ermittelten Scheingewinne durch die Dotierung einer versteuerten Substanzerhaltungsrücklage ausgeglichen werden konnten. Scheingewinne, die auf diese Weise nicht vor der Ausschüttung bewahrt werden konnten, sind – ähnlich einem Verlustvortrag – in die Nebenrechnung des folgenden Geschäftsjahres vorzutragen.

115 Vgl. dazu S. 122 f. dieser Arbeit.
116 So auch *Forster*, Überlegungen, in: Festschrift für Kurt Schmaltz, S. 203, 208.

III. Prüfung durch den Abschlußprüfer

Die Nebenrechnung[117] einschließlich der Angabe der zugrundeliegenden Berechnungsart und der gewählten Erhaltungskonzeption ist Bestandteil des Erläuterungsberichts. Sie unterliegt daher ebenso wie die Frage der Erforderlichkeit ihrer Offenlegung bei geringeren Geldwerteinflüssen gem. § 162 II 2, 160 II AktG der Prüfung durch den Abschlußprüfer[118].

Dieser stellt fest, ob die Offenlegung der Nebenrechnung notwendig war, und prüft, wenn er die Erforderlichkeit bejaht, die Angaben im Zusammenhang mit dem Jahresabschluß daraufhin, ob sie sachlich zutreffend und umfassend genug sind[119]. Fehlen die erforderlichen Angaben oder sind sie unvollständig oder unrichtig, so ist je nach der Schwere des Verstoßes und seiner Auswirkungen auf die Rechnungslegung das Testat einzuschränken oder zu versagen (§ 167 II AktG)[120].

IV. Rechtsfolgen bei unterlassener oder unrichtiger Offenlegung von Scheingewinnen

Das Fehlen einer Nebenrechnung oder der Angabe des Scheingewinnanteils am Unternehmenserfolg trotz Erforderlichkeit ihrer Aufdeckung führt zu Unvollständigkeit bzw. Unrichtigkeit des Geschäftsberichts. Dadurch wird der festgestellte Jahresabschluß zwar nicht nichtig[121], doch kann dies weitreichende Rechtsfolgen[122] nach sich ziehen:

117 Oder ihre auf die Erfolgskorrektur beschränkte Kurzfassung. Vgl. dazu S. 87 f. dieser Arbeit.

118 Die Pflicht zur Prüfung der Nebenrechnung als Bestandteil des Erläuterungsberichts wäre eine durchaus sinnvolle Erweiterung der materiellen Prüfungshandlungen des Wirtschaftsprüfers. Vgl. zu den Bestrebungen, das gegenwärtige Informationsdilemma externer Bilanzleser durch eine Erweiterung des Kreises der Prüfungsobjekte zu mildern, *Sieben,* Referat in: Lutter (Hrsg.), Wirtschaftsprüfung heute, S. 64.

119 *Baumbach/Hueck,* Rn. 10 zu § 162; *Brönner,* in: Großkommentar, Anm. 79 zu § 162; *Adler/Düring/Schmaltz,* Tz. 416 f. zu § 162.

120 Zum umfangreichen Schrifttum über die Abgrenzung von Einschränkungs- und Versagungsgründen vgl. nur *Kropff,* in: Geßler/Hefermehl/Eckardt/Kropff, Anm. 18 ff. zu § 167, und *Brönner,* in: Großkommentar, Anm. 8 ff. zu § 167.

121 Insoweit h. M., vgl. *Baumbach/Hueck,* Rn. 3 zu § 160; *Godin/Wilhelmi,* Anm. 18 zu § 160; *Schlegelberger/Quassowski,* Rn. 30 zu § 128; für Nichtigkeit bei groben Verstößen bis zur 3. Aufl. noch *Adler/Düring/Schmaltz,* Tz. 19 zu § 127.

122 Vgl. zu den Rechtsfolgen *Baumbach/Hueck,* Rn. 3 zu § 160; *Kropff,* in: Geßler/Hefermehl/Eckardt/Kropff, Anm. 124 f. zu § 160; *Mellerowicz,* in: Großkommentar, Anm. 54 zu § 160; *Claussen,* in: Kölner Kommentar, Anm. 87 f. zu § 160; *Zöllner,* Anm. 12 f. zu § 257.

1. Der Aufsichtsrat kann in Vertretung der Gesellschaft gem. § 112 AktG gegen den Vorstand auf Vorlage oder Vervollständigung des Geschäftsberichts klagen[123].
2. Aktionäre, die die Voraussetzungen des § 258 Abs. 2 Sätze 3 und 4 AktG erfüllen, können bei einem wegen Fehlens der Nebenrechnung unvollständigen Geschäftsbericht gem. § 258 Abs. 1 Ziff. 2 AktG bei Gericht einen Antrag auf Durchführung einer Sonderprüfung stellen[124].
3. Stellt die Hauptversammlung den Jahresabschluß fest (§ 173 AktG)[125], so machen, wenn man mit der überwiegenden Meinung in der Literatur[126] die Anfechtung des Feststellungsbeschlusses wegen eines unrichtigen Geschäftsberichts zuläßt – auch falsche Angaben in der Nebenrechnung den Jahresabschluß anfechtbar.
   Dasselbe muß gelten, wenn der Geschäftsbericht mangels Nebenrechnung oder Scheingewinnangabe unvollständig ist[127].

123 H. M. Vgl. nur *Baumbach/Hueck,* Rn. 3 zu § 160, und *Mellerowicz,* in: Großkommentar, Anm. 54 zu § 160, der sogar Klage auf Berichtigung zulassen will.

124 Vgl. statt anderer: *Baumbach/Hueck,* Rn. 3 zu § 160.

125 Erfolgt die Feststellung des Jahresabschlusses durch Vorstand und Aufsichtsrat nach § 172 AktG, so entfällt, da das Aktiengesetz nur die Anfechtbarkeit von Hauptversammlungsbeschlüssen kennt, die Möglichkeit der Anfechtung. Mängel können hier nur die Nichtigkeitsfolge nach § 256 AktG nach sich ziehen. Vgl. *Schilling,* in: Großkommentar, Anm. 1 zu § 257.

126 So etwa *Baumbach/Hueck,* Rn. 3 zu § 160; *Adler/Düring/Schmaltz,* 3. Aufl., Tz. 18 zu § 127, die mit RGZ 115, 345, 350 die Anfechtung nur dann versagen, wenn, was von der Gesellschaft zu beweisen wäre, der Verstoß die Beschlußfassung nicht beeinflußt hat. *Schilling,* in: Großkommentar, Anm. 3 zu § 257, und *Zöllner,* in: Kölner Kommentar, Anm. 12 zu § 257, der bei unrichtigem Geschäftsbericht die Anfechtung für ebenso gerechtfertigt hält wie bei Verletzung des Auskunftsverlangens eines Aktionärs und der den Einwand des § 257 Abs. 1 Satz 2 AktG nicht gelten läßt, da der Inhalt des Geschäftsberichts nicht zum Inhalt des Jahresabschlusses gehört und auch nicht Gegenstand der Beschlußfassung ist. – A. A. zu diesem Punkt sind *Claussen,* in: Kölner Kommentar zum Aktiengesetz, Anm. 88 zu § 160; *Mellerowicz,* in Großkommentar, Anm. 54 zu § 160, und *Godin/Wilhelmi,* Anm. 18 zu § 160, die wegen § 257 Abs. 1 Satz 2 AktG eine Anfechtbarkeit des Feststellungsbeschlusses ablehnen.

127 Das ist zwar umstritten. Vgl. aber zu diesem Thema zutreffend *Zöllner,* in: Kölner Kommentar, Anm. 13 zu § 257, der die Anfechtung richtigerweise auch dann zuläßt, wenn der Geschäftsbericht wegen Fehlens der durch § 166 Abs. 2 und Abs. 3 AktG geforderten Angaben unvollständig ist. Nach *Zöllner* wird die Anfechtung auch bei Unvollständigkeit in diesem Bereich nicht durch das besondere Verfahren nach §§ 258 Abs. 1 Nr. 2, 259 Abs. 4 AktG ausgeschlossen (a. A. *Schilling,* in: Großkommentar, Anm. 3 zu § 257). Die Anfechtung hat vielmehr ihre eigene Bedeutung neben §§ 258 Abs. 1 Nr. 2,

4. Auch andere Hauptversammlungsbeschlüsse, die auf einem solchermaßen unrichtigen oder unvollständigen Geschäftsbericht beruhen, wie etwa der Entlastungs- oder Gewinnverwendungsbeschluß nach § 174 Abs. 1 Satz 1 AktG, sind nach § 143 Abs. 1 AktG anfechtbar.
5. Die Hauptversammlung kann ansonsten auch die Entlastung der Mitglieder des Vorstands oder des Aufsichtsrats gem. § 120 AktG verweigern.
6. Entsteht der Gesellschaft durch die Unvollständigkeit oder die Unrichtigkeit des Geschäftsberichts ein Schaden, so sind die Mitglieder des Vorstands (und ggf. die Mitglieder des Aufsichtsrats über § 116 AktG) nach Maßgabe des § 93 Abs. 2 Satz 1 AktG schadensersatzpflichtig.
7. In schwerwiegenden Fällen kann ein unvollständiger oder unrichtiger Geschäftsbericht Anlaß zum Widerruf der Bestellung des Vorstands nach § 84 Abs. 3 Satz 1 AktG sowie zur Kündigung seines Anstellungsvertrags aus wichtigem Grund sein.
8. Schließlich kann sich der Vorstand durch unvollständige oder unrichtige Angaben im Geschäftsbericht nach § 400 Nr. 1, 4 AktG strafbar machen.

V. Schlußgedanke

Die Rechtspflicht des Vorstands der Aktiengesellschaft zur Ermittlung und Offenlegung der Scheingewinnanteile am nominellen Jahreserfolg des Unternehmens kann die Ursache des Problems, die Spannung zwischen Norm und Wirklichkeit bezüglich des Geldwerts, natürlich nicht lösen. Dies bleibt die Aufgabe des Gesetzgebers. Die hier vorgeschlagene »Kleine Lösung« trägt jedoch zu einer nicht unerheblichen Verbesserung der derzeit verminderten Funktionsfähigkeit der aktienrechtlichen Rechnungslegung bei und unterstützt dazu die Substanzerhaltungsbemühungen der Unternehmen. Darüber hinaus können die Ergebnisse der Nebenrechnungen zu einer wichtigen Erkenntnisquelle für den Gesetzgeber werden und – bei einer weiteren Verschlechterung der Geldwertsituation – zu einer Entscheidungshilfe für ein späteres Abgehen vom Anschaffungswertprinzip in der aktienrechtlichen Rechnungslegung.

259 Abs. 4 AktG, da dieses Verfahren für die Entscheidung über die Feststellung des Jahresabschlusses zu spät kommt. In der übrigen Literatur wird die Frage nicht ausdrücklich behandelt.

Zusammenfassung

Teil I

Der Einfluß von Preis- und Geldwertänderungen auf die aktienrechtliche Rechnungslegung zeigt sich am deutlichsten in der schwindenden Fähigkeit des Jahresabschlusses, die ihm vom Aktiengesetz übertragenen Funktionen in sachgerechter Weise zu erfüllen.

Die wichtigsten Funktionen des aktienrechtlichen Jahresabschlusses sind die Abgrenzung des haftenden Gesellschaftsvermögens von den maximal ausschüttbaren Vermögensteilen (Abgrenzungsfunktion) und die Rechenschaftslegung gegenüber einem bestimmten Kreis Berechtigter sowie die Information weiterer Personenkreise.

Da der Jahresabschluß seine zur Erfüllung dieser Funktionen erforderliche Aussagekraft vor allem aus dem Vergleich mit dem vorangegangenen Jahresabschluß gewinnt, müssen die nach Aktienrecht aufzustellenden Jahresabschlüsse vergleichbar sein.

Während durch das Aktiengesetz 1965 die Vergleichbarkeit der aktienrechtlichen Jahresabschlüsse im Hinblick auf Inhalt, Zweck und Form weitgehend erreicht wurde, ist der dem Jahresabschluß zugrundeliegende Wertmaßstab »D-Mark« nur nominal bestimmt.

Der an sich notwendige Ausgleich der Wertschwankungen des Wertmaßstabs selbst ist nach dem Aktiengesetz nicht möglich. Die Berücksichtigung der Wertabhängigkeit der Währung von ihrer Kaufkraft unterblieb ursprünglich deshalb, weil die frühen Aktiengesetzgeber von der Grundvorstellung einer vorgegebenen tatsächlichen Stabilität oder rechtlichen Identität der als Wertmaßstab benutzten Währung ausgingen.

Die Rechtswirklichkeit bezüglich des Geldwerts in diesem Jahrhundert zeigt jedoch, daß diese den Bestimmungen der aktienrechtlichen Rechnungslegung und insbesondere dem dort normierten Anschaffungswertprinzip zugrundeliegende Annahme unrichtig war.

Da gegenwärtig der innere Wert des Wertmaßstabs D-Mark von Jahr zu Jahr abnimmt, ist der Wertmaßstab des einen Geschäftsjahres ein anderer als der des Vorjahres. Die so gestörte Vergleichbarkeit beeinträchtigt die Aussagekraft des Jahresabschlusses.

Sie führt selbst bei Ausschöpfung aller zulässigen Gegenmaßnahmen zu einer erheblichen Minderung der Funktionsfähigkeit der aktienrechtlichen

Rechnungslegung und damit zu unrichtiger Rechenschaftsablegung und Information sowie zu einer Gefährdung der Unternehmenssubstanz durch Ausweis und Ausschüttung von Scheingewinnen.

Teil II

Die Betriebswirtschaftslehre hat eine Vielzahl von Lösungsvorschlägen (Erhaltungskonzeptionen) zur Sicherung der Unternehmenssubstanz bei sinkendem Geldwert hervorgebracht.

Ihrem Inhalt nach lassen sie sich im wesentlichen auf zwei Grundmodelle zurückführen: die Berücksichtigung der allgemeinen Geldentwertung (Realkapitalerhaltung) und die Berücksichtigung der individuellen Preissteigerungen (Brutto- oder Netto-Substanzerhaltung).

Ihrer Bedeutung nach unterscheiden sie sich dadurch, daß ein Teil der Vorschläge in die aktienrechtliche Gewinnermittlung eingreift, ein anderer Teil die Preis- und Geldwertänderungen nur in einer freiwilligen Nebenrechnung außerhalb der Gewinnermittlung berücksichtigt.

Die Vorschläge mit unmittelbarem Einfluß auf die aktienrechtliche Gewinnermittlung sind, obgleich zur Lösung des Geldwertproblems durchaus geeignet, de lege lata nicht realisierbar. Zum einen sind sie durch den Wortlaut des Aktiengesetzes ausgeschlossen. Zum anderen führt eine Untersuchung der Aufwertungsrechtsprechung des Reichsgerichts und der Nachkriegsrechtsprechung zur Geldentwertung zu dem Ergebnis, daß die dort gefundenen Lösungen und rechtlichen Erwägungen wegen der Eigenart der ihnen zugrundeliegenden Sachverhalte nicht auf den Bereich der aktienrechtlichen Rechnungslegung übertragbar sind.

Dagegen ist eine freiwllige Nebenrechnung außerhalb der aktienrechtlichen Gewinnermittlung mit dem Aktiengesetz ohne weiteres vereinbar. Sie führt jedoch wegen ihrer Unverbindlichkeit zu keiner Verbesserung der gegenwärtigen Situation.

Teil III

Den Vorstand einer Aktiengesellschaft trifft jedoch bereits beim gegenwärtigen Grad der Geldentwertung eine im Aktiengesetz begründete Rechtspflicht zur Ermittlung und Offenlegung des Scheingewinnanteils am Unternehmenserfolg.

Die Ermittlungspflicht ergibt sich aus der Verpflichtung des Vorstands zur eigenverantwortlichen, dem in § 93 I 1 AktG normierten Sorgfaltsmaßstab genügenden Leitung der Gesellschaft gem. § 76 I AktG. Die vom Vorstand geforderte »Sorgfalt eines ordentlichen und gewissenhaften Geschäftsleiters« umschreibt eine besonders strenge Ausformung des allgemeinen, objektivierten Verschuldensmaßstabs des § 276 I BGB für den Vorstand der Aktiengesellschaft. In seinem Rahmen gibt es neben den speziellen, branchentypischen Sorgfaltsanforderungen auch allgemeine Sorgfaltsanforderungen, die in der Rechtsform der Aktiengesellschaft begründet sind. Die wichtigsten von ihnen sind als Rechtspflichten im Aktiengesetz normiert. Die Grundsätze, die in der Gesamtheit der im Aktiengesetz festgelegten Vorstandspflichten zum Ausdruck kommen, bestimmen durch die Generalklausel des § 93 I 1 AktG auch den weiten Bereich des nicht speziell normierten Vorstandshandelns. Dies sind vor allem die Grundsätze der Erhaltung des Grundkapitals, der Erhaltung der Vermögenssubstanz der Gesellschaft, der getreuen Rechenschaft sowie die sich aus dem Anstellungsvertrag ergebende Pflicht zur Förderung des Gesellschaftswohls. Daraus ergibt sich in einer Zeit schwankenden Geldwerts die Pflicht des Vorstands, sich im Interesse einer verantwortungsvollen Unternehmensführung über den Einfluß der Geldentwertung auf sein Unternehmen Klarheit zu verschaffen und zu diesem Zweck den Scheingewinnanteil am Unternehmenserfolg zu ermitteln.

Die Offenlegungspflicht ergibt sich aus § 160 Abs. 2 Satz 1 AktG i. V. mit § 160 Abs. 4 Satz 1 AktG. Danach ist der Jahresabschluß nach den Grundsätzen einer gewissenhaften und getreuen Rechenschaft zu erläutern.

Die Konkretisierung der im Gesetz gebrauchten Generalklauseln ergibt sich aus dem Zweck der geforderten Erläuterungen. Dieser Zweck liegt in der Vermittlung der Angaben, die der Jahresabschluß selbst nicht geben kann, die aber »zur Vermittlung eines möglichst sicheren Einblicks in die Vermögens- und Ertragslage der Gesellschaft« (§ 160 Abs. 2 Satz 2 AktG) als Bestandteil der Rechnungslegung, als Grundlage für die Beschlüsse von Aufsichtsrat und Hauptversammlung und als zusätzliche Information außenstehender Bilanzleser unerläßlich sind. Insbesondere sollen, wie auch die Einzelbestimmungen des § 160 Abs. 2 Sätze 2–5 AktG zeigen, die Abweichungen des Jahresabschlusses von dem des Vorjahres, die die Vergleichbarkeit beeinträchtigen, aufgedeckt und damit in ihrer vergleichbarkeitsschädlichen Wirkung neutralisiert werden. Zu diesen vergleichbarkeitsschädlichen Auswirkungen gehört auch der Scheingewinnanteil am Unternehmenserfolg.

Zu seiner Offenlegung ist der Vorstand auch durch die – in seiner Verpflichtung zur getreuen Rechenschaft zum Ausdruck kommenden – besonderen Treuepflicht als Verwalter fremder Vermögenswerte verpflichtet. In dieser Eigenschaft ist er, ähnlich seiner Berichts- und Anzeigepflicht nach §§ 90 Abs. 1 und 2, 92 Abs. 1 AktG, verpflichtet, die Aktionäre durch Offenlegung der Scheingewinne rechtzeitig und rückhaltlos über den Umfang der Gefährdung der Unternehmenssubstanz zu informieren und sie damit in die Lage zu versetzen, die erforderlichen Gegenmaßnahmen zu beschließen.

Betriebswirtschaftlicher Anhang

Die Konzeptionen und Modelle zur Berücksichtigung von Preis- und Geldwertschwankungen in der Rechnungslegung

I. Die Berücksichtigung der Scheingewinne im Rahmen der Gewinnermittlung

Der Streit um die Berücksichtigung von Preisänderungen oder der Änderung des allgemeinen Geldwerts – also der Berücksichtigung der Scheingewinne in der aktienrechtlichen Rechnungslegung – ist nicht erst ein Problem unserer Tage. Es ist der im Aktiengesetz vorgeschriebenen Bilanzierung zu Nominalwerten immanent und wird stets dann besonders eingehend diskutiert, wenn die dem Nominalismus gedanklich zugrundeliegende Geldwertstabilität verlorengegangen ist. Während noch bis um die Jahrhundertwende die Problematik der Änderung des Geldwerts vorwiegend unter juristischen[1] oder währungswissenschaftlichen[2] Aspekten erforscht wurde, verlagerte sich der Schwerpunkt der Untersuchungen in der Folgezeit immer mehr auf das Gebiet der aufkommenden Betriebswirtschaftslehre[2a]. Dies ist vor allem auf den stetig steigenden Anteil der Aktiengesellschaften am gesamten privaten Wirtschaftsleben[3] und auf die durch die Aktiengesetznovelle von 1884[4] für Aktiengesellschaften eingeführte Höchstbewertung

1 Vgl. zur juristischen Literatur etwa *Simon,* Die Bilanzen der Aktiengesellschaften, Berlin 1886; *Fischer,* Die Bilanzwerte, was sie sind und was sie nicht sind, Leipzig 1905 und 1908; *v. Wilmowski,* Kommentar zum Preußischen Einkommensteuergesetz vom 25. Juni 1891, Breslau 1896.

2 *Knapp,* Staatliche Theorie des Geldes, Leipzig 1905; *Helffrich,* Das Geld, Leipzig 1903.

2a Zum Gewinnbegriff vor der Betriebswirtschaftslehre vgl. *Schneider,* ZfhF 1976, 724 ff.

3 Vgl. zu ihrer Anzahl und ihrem Kapitalanteil *Passow,* S. 24 ff. Zur wachsenden Bedeutung der Aktiengesellschaft trotz sinkender Zahl vgl. für die späteren Jahre *Baumbach/Hueck,* Rn. 7 der Einleitung.

4 Aktienrechtsnovelle vom 18. 7. 1884, RGBl. S. 123, speziell der neue Artikel 185 a Ziff. 1–3. Die Bestimmung des Anschaffungswerts als Höchstgrenze für die Bewertung war eine Sondervorschrift für die Aktiengesellschaft und die Kommanditgesellschaft auf Aktien. Sie sollte – nach den schlechten Erfahrungen der vorangegangenen Jahre – eine Gefährdung des haftenden Kapitals durch Dividendenzahlungen aus unrealisierten Gewinnen verhindern.

zu Anschaffungs- oder Herstellungskosten zurückzuführen. Entsprechend dem betriebswirtschaftlichen Minimalziel der Erhaltung des – auf Dauer angelegten – Unternehmens[5] rückte, insbesondere zu Beginn der Inflation von 1923, bei der Behandlung des Geldwertproblems die Frage der Unternehmenserhaltung in den Vordergrund[6]. Dabei entwickelten sich verschiedene Erhaltungskonzeptionen, die sich vor allen Dingen in der Frage des Erhaltungsmaßstabs unterscheiden. Denn als Unternehmenserhaltung kann etwa die Erhaltung des von den Eigentümern im Unternehmen angelegten Geldwerts, die mengenmäßige Erhaltung der im Unternehmen investierten Sachgüter oder gar die Erhaltung des Erfolgskapitals bzw. des Ertragswerts des Unternehmens angestrebt werden[7].

Während der Gedanke der Ertragswerterhaltung[8] in der Diskussion um die Berücksichtigung von Preis- und Geldwertschwankungen in der Rechnungslegung wegen seiner fehlenden Praktikabilität[9] kaum eine Rolle spielt, ist bis heute in Anlehnung an die klassischen Grundkonzeptionen der Substanzerhaltung[10] und der Kapitalerhaltung[11] eine Vielzahl von Lösungsvorschlägen entwickelt worden.

Bei aller Verschiedenheit in manchen Bereichen ist den im folgenden Teil dargestellten Vorschlägen jedoch gemeinsam, daß sie die jeweils von ihnen vertretene Erhaltungskonzeption als Bestandteil der Gewinnermittlung verstehen.

5 *Jacobs,* DB 1974, 1026.

6 *Gutenberg* (S. 15) meint sogar, daß die Betriebswirtschaftslehre vorwiegend an der Auseinandersetzung mit dem Phänomen der Geldwertschwankungen und deren Einfluß auf das Rechnungswesen zur Wissenschaft gereift sei.

7 Vgl. als Überblick über die verschiedenen Erhaltungskonzeptionen *Busse von Colbe,* Substanzerhaltung in Handwörterbuch der Betriebswirtschaft, Sp. 5310 ff., und *R.-B. Schmidt,* Kapitalerhaltung und Rechnungswesen, in: Handwörterbuch des Rechnungswesens, Sp. 772 ff.

8 Die Ertragswerttheorie orientiert sich am Totalerfolg, d. h. dem Gesamtwert der Unternehmung. Dieser wächst während eines Jahres um die Zinsen auf den Ertragswert zu Beginn des Jahres (Ertragswertzuwachs). Der Ertragswertzuwachs kann daher ohne Verminderung des Ertragswerts als »ökonomischer Gewinn« entnommen werden.

9 Die Ertragswerttheorie ist für die Rechnungslegung ungeeignet, da sie die Kenntnis zweier Zukunftsgrößen, nämlich die zukünftigen Einnahmeüberschüsse und den richtigen Kalkulationszinssatz voraussetzt. Vgl. zur Bedeutung des ökonomischen Gewinns für die externe Rechnungslegung im Jahresabschluß *Münstermann,* WPg 1966, 579, 585 f.

10 Begründet von *F. Schmidt* in seinem Werk »Die organische Bilanz im Rahmen der Wirtschaft«, 1921.

11 Die Hauptvertreter der Kapitalerhaltungstheorie sind *Mahlberg* (Bilanztechnik und Bewertung bei schwankender Währung, Leipzig 1921) und *Schmalenbach* (Geldwertausgleich in der bilanzmäßigen Erfolgsrechnung, ZfhF 1921, 401 ff.).

A. Die Substanzerhaltungskonzeptionen

In den Meinungsstreit über Sinn und Ziel der Bilanz[12] wurde 1921 unter dem Einfluß der inflatorischen Geldentwertung[13] mit der »Organischen Bilanz« *F. Schmidts* der Gedanke der gütermäßigen Erhaltung der Unternehmenssubstanz eingeführt. Diese heute als »Substanzerhaltung«[14] bezeichnete Erhaltungsform löste, freilich ohne Auswirkungen auf das Bilanzrecht, die in der damaligen Betriebswirtschaftslehre übliche geldmäßige Bestimmung des Erhaltungsgrades zugunsten einer gütermäßigen Bestimmung[15] ab. Nach ihr ist das Kapital erhalten, wenn das Unternehmen aus dem Erlös einer Periode den Güterverbrauch dieser Periode ersetzen kann[16] (»reproduktive« Substanzerhaltung). Das erfordert etwa bei steigenden Preisen eine Aufwandsbewertung in der Erfolgsrechnung[17] zu den gestiegenen Wiederbeschaffungspreisen am Umsatztag und in der Bilanz[18] die Bewertung der Vermögenswerte zum Wiederbeschaffungswert am Bilanzstichtag[19]. Zur Neutralisierung der so entstehenden geldwertbedingten »Erfolge« wird die Differenz zwischen dem historischen Anschaffungswert und

12 Nach den verschiedenen Bilanztheorien kann das Ziel der Bilanz in der Vermögensermittlung am Bilanzstichtag (»statische« Bilanzauffassung), in der Ermittlung des Periodenerfolgs (»dynamische« Bilanzauffassung) oder in einer Kombination von beiden (»dualistische« Bilanzauffassung) liegen. Vgl. zur historischen Entwicklung der Bilanztheorien *Hax*, Bilanztheorien, allgemein, in: Handwörterbuch des Rechnungswesens, Sp. 238 ff.

13 Der Großhandelsindex des Statistischen Reichsamts, dessen Basiszahl 1913 mit 1 festgelegt wurde, war bis Ende 1921 auf 35 gestiegen. Vgl. JW 1923, 807.

14 Die Terminologie der Betriebswirtschaftslehre ist sehr uneinheitlich. Die gütermäßige Substanzerhaltung wird deshalb in dieser Arbeit mit *Busse von Colbe* (Handwörterbuch der Betriebswirtschaft, Sp. 5310 ff.) einheitlich als »Substanzerhaltung« bezeichnet. Der Begriff »Substanzerhaltung« ist inhaltlich identisch mit den Begriffen:
- »Reale Kapitalerhaltung« bei *R.-B. Schmidt* (Kapital und Rechnungswesen, in: Handwörterbuch des Rechnungswesens, Sp. 772 ff.);
- »Substantielle Kapitalerhaltung« bei *Havermann* (WPg 1974, 445 ff.); *Sieben* (BB 1971, 61 ff. der BW); *Niehus* (WPg 1974, 649 ff.); *Schnettler* (BFuP 1953, 193, 195) und *Feuerbaum* (DB 1966, 510, 513);
- »Sachkapitalerhaltung«, alternativ gebraucht bei *Busse von Colbe* (Substanzerhaltung, in: Handwörterbuch der Betriebswirtschaft, Sp. 5310 ff.) und *Coenenberg* (AG 1975, 113 ff.).

15 Die Geldrechnung: »Geld – Ware – Mehrgeld« wurde ersetzt durch die – wenn auch in Geldeinheiten ausgedrückte – Gütermengenrechnung: »Ware – Geld – Mehrware«. Dazu etwa *Sieben*, BB 1971, 61, 62 der BW zu Heft 26/71.

16 *F. Schmidt*, S. 139.

17 *F. Schmidt*, S. 139, 143.

18 *F. Schmidt*, S. 94 ff.

19 *F. Schmidt*, S. 89.

dem gestiegenen Wiederbeschaffungswert einem Wertberichtigungskonto[20] auf der Passivseite der Bilanz zugewiesen.

Obwohl von bedeutenden Autoren in der bloßen Reproduktion des Werteverzehrs noch keine Erhaltung der Unternehmenssubstanz gesehen wird[21], so kommt doch heute der Theorie der reproduktiven Substanzerhaltung die größte Bedeutung unter den Substanzerhaltungstheorien zu. Sie wird in mehreren Varianten zur Lösung des Geldwertproblems in der Rechnungslegung vorgeschlagen.

1. Bruttosubstanzerhaltung

Bei der als »Bruttosubstanzerhaltung« bezeichneten Erhaltungskonzeption wird die gütermäßige Erhaltung der Unternehmenssubstanz ohne Rücksicht auf die Art ihrer Finanzierung angestrebt. Die Kapitalstruktur des Unternehmens bleibt bei der Frage der Substanzerhaltung unberücksichtigt, d. h., die fremdfinanzierten Vermögensteile werden wie die eigenkapitalfinanzierten Vermögensteile behandelt.

a) Das Modell des Philips-Konzerns

Große Ähnlichkeit mit der Organischen Tageswertbilanz weist ein in den Niederlanden praktiziertes Bilanzierungsmodell auf[22]. Es macht von der dort zugelassenen[23] Bilanzierung zu Wiederbeschaffungswerten Gebrauch:

20 *F. Schmidt*, S. 96 ff.

21 So meint *F. Schmidt* (S. 146): »Relative Werterhaltung besagt, daß sie proportional der Gestaltung der Durchschnittsproduktivität in der Gesamtwirtschaft erhalten werden soll.« *F. Schmidt* war selbst Anhänger dieser über die reproduktive Substanzerhaltung weit hinausgehenden Konzeption.
Einen ähnlichen, aber noch weitergehenden Erhaltungsmaßstab fordert *Hasenack* (ZfB 1938, 113 ff.). Unter seine »leistungsadäquate Kapitalerhaltung« fällt auch die Wiederbeschaffung technisch weiterentwickelter oder andersartiger Anlagen, sofern sie eine durch den Wandel der Zeit bedingte »adäquate« Reinvestition darstellen.
Noch einen Schritt weiter geht *Sommerfeld* (Der Unternehmer als Verwalter von Volksvermögen, 1934) mit seiner Forderung nach »qualifizierter Kapitalerhaltung«. Nach ihr liegt ein ausschüttbarer Gewinn erst nach Substanzerhaltung, Wachstumssicherung, Dividenden- und Krisenvorsorge vor.

22 Vgl. den Geschäftsbericht 1973 der N.V. Philips' Gloeilampenfabrieken, Eindhoven (im folgenden zitiert als Philips-Geschäftsbericht 1973). Zur Darstellung der Bewertungsgrundsätze siehe FAZ vom 30. 9. 1975 (Nr. 226), S. 10, und *Kandelbinder*, S. 72 ff.

23 Art. 5 des Niederländischen Gesetzes über den Jahresabschluß (StB 1970 Nr. 414) fordert für den Jahresabschluß lediglich, daß die Grundlagen, auf denen die Bewertung der Aktiva und Passiva und die Festsetzung des Ertrags beruhen, den Normen entsprechen, die im Geschäftsverkehr als annehmbar angesehen werden müssen. Darunter fällt auch die Bilanzierung zu Wiederbeschaffungswerten.

Das Sachanlagevermögen und die darauf bezogenen Abschreibungen werden nach dem Wiederbeschaffungswert am Bilanzstichtag bilanziert. Änderungen des Wiederbeschaffungswerts gegenüber den Anschaffungs- oder Herstellungskosten oder dem Wiederbeschaffungswert des letzten Bilanzstichtages gehen zugunsten oder zu Lasten einer Neubewertungsrücklage. Das Vorratsvermögen wird zum Wiederbeschaffungswert oder zum niedrigeren Erlöswert angesetzt. Die Änderungen des Wiederbeschaffungswerts gehen ebenfalls zugunsten oder zu Lasten der Neubewertungsrücklage.

Der Wiederbeschaffungswert wird primär anhand der speziellen Preisentwicklung der zu bilanzierenden Aktiva errechnet. Es werden aber auch – wo dies geeigneter erscheint – Indexzahlen benutzt[24]. Eine Neubewertung erfolgt – je nach dem Umfang der Preisschwankung – nicht notwendigerweise jährlich[25]. Auf eine »Nachholung«[26] für vorangegangene Abschreibungen wird wegen der regelmäßigen Reinvestition der Abschreibungsbeträge verzichtet. Die sich bei sinkenden Wiederbeschaffungspreisen ergebenden geldwertbedingten »Verluste« werden der Neubewertungsrücklage belastet. Ist sie wegen eines nachhaltigen Preisverfalls aufgebraucht, mindern die weiteren Geldwertverluste als echte Verluste den Unternehmensgewinn.

b) Der Entwurf eines Statuts für europäische Aktiengesellschaften

Das Modell der Bilanzierung zu Wiederbeschaffungswerten hat auf nachhaltiges Drängen der Niederlande[27] auch Eingang in das europäische Gesetzgebungsverfahren gefunden. In dem 1970 von der Kommission der Europäischen Gemeinschaften dem Rat übermittelten »Vorschlag einer Verordnung des Rates über das Statut für Europäische Aktiengesellschaften«[28] wird den Unternehmen[29] in Art. 181 Abs. 1 wahlweise die Bewertung auf der Grundlage des Wiederbeschaffungswertprinzips gestattet. Auch die Wahl des Erhaltungsmaßstabs liegt beim Unternehmen[30]. Wählt ein Un-

24 Zu anderen Methoden der Ermittlung der Wiederbeschaffungspreise und zur Durchführbarkeit solcher Methoden vgl. *Vermeulen,* in: Bericht über die Fachtagung 1971 des IdW, S. 74.

25 *Klein,* DB 1973, 193, 198 f.

26 Zum Komplex der Nachholwirkung siehe etwa *Feuerbaum,* DB 1973, 742 ff.

27 So *Havermann,* BFuP 1973, 536, 537.

28 Erschienen als Sonderbeilage zu Bulletin 8/1970 der Europäischen Gemeinschaften (im folgenden zitiert als S.E.-Entwurf) und umfassend behandelt in *Lutter* (Hrsg.), Die Europäische Aktiengesellschaft. In diesem Zusammenhang ist vor allem interessant der Beitrag von *Busse von Colbe,* Der Jahresabschluß der S.E., S. 241 ff.

29 Den Unternehmen und nicht den Mitgliedstaaten! Vgl. dazu die Erläuterungen zu Art. 180 und 181 des S.E.-Entwurfs, S. 145.

30 Vgl. die Erläuterungen zu Art. 180 und 181 des S.E.-Entwurfs, S. 145.

ternehmen die Bewertung auf der Grundlage des Wiederbeschaffungsprinzips, so ist der Differenzbetrag zur Bewertung nach dem Anschaffungskostenprinzip in eine zweckgebundene Neubewertungsrücklage einzustellen. Die jährlichen Abschreibungen und Wertberichtigungen sind von den jeweils für die Rechnungsperiode ermittelten Wiederbeschaffungswerten vorzunehmen[31]. Die Neubewertungsrücklage ist nur insoweit – erfolgswirksam – aufzulösen, als die Beträge nicht mehr zur Wiederbeschaffung benötigt werden. Sie sind dann gesondert in der Gewinn- und Verlustrechnung auszuweisen. Darüber hinaus kann die Neubewertungsrücklage jederzeit nach den allgemeinen Vorschriften[32] in Kapital umgewandelt werden. Die Freiheit der Wahl der Bewertungsgrundsätze durch die Unternehmen wird jedoch durch strenge Publizitätsvorschriften ergänzt. Wählt ein Unternehmen die Bewertung auf der Grundlage des Wiederbeschaffungswertprinzips, so hat es im Anhang zum Jahresabschluß anzugeben, welche Posten auf der Grundlage dieses Prinzips bewertet wurden. Ferner müssen im Anhang die Unterschiedsbeträge zwischen der Bewertung zu Anschaffungs- oder Herstellungskosten und der Bewertung mit den Wiederbeschaffungswerten in den folgenden Positionen gesondert angegeben werden:

Für die Bilanz:

1. Anlagevermögen
   a) Immaterielle Anlagen
   b) Sachanlagen
   c) Beteiligungen und sonstige Finanzanlagen
2. Umlaufvermögen

Für die Gewinn- und Verlustrechnung:

1. Abschreibungen auf die Vermögenswerte des Anlagevermögens
   a) Immaterielle Anlagen
   b) Sachanlagen
   c) Beteiligungs- und sonstige Finanzanlagen
2. Wertberichtigungen auf die Vermögenswerte des Anlagevermögens
   a) Immaterielle Anlagen
   b) Sachanlagen
   c) Beteiligungen und sonstige Finanzanlagen

Obwohl bei der Bewertung auf der Grundlage des Wiederbeschaffungswertprinzips der Gesichtspunkt der (reproduktiven) Substanzerhaltung

31 Das auf diese Weise ausgesprochene Nachholverbot folgt der These *F. Schmidts,* daß der »Reproduktionswert des Bilanzstichtages« der wichtigste Wert der organischen Bilanz ist. Vgl. *F. Schmidt,* S. 168.

32 Art. 41 des S.E.-Entwurfs (Kapitalerhöhung).

schon bei der Gewinnermittlung berücksichtigt wird[33], beläßt es Art. 217 Abs. 1 des S.E.-Entwurfs bei der dem § 58 Abs. 2 AktG entsprechenden paritätischen Kompetenzaufteilung zwischen dem Vorstand und der Hauptversammlung.

c) Die 4. EWG-Richtlinie

Ebenfalls von der Kommission der Europäischen Gemeinschaften wurde ein Jahr nach dem S.E.-Entwurf ein weiterer Vorschlag[34] für die Koordinierung der Bewertungsvorschriften innerhalb der EWG-Mitgliedstaaten vorgelegt. In diesem Vorschlag versucht die Kommission eine Harmonisierung der Rechnungslegungsvorschriften dadurch zu erreichen, daß sie sämtliche zur Zeit in der EG praktizierten Methoden nebeneinander anerkennt. Dadurch, daß die Kommission den EG-Mitgliedstaaten[35] (hier nicht den einzelnen Unternehmen!) das Wahlrecht zwischen den verschiedenen Bilanzierungsmethoden einräumt, kann sie eine eigene Stellungnahme zugunsten der einen oder anderen Methode vermeiden. Die 4. EWG-Richtlinie sieht neben der Bewertung nach dem Anschaffungswertprinzip u. a. eine Bewertung auf der Grundlage der Wiederbeschaffungswerte[36] vor. Gemäß Art. 30 der 4. EWG-Richtlinie kann die Bewertung der Sachanlagen, deren Nutzung zeitlich begrenzt ist, sowie die Bewertung der Vorräte zu Wiederbeschaffungswerten gestattet werden. In diesem Fall sind auch die jährlichen Abschreibungen von den für die Bilanz ermittelten Werten vorzunehmen[37]. Wird in einem Mitgliedstaat die Bilanzierung zu (den am Bilanzstichtag geltenden) Wiederbeschaffungswerten gestattet, so muß gleichzeitig sichergestellt werden, daß die zu Wiederbeschaffungswerten bilanzierten Posten im Anhang zum Jahresabschluß erwähnt und hinsichtlich der gewählten Wertansätze erläutert werden. Die Differenz zwischen der Bewertung zu Anschaffungskosten und der Bewertung zu Wiederbeschaffungswerten[38] ist

33 Vgl. die Erläuterungen zu Art. 180 und 181 des S.E.-Entwurfs, S. 145.

34 Vorschlag der Kommission der Europäischen Gemeinschaften für eine Vierte Richtlinie (EWG) des Rates, veröffentlicht als Drucksache des Deutschen Bundestages VI/2875 (zitiert als 4. EWG-Richtlinie).

35 Vgl. *Jonas,* DB 1973, 1957, insbes. die Fn. 7, und *Havermann,* BFuP 1973, 536 ff.

36 Am Bilanzstichtag.

37 Aus Art. 30 Ziff. 6 der 4. EWG-Richtlinie kann geschlossen werden, daß für den Werteverzehr nicht die Wiederbeschaffungswerte im Reinvestitionszeitpunkt, sondern die (auch besser nachprüfbaren) Wiederbeschaffungswerte am Bilanzstichtag maßgeblich sein sollen. Dazu *Havermann,* BFuP 1973, 536, 543, der in Art. 30 Ziff. 6 der 4. EWG-Richtlinie lediglich die Ausschließung der sog. Abschreibungen mit Nachholwirkung sieht.

38 Und nicht nur die Differenz der entsprechenden Abschreibungsbeträge. Vgl. *Havermann,* BFuP 1973, 539, 556 f.

in eine zweckgebundene, auf der Passivseite der Bilanz geführte Neubewertungsrücklage einzustellen. Diese Rücklage ist in eine Rücklage für Sachanlagen und eine Rücklage für Vorräte zu untergliedern. Sie kann jederzeit in Kapital umgewandelt werden. Ansonsten ist sie insoweit aufzulösen, als die in der Neubewertungsrücklage enthaltenen Beträge nicht mehr zur Wiederbeschaffung der Aktiva, wegen derer die Rücklage zu bilden war, benötigt werden. Die aufgelösten Beträge sind Bestandteil des Jahresergebnisses und müssen gesondert in der Gewinn- und Verlustrechnung ausgewiesen werden.

d) Scheingewinnermittlung außerhalb der Bilanz (Groupe d'Etudes)

Dagegen wird von anderer Seite die Meinung vertreten[39], es sei besser, zur Ermittlung des wirklichen Periodenaufwands den Wiederbeschaffungswertgedanken auf den Werteverzehr in der Gewinn- und Verlustrechnung zu beschränken. Während nach diesem Vorschlag der Grundsatz der Bilanzierung auf der Grundlage der Anschaffungs- oder Herstellungskosten unangetastet bleibt, wird für das Sachanlagevermögen neben der Bilanz statistisch eine Rechnung mit Wiederbeschaffungswerten durchgeführt. Die Differenz zwischen dem jährlichen Werteverzehr zu Anschaffungs- oder Herstellungskosten wird in der Gewinn- und Verlustrechnung erfolgswirksam gebucht und einer Substanzerhaltungsrücklage in der Bilanz zugeführt[40]. Damit ist der ausgewiesene Jahresüberschuß bereits um die für die Erhaltung des Sachanlagevermögens erforderlichen Beträge gekürzt, stellt also einen Gewinn nach Substanzerhaltung dar.

Mit dieser Methode soll die Bilanz gegen den Vorwurf geschützt werden, sie enthalte nicht mehr eindeutig belegbare und überprüfbare Werte[41]. Gleichzeitig soll der höhere Periodenaufwand erfolgsmindernd in der Gewinn- und Verlustrechnung berücksichtigt werden.

e) Zulassung einer Substanzerhaltungsrücklage (Bundesrat)

Einen pragmatischen, aber vielleicht aussichtsreichen Weg zur Bekämpfung der Auswirkungen der Geldwertverschlechterung auf die Unternehmens-

39 Vorschlag der Groupe d'Etudes des Experts Comptables de la C.E.E., einer von den Berufsorganisationen der Wirtschaftsprüfer in den Mitgliedsländern der EG eingesetzten Fachgruppe (im folgenden zitiert als Groupe d'Etudes). Besprechung des Vorschlags bei *Havermann*, BFuP 1973, 536, 555 ff.

40 Dieses Verfahren ähnelt der Einstellung von Beträgen in einen Sonderposten mit Rücklageanteil nach § 158 Abs. 6 und § 152 Abs. 5 AktG, weil die Einstellung in die Gewinn- und Verlustrechnung vor dem Posten 28 (Jahresüberschuß/Jahresfehlbetrag) erfolgt.

41 Vgl. zur Forderung nach überprüfbaren Werten in den Bilanzen *Vermeulen*, Diskussionsbeitrag in Bericht über die Fachtagung 1971 des IdW, S. 89 f.: »Das (historisch) Genaue in der Bilanz ist unrichtig; das Richtige in der Bilanz ist ungenau. Sie können und müssen wählen!«

substanz ging ein Gesetzentwurf des Bundesrates[42]. Er begünstigt – auf das Gebiet der abnutzbaren Investitionsgüter beschränkt – die reproduktive Substanzerhaltung der Unternehmen ohne Rücksicht auf die Kapitalstruktur des Anlagevermögens. In dem Gesetzentwurf wird die Bundesregierung ermächtigt, mit Zustimmung des Bundesrats durch Rechtsverordnung eine gewinnmindernde Substanzerhaltungsrücklage zuzulassen. Der Anwendungsbereich ist beschränkt auf die nach dem 31. 12. 1974 angeschafften oder hergestellten abnutzbaren, beweglichen Wirtschaftsgüter des Anlagevermögens. In die Rücklage sind die Differenz zwischen den Anschaffungs- und Herstellungskosten und dem höheren Wiederbeschaffungswert am Schluß des Wirtschaftsjahres sowie die entsprechenden Steigerungen des Wiederbeschaffungswerts in den Folgejahren einzustellen[43]. Die Rücklage ist – den steuerlichen Gewinn mindernd – nur zulässig, wenn auch in der handelsrechtlichen Jahresbilanz ein entsprechender Passivposten in mindestens gleicher Höhe ausgewiesen wird. Die Wiederbeschaffungswerte werden durch Multiplikation der Anschaffungs- oder Herstellungskosten mit einer speziellen Indexzahl errechnet. Die Indexzahl wird von der Bundesregierung mit Zustimmung des Bundesrates jährlich als durchschnittliche Preismeßzahl für Investitionsgüter festgestellt[44]. Bei Ersatzanschaffungen wird die für das ausscheidende Wirtschaftsgut angesammelte Rücklage von den Anschaffungs- oder Herstellungskosten des Ersatzguts abgezogen. In gleicher Höhe wird die Rücklage gewinnerhöhend aufgelöst. Die für ein Wirtschaftsgut angesammelte Rücklage wird auch dann gewinnerhöhend aufgelöst, wenn binnen zweier Jahre nach dem Ausscheiden des Wirtschaftsgutes keine Ersatzanschaffung erfolgt.

2. *Nettosubstanzerhaltung*

Während die Konzeption der Bruttosubstanzerhaltung allein auf die mengenmäßige Erhaltung der Vermögensgegenstände auf der Aktivseite der Bilanz ausgerichtet ist, wird bei der Konzeption der Nettosubstanzerhal-

42 Beschluß des Bundesrats zum Entwurf eines Gesetzes zur Änderung des Einkommensteuergesetzes (Steueränderungsgesetz 1974) vom 5. 4. 1974, BR-Drucksache 189/74 (zitiert als BR-Drucksache). Kritisch dazu *Havermann*, WPg 1974, 445, 455.

43 Bei sinkendem Wiederbeschaffungswert erfolgt eine – den Gewinn erhöhende – Auflösung in entsprechender Höhe.

44 Zur Gefahr »politischer Indices« vgl. *Zacher*, Diskussionsbeitrag zum Thema »Geldwert und Recht«, in: Verhandlungen des Fünfzigsten Deutschen Juristentages, Band II, N 48 f.

tung[45] auch die Passivseite der Bilanz berücksichtigt. Die Konzeption der Nettosubstanzerhaltung trägt damit dem Umstand Rechnung, daß die Auswirkungen der Preis- und Geldwertschwankungen auf die Substanz eines Unternehmens entscheidend von seiner Kapitalstruktur abhängen[46]. Zwar werden die Scheingewinne – wenn auch bei der Nettosubstanzerhaltung außerhalb der Bilanz – nach der gleichen Art wie bei der Bruttosubstanzerhaltung ermittelt. Doch sind bei der Konzeption der Nettosubstanzerhaltung nur die Scheingewinne von Bedeutung, die beim eigenkapitalfinanzierten Sachvermögen[47] entstehen. Das beruht auf folgender Überlegung: Bei Fremdfinanzierung der monetären Bilanzposten gleichen sich Scheingewinne und Scheinverluste aus. Bei den fremdfinanzierten nichtmonetären Bilanzposten sind nach der Konzeption der Nettosubstanzerhaltung die entstandenen Scheingewinne bei der Wiederbeschaffung der verbrauchten Vermögensgegenstände durch eine entsprechende Mehraufnahme von Fremdkapital[48] zu kompensieren. Da im allgemeinen die Aktivposten der Bilanz in keiner sachlichen Verbindung mit bestimmten Passivposten stehen[49], ergibt sich für die Frage der Finanzierung der einzelnen Aktivposten ein Zuordnungsproblem[50], das unterschiedlich gelöst wird.

Die Konzeption der Nettosubstanzerhaltung wird heute zwar als Erhaltungsziel im Rahmen der Gewinnermittlung nicht vertreten. Sie spielt aber als theoretische Grundlage für die später zu erörternden Nebenrechnungen ohne Einfluß auf die Gewinnermittlung eine entscheidende Rolle.

45 Nach *Bierich* (Geldwertschwankungen und Rechnungslegung der Unternehmung, Vortrag auf dem Deutschen Betriebswirtschafter Tag, Berlin, 1. 10. 1973, und in BFuP 1973, 521 ff.) ist scharf zwischen »Nettosubstanzerhaltung« und »substantieller Eigenkapitalerhaltung« zu unterscheiden. Nach seinen Untersuchungen kann bei der »substantiellen Eigenkapitalerhaltung« ein größeres Rücklagenerfordernis auftreten, weil diese Konzeption auch die Erhaltung der eigenkapitalfinanzierten monetären Bilanzposten umfaßt. Diese terminologische Unterscheidung *Bierichs* hat sich bislang im Schrifttum nicht durchgesetzt. Sie wird daher auch in dieser Arbeit zur Vermeidung einer unnötigen Komplizierung nicht übernommen.

46 Herrschende Ansicht. Anderer Ansicht nur *Feuerbaum,* BFuP 1974, 439 ff. Vgl. zur Konzeption der Nettosubstanzerhaltung ansonsten nur *Sieben/Schildbach,* BFuP 1973, 577, 580 ff., und *Coenenberg,* AG 1975, 113, 116 ff.

47 Vgl. auch hier die Unterscheidung bei *Bierich* (Fn. 45 auf dieser Seite).

48 Die Eigenkapitalfinanzierung der an fremdfinanzierten Vermögensgegenständen entstandenen Scheingewinne würde zu einer permanenten Verschiebung der Kapitalstruktur zugunsten der Eigenkapitalfinanzierung führen.

49 *Coenenberg,* AG 1975, 113, 116.

50 Vgl. dazu *Coenenberg,* AG 1975, 113, 116, und *Sieben/Schildbach,* BFuP 1973, 577, 580 ff.

B. Die Kapitalerhaltungskonzeptionen

Im Gegensatz zur gütermäßig bestimmten Erhaltung der Unternehmenssubstanz kann auch – etwa aus der Sicht der Kapitalgeber – in erster Linie die geldmäßige Erhaltung des im Unternehmen investierten Geldkapitals angestrebt werden. Diese als »Kapitalerhaltung«[51] bezeichnete Erhaltungskonzeption ist eine reine Geldrechnung. Bei ihr steht im Vordergrund nicht das Unternehmen mit seinem typischerweise zukunftsorientierten Zweck dauerhafter wirtschaftlicher Existenz[52]. Sie sieht das Unternehmen vielmehr – retrospektiv – als eine aufeinanderfolgende Liquidation abgegrenzter, zeitlich limitiert geplanter Einzelgeschäfte. Nach der Formel: »Geld – Ware – Mehrgeld[53]« ist Gewinn der Überschuß des Umsatzerlöses über das investierte Kapital. Während bei den Substanzerhaltungskonzeptionen eine absolute Gütermenge[54] oder die relative Stellung in der Volkswirtschaft[55] als Erhaltungsmaßstab dient, nimmt diese Aufgabe bei den Kapitalerhaltungskonzeptionen das Geld wahr. Entsprechend den auseinandergehenden Auffassungen[56] darüber, ob Tauschwertveränderungen des Geldes in den Bilanzen berücksichtigt werden dürfen, gibt es zwei[57]

51 Vgl. zur betriebswirtschaftlichen Terminologie schon Fn. 14 auf S. 99 dieser Arbeit. Die geldmäßige Erhaltungskonzeption wird im folgenden als Konzeption der »Kapitalerhaltung« bezeichnet. Ebenso *Havermann,* WPg 1974, 423 ff.; *Wohlgemuth,* AG 1975, 299 ff.; dieser Begriff ist inhaltlich identisch mit dem Begriff »Geldkapitalerhaltung« bei *Busse von Colbe,* Handwörterbuch der Betriebswirtschaft, Sp. 4424 ff., 5310 ff.; *Coenenberg,* AG 1975, 113 ff.; *Sieben,* BFuP 1973, 577 ff.

52 »Going-Concern-Concept«. Vgl. dazu *Sieben/Schildbach,* BFuP 1973, 577, 578 f.

53 *Sieben,* BB 1971, 61, 62 der BW zu Heft 26/71.

54 Bei der »reproduktiven« Substanzerhaltung, der heute vertretenen Substanzerhaltungskonzeption.

55 Bei der von *F. Schmidt* vertretenen »relativen« Substanzerhaltungskonzeption.

56 Während *Knapp* noch in der 1921 erschienenen 3. Aufl. seiner Staatlichen Theorie des Geldes (S. 439) die Möglichkeit einer allgemeinen Geldwertschwankung verneint (»Der Staat kennt gar keine Veränderlichkeit des ›Geldwerts‹«), spricht sich *Rieger* in seiner Einführung in die Privatwirtschaftslehre (S. 231 ff., 244 ff.) lediglich gegen die Bestrebungen aus, Kaufkraft- oder Substanzerhaltungsgesichtspunkte in die Bilanz einzubeziehen. Diesen Schritt gehen dagegen – zumindest bezüglich des allgemeinen Geldwerts – *Mahlberg* (Bilanztechnik und Bewertung bei schwankender Währung, S. 13 ff., 26 ff.) und *Schmalenbach* (Geldwertausgleich in der bilanzmäßigen Erfolgsrechnung, ZfhF 1921, 401 ff.), wobei *Mahlberg* den Berliner Goldpreis und *Schmalenbach* – ab der 4. Aufl. seiner Dynamischen Bilanz – den Großhandelspreisindex als Geldwertmaßstab benutzt.

57 Auf die von *Bierich* untersuchte »substantielle Kapitalerhaltung« (vgl. Fn. 45 auf S. 106) soll auch hier nicht näher eingegangen werden.

Formen der Kapitalerhaltung, die nominelle und die reale Kapitalerhaltung.

1. Nominalkapitalerhaltung

Das Prinzip der Nominalkapitalerhaltung geht auf den Gewinnbegriff *Riegers* zurück[58]. Es ignoriert jede Kaufkraftänderung des Geldes während des Geschäftsjahres für die Rechnungslegung. Da es von der Wertidentität der Geldeinheit am Anfang und am Ende der Rechnungsperiode ausgeht, sieht es das Kapitalerhaltungsziel als erreicht an, wenn das Kapital geldziffernmäßig mindestens gleich geblieben ist. Die Konzeption der Nominalkapitalerhaltung basiert gedanklich auf der Annahme, daß der Geldwert langfristig stabil oder staatlich fixiert ist. Bei der Annahme langfristiger Stabilität des Geldwerts liegt eine Rechtfertigung dieser Konzeption darin, daß sie die bei kurzfristigen Geldwertschwankungen auftretende Ungenauigkeit in der Bilanz in Kauf nimmt, um gleichzeitig durch die Nichtbeachtung der Geldwertschwankungen die Leichtigkeit des Geldverkehrs und das Vertrauen in die Stabilität der Währung zu stärken.

Das Prinzip der Nominalkapitalerhaltung gilt in bedeutenden Industriestaaten wie den Vereinigten Staaten von Amerika, Japan, Kanada, Frankreich und der Bundesrepublik Deutschland. Trotz zahlreicher Durchbrechungen im deutschen Handels- und Steuerrecht[59] sieht sich das Prinzip der Nominalkapitalerhaltung heute dem Vorwurf ausgesetzt, mehr aus bilanzpolitischen als auch bilanztheoretischen Erwägungen beibehalten zu werden[60].

2. Realkapitalerhaltung – Die reale Kapitalerhaltung im Rahmen der »Dynamischen Bilanz« (Schmalenbach)

Unter dem Einfluß des extrem starken Geldwertverfalls in den Jahren nach dem 1. Weltkrieg wurde das System der »realen Kapitalerhaltung« als Erhaltungskonzeption der Unternehmen entwickelt[61]. Nach diesem System ist das Ziel der Kapitalerhaltung erreicht, wenn Anfangs- und Endkapital einer Rechnungsperiode – gemessen in Geldeinheiten gleicher Kaufkraft – gleich groß sind. Die Konzeption der Realkapitalerhaltung hat sich als

58 *Rieger,* 2.Aufl., S. 34.

59 So etwa § 6 b EStG, § 82 StädteBFG, Abschnitt 35 EStR, § 51 EStG i. V. mit § 74 EStDV, § 7 EStG, § 7 d EStG, § 79 EStDV, § 82 EStDV, § 82 d EStDV, § 82 e EStDV, § 82 g EStDV, § 3 ZonenRFG.

60 *Hennemann,* Für die Regierung bleibt Mark gleich Mark, SZ vom 16. 8. 1975, S. 4.

61 *Mahlberg,* S. 1 ff., und *Schmalenbach,* ZfhF 1921, 401 ff.

Gewinnermittlungskonzeption in Europa nicht durchsetzen können. Sie bildet aber die Grundlage der brasilianischen Bilanzvorschriften[62].

Das vor allem von *Schmalenbach* weiterentwickelte System[63] der realen Kapitalerhaltung ist eine Geldrechnung, die sich auf die Neutralisierung der allgemeinen Geldwertänderung[64] im Jahresabschluß beschränkt. Da *Schmalenbach* den Wert des Geldes in seinem Tauschwert, d. h. in seiner Kaufkraft sieht[65], ermittelt er die Änderungen des allgemeinen Geldwerts aus den Änderungen des allgemeinen Preisniveaus. Dieses spiegelt sich seiner Ansicht nach am besten im Index der Großhandelspreise[66] des Statistischen Reichsamts wider.

Die *Schmalenbach*sche Methode[67] basiert auf der Annahme[68], daß der Geldwert während der zu bilanzierenden Rechnungsperiode sinkt[69] und daß in den vorangegangeganen Jahren keine Geldwertkorrekturen vorgenommen wurden. Zur Vereinfachung des Verfahrens werden alle Werte der Anfangs- und der Schlußbilanz auf den Geldwert umgerechnet, der am Ende der Rechnungsperiode besteht[70]. Auch die Beschränkung der Umrechnung auf den Anfang und das Ende der Rechnungsperiode unter Verzicht

62 Zur neueren brasilianischen Inflationsbilanzierung vgl. *Hess/Lege,* WPg 1976, 345 ff.

63 Vgl. zum »vollkommen systematischen« Verfahren der Geldwertumrechnung *Schmalenbach,* Dynamische Bilanz, 4. Aufl., S. 238 ff. Das vereinfachte Modell beschreibt *Schmalenbach* in der Dynamischen Bilanz, 4. Aufl., S. 236 ff., 266 ff. Dieses Modell berücksichtigt die Geldentwertung nur bei den Abschreibungen. Vgl. dazu auch *Schildbach,* BFuP 1974, 138 ff.

64 *Schmalenbach* hebt besonders hervor, daß als Scheingewinn nur die Beträge eliminiert werden sollen, die allein auf der Veränderung des allgemeinen Geldwerts beruhen. »... nur soll das Problem der Geldwertkorrektur nicht mit anderen Problemen vermengt werden.« *Schmalenbach,* ZfhF 1921, 401, 402.

65 Vgl. zu dem komplexen Begriff »Geldwert« statt anderer v. *Maydell,* S. 15 ff., insbes. S. 25 ff.

66 *Schmalenbach,* Dynamische Bilanz, 4. Aufl., S. 231. Kritisch zur Aussagekraft des Großhandelspreisindex für die Bestimmung des Geldwerts *Haberler,* S. 124.

67 *Schmalenbach* hat das Konzept der realen Kapitalerhaltung in Formen unterschiedlicher Systemtreue und daher auch entsprechend unterschiedlicher Praktikabilität vorgeschlagen (vgl. Fn. 63 auf dieser Seite). Hier soll nur auf das wegen seiner Praktikabilität geeignetste Modell, vorgeschlagen in ZfhF 1921, 401 ff., eingegangen werden.

68 *Schmalenbach,* ZfhF 1921, 401 f.

69 *Schmalenbach* legte die für die damalige Zeit durchaus realistische Geldwertverschlechterung von etwa 150 % pro Jahr zugrunde. Vgl. die Tabelle in JW 1923, 807, wonach der Großhandelspreisindex allein 1920 um 178 % stieg.

70 Dabei wird in Kauf genommen, daß dadurch für verschiedene Geschäftsjahre die Ergebnisse unvergleichbar werden. Vgl. *Schmalenbach,* ZfhF 1921, 401, 402.

auf die Umrechnung der dazwischen liegenden Geschäftsvorfälle dient der Vereinfachung[71].

Zunächst werden alle mit einem Bestand beginnenden Konten der Anfangsbilanz mit Ausnahme des Eigenkapitals auf den Geldwert am Ende des Rechnungsjahres hochindiziert. Die Differenzbeträge werden zugunsten oder zu Lasten eines Geldwertausgleichskontos (d. h. erfolgsneutral) verbucht. Dagegen gehen bei den monetären Vermögensgegenständen die Geldentwertungsbeträge erfolgswirksam in die Gewinn- und Verlustrechnung ein[72], da sie ex definitione nur mit ihrem Nominalwert angesetzt werden[73]. Wertsteigerungen, die über die allgemeine Preissteigerungsrate hinausgehen, bleiben unberücksichtigt[74]; solche, die hinter der allgemeinen Preissteigerungsrate zurückbleiben[75], zeigen einen echten Verlust an, der erfolgswirksam abgeschrieben werden muß. Der Werteverzehr durch Abschreibungen und der Warenverbrauch werden jeweils von dem kaufkraftbereinigten Wertansatz der Bilanz errechnet.

C. *Die kombinierten Erhaltungskonzeptionen*

Bei der Suche nach der geeignetsten Konzeption zur Erhaltung der Unternehmenssubstanz sind auch kombinierte Erhaltungskonzeptionen vorgeschlagen worden. Sie verbinden Elemente der nominalen oder der realen Kapitalerhaltung mit Elementen der Substanz- bzw. der Erfolgskapitalerhaltung.

1. *Nominalkapital- oder Bruttosubstanzerhaltung als »Prinzip des doppelten Minimums« (Hax)*

Zur Umgestaltung der geltenden gesetzlichen Vorschriften wird von *Hax* der Vorschlag gemacht[76], den Gedanken der Substanzrechnung in die tra-

71 Die dadurch entstehenden Verzerrungen haben nach *Schmalenbach* (ZfhF 1921, 401, 402) auf das Gesamtresultat keinen Einfluß.

72 Zur Kollision mit dem Realisationsprinzip bei den Verbindlichkeiten vgl. *Schmalenbach*, Dynamische Bilanz, 4. Aufl., S. 272 f.

73 *Havermann*, WPg 1974, 423, 430.

74 Vgl. Fn. 64 auf S. 109 dieser Arbeit.

75 *Schmalenbach* (ZfhF 1921, 401, 413 f.) stellt diesen Fall am Beteiligungskonto dar.

76 *Hax*, Die Substanzerhaltung der Betriebe, S. 275 ff. Das von *Hax* vertretene Modell wurde ursprünglich für die Berücksichtigung solcher Preisänderungen konzipiert, die auch bei relativ stabilem Geldwert auftreten (Preisrelationsverschiebungen). Dennoch ist das Modell ohne weiteres auch auf Preiserhöhungen im Rahmen der allgemeinen Geldentwertung anwendbar.

ditionelle Geldkapitalrechnung einzubeziehen. Dabei soll sich die Substanzrechnung auf das Vorrats- und das Sachanlagevermögen beschränken, weil nur hier eine Mengenrechnung möglich sei[77]. Für das Vorratsvermögen empfiehlt der Vorschlag aus Gründen der Praktikabilität die Anwendung des Lifo-Verfahrens[78], für das Sachanlagevermögen dagegen die Dotierung einer Substanzerhaltungsrücklage. Bei der zugrundeliegenden Kombination von Geldkapital- und Substanzrechnung soll bei steigenden Preisen grundsätzlich die Substanzrechnung, bei fallenden Preisen die Geldkapitalrechnung als Gewinnkonzeption gelten[79]. Auf diese Weise soll stets nur die kleinere von beiden Gewinngrößen ausgeschüttet werden (»Prinzip des doppelten Minimums«)[80]. Bei Preisanstieg wird die Differenz zwischen den Abschreibungen auf Wiederbeschaffungswertbasis und den Abschreibungen auf der Grundlage der Anschaffungs- und Herstellungskosten in die Substanzerhaltungsrücklage eingestellt[81]. Bei einem weiteren Ansteigen der Preise steigt die Substanzerhaltungsrücklage um die Abschreibungsdifferenzbeträge beim Sachanlagevermögen, bei einem Preisrückgang sinkt sie entsprechend bis auf Null. Nach Erschöpfung der Substanzerhaltungsrücklage werden die auf dem Preisrückgang beruhenden »unechten« Verluste wegen des dann eingreifenden Prinzips der nominalen Kapitalerhaltung als echte, gewinnmindernde Verluste ausgewiesen[82]. Ist bei sinkenden Wiederbeschaffungspreisen die Substanzerhaltungsrücklage noch nicht aufgebraucht, wird vom niedrigeren Wiederbeschaffungspreis abgeschrieben, ist sie aufgebraucht, berechnen sich die Abschreibungen vom Anschaffungswert[83]. Das Problem der Artänderung bei der Ersatzbeschaffung entfällt bei diesem Vorschlag, weil die Substanzerhaltungsrücklage nicht für die einzelnen Gegenstände getrennt, sondern pauschal für die gesamten abnutzbaren Sachanlagen geführt wird. Das Problem der Mengenänderung (Kapazitätsänderung) löst *Hax* mangels eindeutiger Bestimmungsgrößen durch Schätzung. Bei einer Kapazitätsschrumpfung wird die Substanzerhaltungsrücklage um den geschätzten Anteil der Mengenänderung am gesamten abnutzbaren Sachanlagevermögen erfolgswirksam aufgelöst.

77 *Hax*, Die Substanzerhaltung der Betriebe, S. 181.
78 *Hax*, Die Substanzerhaltung der Betriebe, S. 176 ff.
79 *Hax*, Die Substanzerhaltung der Betriebe, S. 26.
80 *Hax*, Die Substanzerhaltung der Betriebe, S. 276.
81 Prinzip der Substanzerhaltung aus »verdienten« Abschreibungen. Vgl. auch Fn. 88 auf S. 112 dieser Arbeit.
82 *Hax/Knorr/Meier*, WPg 1952, 295.
83 *Hax*, Die Substanzerhaltung der Betriebe, S. 222.

2. *Nominalkapital- und Bruttosubstanzerhaltung in der »Polaren Bilanz« (Feuerbaum)*

Obwohl auch der »Polaren Bilanz«[84] eine Kombination von Geldkapital- und Substanzrechnung zugrunde liegt, unterscheidet sie sich doch in wesentlichen Punkten von dem vorangegangenen Modell: Die Substanzrechnung soll gleichwertig neben der Nominalkapitalrechnung innerhalb der »Polaren Bilanz« durchgeführt werden. Sie soll über das Vorratsvermögen hinaus das gesamte Anlagevermögen umfassen. Während nach dem »Prinzip des doppelten Minimums« Geldkapital- und Substanzrechnung alternativ als Gewinnkonzeption eingreifen, wirken sie in der »Polaren Bilanz« kumulativ. Aus dieser Konzeption einer in die Bilanz integrierten Substanzrechnung wird ein neuer, auch für die Besteuerung maßgeblicher[85] »imparitätischer Gewinnbegriff«[86] abgeleitet. Nach ihm liegt ein Gewinn nur vor bei nomineller und substantieller Vermögensmehrung, ein Verlust hingegen schon bei nomineller oder substantieller Minderung des Vermögens[87].

In die Substanzerhaltungsrücklage wird die volle Differenz zwischen dem höheren Wiederbeschaffungswert am Bilanzstichtag und dem zuletzt bilanzierten Wiederbeschaffungswert bzw. den Anschaffungs- oder Herstellungskosten eingestellt[88]. Die Substanzerhaltungsrücklage der »Polaren Bilanz« ist unauflösbar. Sie beibt auch bei Preisrückgang unangetastet bestehen[89], weil die durch das Sinken der Wiederbeschaffungspreise entstehenden »Scheinverluste« als reale Verluste »am Investivwert«[90] den Gewinn mindern. Die Substanzerhaltungsrücklage enthält somit für die verbrauchten oder abgenutzten Wirtschaftsgüter die Beträge, die sonst als Scheingewinne realisiert worden wären[91].

3. *Nominalkapital- und Bruttosubstanzerhaltung nach Wedell*

Der Vorschlag des S.E.-Statuts der Kommission der Europäischen Gemeinschaften[92] blieb nicht frei von Kritik und wurde zum Ausgangspunkt weiterführender Gedanken. Auf der Grundlage des S.E.-Entwurfs wurde

84 *Feuerbaum*, Die Polare Bilanz, S. 95 ff.
85 *Feuerbaum*, Die Polare Bilanz, S. 110, 163 ff.
86 *Feuerbaum*, Die Polare Bilanz, S. 105.
87 Vgl. hierzu *Gemper*, S. 21 f.
88 *Feuerbaum*, DB 1973, 737, 740 (Prinzip der »noch nicht verdienten« Substanzerhaltungsrücklage).
89 *Feuerbaum*, Die Polare Bilanz, S. 107.
90 *Feuerbaum*, Die Polare Bilanz, S. 109.
91 *Feuerbaum*, DB 1973, 737, 740.
92 Vgl. oben S. 101 ff.

ein modifizierter Vorschlag[93] vorgestellt, der den S.E.-Entwurf in den Punkten Willkürfreiheit und Aussagefähigkeit bezüglich der gewählten Erhaltungskonzeption verbessern soll[94]. Der Vorschlag greift die im S.E.-Entwurf fakultativ vorgesehene Bewertung zu den Wiederbeschaffungswerten des Bilanzstichtags auf, fordert aber darüber hinaus die konsequente Erstreckung des Tageswertgedankens auch auf das Gebiet der Gewinnverteilungskompetenzen. Im einzelnen sieht der Vorschlag dazu vor:

Neben dem von Systembrüchen bereinigten[95] Jahresabschluß auf der Grundlage des Anschaffungswertprinzips wird eine Erfolgsermittlung auf der Grundlage des Tageswertprinzips durchgeführt. Von den beiden (prüfungspflichtigen) Jahresgewinnziffern stellt die niedrigere die Obergrenze für die Ausschüttung dar. Der den nach dem Tageswertprinzip errechneten Jahresgewinn übersteigende Nominalgewinn wird jährlich in eine zweckgebundene »Substanzerhaltungsrücklage« eingestellt. Sie ist nur insoweit – erfolgswirksam – aufzulösen, als die betreffenden Wiederbeschaffungspreise gefallen sind oder eine Ersatzbeschaffung unterbleibt.

Für die so angestrebte Substanzerhaltung im Rahmen der Gewinnermittlung wird die Befugnis der Verwaltung aus § 58 Abs. 2 AktG zur Einbehaltung bis zur Hälfte des Jahresüberschusses jedoch davon abhängig gemacht, daß die geplante Rücklage aus einem »Rahmenplan zur Gewinnverwendung« hervorgeht, den die Verwaltung vorzulegen hat. Die Beschlußfassung über die Thesaurierung von Teilen des danach verbleibenden Bilanzgewinns soll der Hauptversammlung mit Rücksicht auf den Kapitalmarkt nur noch mit qualifizierter Mehrheit möglich sein.

Der Vorschlag führt zu einer Neudefinition des ausschüttungsfähigen Gewinns als Gewinn nach Substanzerhaltung. Er soll zu gesteigerten Anforderungen an die Verwaltung bei der Verwendung von Teilen des Jahresüberschusses nach § 58 Abs. 2 AktG führen und gleichzeitig den Minderheitenschutz beim Gewinnverwendungsbeschluß nach § 174 Abs. 1 AktG verstärken.

4. Realkapital- und Substanzerhaltung (Endres)

In einem weiteren Vorschlag[96] wird der Unternehmensgewinn entsprechend den zugrunde gelegten Erhaltungsmaßstäben in den »erzielten Gewinn« und den »ausschüttbaren« Gewinn unterteilt. Der »erzielte Gewinn«

93 *Wedell,* DB 1972, 1881 ff.

94 *Wedell,* DB 1972, 1881, 1886 f.

95 So hat etwa die Wahl der Bewertungs- und Abschreibungsmethoden nach ausschließlich betriebswirtschaftlichen Gesichtspunkten zu erfolgen.

96 *Endres,* Der erzielte und der ausschüttbare Gewinn, S. 145 ff.

ist der realisierte Geldkapitalgewinn[97]. Er stellt die Obergrenze für den »ausschüttbaren Gewinn« dar, bei dem im Gegensatz zum »erzielten Gewinn« auch die Veränderung des zur Erhaltung der mengenmäßigen Leistungsfähigkeit erforderlichen Betriebsvermögens und – mit meist kompensierender Wirkung – die Außenfinanzierung berücksichtigt wird[98]. Bei einer Verschlechterung des allgemeinen Geldwerts wird bei der Ermittlung des »erzielten Gewinns« das reale Geldkapital, gemessen an seiner Kaufkraft, zugrunde gelegt[99]. Damit fordert der Vorschlag bei stabilem Geldwert eine Kombination aus Nominalkapital- und Substanzerhaltung, bei sinkendem Geldwert die Kombination aus realer Kapitalerhaltung und Substanzerhaltung unter Berücksichtigung der Außenfinanzierung des Unternehmensvermögens.

5. Nominalkapital- und Ertragswerterhaltung (D. Schneider)

Die Konzeption der Ertragswerterhaltung, die sich als eigenständige Erhaltungskonzeption in der Praxis nicht durchsetzen konnte[100], wird jedoch heute im Rahmen einer kombinierten Erhaltungskonzeption vertreten[101]. Mit der Einbeziehung des Ertragswerterhaltungsgedankens verläßt dieser Vorschlag bewußt das »traditionelle Fahrwasser« der Einzelbewertung[102]. Der Vorschlag geht bei den auf Dauer angelegten Wirtschaftsunternehmen von dem Mindestziel der Erhaltung ihrer wirtschaftlichen Leistungsfähigkeit aus. Diese drückt sich am vollkommensten im Ertragswert des Unternehmens aus, d. h. in dem Betrag, »den ein beliebiger Außenstehender dafür zahlen würde, daß die Einkommensquelle Unternehmung sich ihm erschlösse«[103]. Denn im Ertragswert seien die Reproduktion zu Wiederbeschaffungspreisen, das Schritthalten mit dem technischen Fortschritt wie auch die Stellung des Unternehmens in der Branche und in der Volkswirtschaft enthalten.

Nach dem Vorschlag ist allein ausschüttungsfähig der Ertragswertzuwachs (»ökonomischer Gewinn«), soweit er von dem von betriebswirtschaftlich unberechtigten Einflüssen bereinigten Nominalgewinn (»nominell entzieh-

97 *Endres,* S. 55. Seine Untersuchungen beziehen sich primär auf Preisschwankungen bei sonst relativ stabilem Geldwert (Preisrelationsverschiebungen). Sie lassen sich jedoch nach *Endres* (S. 145) ohne weiteres auf Preissteigerungen im Rahmen allgemeiner Geldwertverschlechterung übertragen.

98 *Endres,* S. 55.

99 *Endres,* S. 147.

100 Vgl. *Münstermann,* WPg 1966, 579, 583 ff.

101 *Schneider,* WPg 1971, 607, 614 ff.

102 *Schneider,* WPg 1971, 607, 614, *ders.,* Bilanztheorien, neuere Ansätze, in: Handwörterbuch des Rechnungswesens, Sp. 259, 264 ff.

103 *Schneider,* WPg 1971, 607, 616.

baren Gewinn«) gedeckt ist. Dieser »ausschüttungsfähige Betrag« wird in einer Nebenrechnung zum Jahresabschluß in zwei Schritten ermittelt:

Zunächst wird der »entziehbare nominelle Gewinn« errechnet[104]. Ausgangspunkt hierfür ist der aktienrechtliche Nominalgewinn. Der aktienrechtliche Nominalgewinn wird vermindert um diejenigen unrealisierten Gewinne, die durch betriebswirtschaftlich unberechtigte, aktienrechtlich aber zulässige Aktivierungen entstanden sind oder die sich auf die Vorverlegung des Realisationszeitpunkts vor den Zeitpunkt des Einnahmezuflusses bei Forderungen zurückführen lassen[105]. Er wird weiter vermindert um die Zuweisungen in eine »Rücklage für drohende Verluste« als Ersatz für die Anwendung des Niederstwertprinzips[106] bei den einzelnen Bilanzpositionen und vermehrt um die Aufwendungen, die durch das Ausnutzen von Bewertungswahlrechten und durch Abwertungen wegen gesunkener Wiederbeschaffungspreise entstanden sind[107]. Der so ermittelte »entziehbare nominelle Gewinn« wird vermindert um die Zuweisungen in eine »Rücklage für Unternehmenserhaltung«. Für die Dotierung dieser Rücklage wird zunächst der »ökonomische Gewinn« (Ertragswertzuwachs) nach Zahlungsströmen ermittelt. Der Teil des »entziehbaren nominalen Gewinns«, der den »ökonomischen Gewinn« übersteigt, wird der Unternehmenserhaltungsrücklage zugewiesen. Der »ökonomische Gewinn« ist, falls nicht ein Verlustvortrag auszugleichen ist oder die gesetzlichen Rücklagen aufzustocken sind, durch Dividendenzahlung auszuschütten. Der Jahresabschluß und die Nebenrechnung sind zu prüfen und zu publizieren.

D. Die Konzeption der fallweisen Neubewertung

Im Gegensatz zur periodischen Anpassung der Rechnungslegung an die laufenden Preis- und Geldwertänderungen ist in einigen Ländern für bestimmte Bilanzpositionen die Angleichung an die gestiegenen Wiederbeschaffungspreise durch Neubewertung gestattet[108]. In anderen Ländern wurde zum gleichen Zweck die Neubewertung mit Wirkung für die Handels- und Steuerbilanz durch Verordnung geregelt[109]. Diese auch in europäischen Ländern durchgeführte Methode, Neubewertungen in der Handels- und

104 *Schneider,* WPg 1971, 607, 616.
105 Vgl. *Schneider,* WPg 1971, 607, 609 f.
106 *Schneider,* WPg 1971, 607, 610 f.
107 *Schneider,* WPg 1971, 607, 611.
108 So ist die Neubewertung – vor allem des Grundvermögens – in Dänemark, Großbritannien, Norwegen und Schweden für die Handelsbilanz zulässig. Vgl. dazu *Niehus,* WPg 1975, 153, 154.
109 So in Frankreich zum letzten Mal 1959. Dazu *Niehus,* WPg 1975, 153, 154.

Steuerbilanz zuzulassen oder anzuordnen, war der Anlaß dafür, daß auch im Rahmen der Harmonisierung der Rechnungslegungsvorschriften in der EG die Neubewertung bestimmter Vermögensgegenstände grundsätzlich gestattet wurde.

1. Die 4. EWG-Richtlinie

Der Vorschlag der Kommission der Europäischen Gemeinschaften für eine Vierte Richtlinie (EWG) des Rates[110] stellt den Mitgliedstaaten auch die Zulassung fallweiser Neubewertungen frei[111]. Dabei ist die Möglichkeit von Neubewertungen in der 4. EWG-Richtlinie auf die Sachanlagen, die Beteiligungen und die sonstigen Finanzanlagen beschränkt. Die sich aus einer Neubewertung ergebenden Abweichungen sind unter Angabe der neubewerteten Bilanzposten im Anhang zum Jahresabschluß zu erwähnen und bezüglich ihrer Höhe zu rechtfertigen.

Der sich aus einer Neubewertung ergebende Unterschiedsbetrag ist einer Neubewertungsrücklage auf der Passivseite der Bilanz zuzuführen. Diese muß in eine Rücklage für Sachanlagen und eine Rücklage für Beteiligungen und sonstige Finanzanlagen unterteilt sein. Die Neubewertungsrücklage ist bei Realisierung der betreffenden Mehrwerte in Höhe dieser Mehrwerte erfolgswirksam aufzulösen[112]. Daneben ist die Auflösung der Rücklage nur durch Umwandlung in Kapital gestattet.

2. Neubewertung als Sofortmaßnahme (Meier)

Eine allgemeine Neubewertung des Sachanlagevermögens als erster Schritt wurde auch auf der Fachtagung 1971 des Instituts der Wirtschaftsprüfer in Deutschland gefordert[113]. Der Vertreter dieser Forderung sah schon 1971 die Verzerrung der Aussagekraft der Jahresabschlüsse als so bedenklich an, daß er es für falsch hielt zu warten, bis die langwierigen Bemühungen um eine Änderung der Bewertungsvorschriften oder um die Erhöhung der Anforderungen an die Aussagekraft des Geschäftsberichts erfolgreich

110 Drucksache des Deutschen Bundestags VI/2875 (zitiert als 4. EWG-Richtlinie). Vgl. S. 103 f. dieser Arbeit. Vgl. auch etwa *Elmendorff*, WPg 1972, 29 ff.

111 Die Regeln des Art. 31 der 4. EWG-Richtlinie sollen dagegen nicht für eventuelle gesetzlich angeordnete Neubewertungen zur Korrektur der Geldentwertung gelten. Vgl. dazu die Begründung zu Art. 31 der 4. EWG-Richtlinie, BT-Drucksache VI/2875, S. 25.

112 Sie sind gesondert in der Gewinn- und Verlustrechnung auszuweisen.

113 *Meier*, in: Bericht über die Fachtagung 1971 des IdW, S. 71, 73 f. Vgl. dazu auch seinen früheren Vorschlag zur Eliminierung von Scheingewinnen im Vorratsvermögen, WPg 1951, 389, 391.

sein würden. Zwar unterstützte er langfristig die Bestrebungen, den Aussagegehalt der Jahresabschlüsse durch eine Änderung der Bewertungsvorschriften zu entzerren. Er hielt es aber unbeschadet dieser Bemühungen für erforderlich, zur Beseitigung der bereits eingetretenen Verzerrungen bei allen Unternehmen zu einem möglichst frühen Zeitpunkt eine allgemeine Neubewertung des Sachanlagevermögens durchzuführen. Die sich dabei ergebenden Zuschreibungen zu den Buchwerten sollten als besondere Rücklagen auf der Passivseite der Bilanz geführt werden und den Unternehmen nur zur Kapitalaufstockung oder zur Verlusttilgung zur Verfügung stehen.

II. Die Berücksichtigung der Scheingewinne außerhalb der Gewinnermittlung (Nebenrechnung zum Jahresabschluß)

Gegen die Auffassung, daß die Substanzerhaltung (gleich welcher Art) Bestandteil der Gewinnermittlung sei und daher das aktienrechtliche Jahresergebnis schon von Scheingewinnen bereinigt sein müsse, wird von anderer Seite die Scheingewinn- bzw. Substanzerhaltungsproblematik ganz dem Bereich der Finanzierung zugeordnet[114]. Diese Ansicht, die sich auf das geltende Aktiengesetz stützen kann, wendet sich gegen eine Umgestaltung des geltenden Gewinnbegriffs. Sie schließt aber damit nicht die Berücksichtigung der Scheingewinne im Rahmen einer Nebenrechnung zum Jahresabschluß aus[115].

A. Die Nebenrechnung mit unmittelbaren Auswirkungen auf das Einbehaltungsrecht der Verwaltung nach § 58 Abs. 2 AktG

So sieht der bedeutendste Verfechter der Nettosubstanzerhaltungskonzeption den geeigneten Platz für die notwendige Substanzrechnung in einer ergänzenden Nebenrechnung zum aktienrechtlichen Jahresabschluß[116]. Die sich aus der Nebenrechnung ergebenden Konsequenzen bezüglich der Ausschüttung sind auch für ihn Maßnahmen der Gewinnverwendung.

114 Vgl. dazu vor allem *Döllerer,* in: Bericht über die Fachtagung 1971 des IdW, S. 81 ff.; *ders.,* BB 1962, 189 ff.; ähnlich im Ergebnis *Boecken,* DB 1974, 881 ff., und *Jonas,* DB 1973, 1957 ff., der allerdings auch eine Nebenrechnung zum Jahresabschluß ablehnt.

115 Vgl. etwa *Klein,* DB 1973, 193, 197 und 200, der als Nahziel die Kodifizierung einer Nebenrechnung sieht.

116 *Sieben,* Geldwertänderung und Bilanz in: Bericht über die Fachtagung 1971 des IdW, S. 57 ff.

1. Funktion der Nebenrechnung

Allerdings greift der Vorschlag in die gesetzliche Regelung zur Ermittlung des ausschüttbaren Gewinns, des Bilanzgewinns, ein, denn in Höhe der in der Nebenrechnung ermittelten Scheingewinne und der bei ihrer Einbehaltung anfallenden Steuern soll eine Ausschüttungssperre bestehen. Diese Ausschüttungssperre soll auch die Beträge erfassen, die die Kompetenz der Verwaltung, die ja nach § 58 Abs. 2 AktG[117] bis zu 50 % des Jahresüberschusses in freie Rücklagen einstellen kann, übersteigen. Die Thesaurierung auch dieser Beträge soll durch eine Erweiterung des § 58 Abs. 2 AktG möglichst automatisiert werden[118]. Eine Begrenzung des Einbehaltungsrechts zur Substanzerhaltung ist nicht vorgesehen. In Fällen, in denen das Jahresergebnis nicht ausreicht, die versteuerten Scheingewinne auszugleichen, wird für das folgende Geschäftsjahr ein Ausschüttungssperrvortrag angeregt. Sind vorsorglich größere Beträge als zum Scheingewinnausgleich benötigt in die freien Rücklagen eingestellt worden, wird ein negativer Ausschüttungssperrvortrag vorgeschlagen. Macht die Verwaltung von dem Recht, mehr als 50 % des Jahresüberschusses zurückzubehalten, Gebrauch, so wird der Hauptversammlung für den 50 % übersteigenden Betrag das Vetorecht einer qualifizierten Mehrheit zugestanden.

Durch die Rechtsfolgen, die nach diesem Vorschlag an die Ergebnisse der Nebenrechnung anknüpfen sollen, erhält die Nebenrechnung einen direkten Einfluß auf die Höhe des Bilanzgewinns. Die Funktion der Nebenrechnung besteht somit darin, daß sie der Verwaltung die Möglichkeit gibt, im Rahmen des Jahresüberschusses möglichst sämtliche Scheingewinne vor der Ausschüttung zu bewahren[119].

2. Berechnung des Scheingewinns

Inhaltlich geht die Nebenrechnung vom Prinzip der Nettosubstanzerhaltung aus. Sie sieht als Scheingewinn den Betrag an, der zur gütermäßigen Erhaltung des eigenkapitalfinanzierten Sachanlagevermögens erforderlich ist. Dabei wird das Problem der willkürfreien Zuordnung der einzelnen Gegenstände des Sachanlagevermögens zum Eigen- bzw. Fremdkapital dadurch gelöst, daß die Geldwerte der Aktivseite gesondert und ausschließlich dem Fremdkapital zugeordnet werden. Die übrigen Vermögensgegenstände

117 Um den Zweck des § 58 Abs. 2 AktG, auch selbstfinanzierte Erweiterungen der Unternehmenssubstanz zu ermöglichen, zu bewahren, soll die Verwaltung nach *Sieben/Schildbach* (BFuP 1973, 577, 580 Fn. 8) die Befugnis erhalten, vom scheingewinnbereinigten Jahresüberschuß noch etwa 30 % zurückzubehalten.

118 *Sieben*, BB 1971, 61, 65 der BW zu Heft 26/71.

119 *Sieben*, BB 1971, 61, 65 der BW zu Heft 26/71.

werden als im Verhältnis der verbleibenden Kapitalstruktur finanziert angesehen[120]. Um den Ausweis unrealisierter Gewinne zu verhindern, werden die Wertsteigerungen beim fremdfinanzierten Vermögen bis zu ihrer vollen Realisierung auf einem eigens zu diesem Zweck zu errichtenden Konto erfolgsneutral zurückgehalten[121].

3. Ausgestaltung der Nebenrechnung

Der Vorschlag spricht sich gegen eine detaillierte Nebenrechnung ähnlich eines auf Wiederbeschaffungswertbasis erstellten Jahresabschlusses aus und befürwortet eine pauschale Korrektur der Gewinn- und Verlustrechnung[122] um den im Jahresergebnis enthaltenen Scheingewinnanteil. Die Nebenrechnung soll Bestandteil der Abschlußprüfung sein und ist im Geschäftsbericht zu veröffentlichen[123].

B. Die freiwillige Nebenrechnung ohne rechtliche Auswirkungen

1. Das Nebenrechnungsmodell nach Forster

Große Bedeutung erlangt hat ein Vorschlag aus dem Jahr 1970. In diesem Vorschlag wird angeregt, die Unternehmen sollten von sich aus eine Ergänzungsrechnung zum Jahresabschluß erstellen. Eine freiwillige Ergänzungsrechnung sei angesichts der Notwendigkeit der Korrektur der Jahresabschlüsse um den in ihnen enthaltenen Scheingewinnanteil und angesichts des Mißerfolgs aller Versuche, Maßnahmen des Gesetzgebers auf diesem Gebiet anzuregen, zur Zeit der einzig gangbare Weg[124].

a) Funktion der Nebenrechnung

Der Vorschlag will sich bewußt im Rahmen des geltenden Aktienrechts bewegen und überträgt der Ergänzungsrechnung deshalb nur eine (im Verhältnis zu dem zuletzt vorgestellten Modell)[125] sehr eingeschränkte Funktion. Die Ergänzungsrechnung soll von den Unternehmen auf freiwilliger Basis neben dem Jahresabschluß geführt werden[126]. Aus ihr sollen keine direkten Rechtsfolgen abgeleitet werden; bei der Berücksichtigung der durch

120 *Sieben/Schildbach,* BFuP 1973, 577, 582 f.
121 *Sieben/Schildbach,* BFuP 1973, 577, 583 ff.
122 *Sieben,* BB 1971, 61, 65 der BW zu Heft 26/71.
123 *Sieben,* BB 1971, 61, 65 der BW zu Heft 26/71.
124 *Forster,* Überlegungen, in: Festschrift für Kurt Schmaltz, S. 203, 207 ff.
125 Vgl. S. 117 ff. dieser Arbeit.
126 *Forster,* Überlegungen, in: Festschrift für Kurt Schmaltz, S. 203, 208.

die Ergänzungsrechnung ermittelten Scheingewinne sollen die Grenzen des § 58 Abs. 2 AktG eingehalten werden[127].

Allerdings kommt der Ergänzungsrechnung die wichtige Funktion zu, die in dem nach der nominalen Rechnungsmethode ermittelten Jahresergebnis enthaltenen Scheingewinne aufzudecken und damit den Aussagegehalt des Jahresabschlusses »viel klarer« zu machen[128]. Weiter soll die so gewonnene Klarheit über die Höhe der wirklichen Ertragslage die Verwaltung veranlassen, von sich aus im Rahmen des § 58 Abs. 2 AktG Substanzerhaltungsrücklagen zu bilden[129]. Wo das Substanzerhaltungserfordernis die Grenze des § 58 Abs. 2 AktG übersteigt, kommt der Ergänzungsrechnung die Funktion zu, die Aktionäre von der Notwendigkeit der Dotierung weiterer freier Rücklagen durch einen entsprechenden Gewinnverwendungsbeschluß zu überzeugen. Schließlich sei eine ausreichend transparent gemachte Ergänzungsrechnung zumindest für die größeren deutschen Konzerne ein Gegengewicht gegen die Anziehungskraft einer Rechnungslegung nach dem Muster des holländischen Philips-Konzerns[130].

b) Berechnung des Scheingewinns

Der Vorschlag vermeidet bewußt die Festlegung auf die eine oder andere Erhaltungskonzeption und begnügt sich mit einer Verweisung auf bekannte Berechnungsmethoden. Aus dieser Verweisung[131] und aus dem Beispiel[132], mit dem der Vorschlag verdeutlicht wird, läßt sich jedoch erkennen, daß dem Vertreter dieses Vorschlags die Konzeption der Bruttosubstanzerhaltung vorschwebte. Denn weder bei *Hax*[133] noch bei *Schnettler*[134] sind Ansätze dafür zu erkennen, daß die Finanzierung der zu erhaltenden Gütersubstanz bei der Scheingewinnermittlung berücksichtigt werden soll. Die Berechnungsmethoden von *Meier*[135] und *Hax/Knorr/Meier*[136], bei denen ebenfalls die Frage der Finanzierung unbeachtet bleibt, sind zeit-

127 *Forster,* Überlegungen, in: Festschrift für Kurt Schmaltz, S. 203, 208.
128 *Forster,* Überlegungen, in: Festschrift für Kurt Schmaltz, S. 203, 208.
129 Davon haben die Unternehmensverwaltungen in Deutschland in den vergangenen Jahren erstaunlich wenig Gebrauch gemacht. Vgl. zur Dotierung freier Rücklagen aus dem Jahresüberschuß die Untersuchung von *Forster,* BFuP 1973, 531 ff.
130 *Forster,* Überlegungen, in: Festschrift für Kurt Schmaltz, S. 203, 208 f.
131 *Forster,* Überlegungen, in: Festschrift für Kurt Schmaltz, S. 203, 208 (Fn. 17).
132 *Forster,* Überlegungen, in: Festschrift für Kurt Schmaltz, S. 203, 209 f.
133 *Hax,* Die Substanzerhaltung der Betriebe. Vgl. S. 110 f. dieser Arbeit.
134 *Schnettler,* BFuP 1953, 193, 201 ff. und ZfhF 1955, 521, 524 ff., berücksichtigt allein die auf der Aktivseite der Bilanz geführten Vermögenswerte.
135 *Meier,* WPg 1951, 389, 391 f.
136 *Hax/Knorr/Meier,* WPg 1952, 293 ff.

bedingt[137] auf das Vorratsvermögen beschränkt. Sie beziehen sich jedoch grundsätzlich auch auf das abnutzbare Sachanlagevermögen[138].

c) Ausgestaltung der Nebenrechnung

In der Nebenrechnung sollen die bilanzmäßigen Abschreibungen den kalkulatorischen (auf Wiederbeschaffungswertbasis ermittelten) Abschreibungen sowie der in der Gewinn- und Verlustrechnung ausgewiesene Materialaufwand dem auf Tageswertbasis bewerteten Materialaufwand gegenübergestellt werden. Diese Darstellung soll ergänzt werden durch die Angabe der Bewertungs- und Abschreibungsmethoden und die Erläuterung der Scheingewinnberechnung im Geschäftsbericht. Damit unterfällt auch diese Nebenrechnung der aktienrechtlichen Pflichtprüfung und der Publizität.

2. *Die Stellungnahme des Hauptfachausschusses des Instituts der Wirtschaftsprüfer*

a) Funktion der Nebenrechnung

Durch die anhaltende Diskussion über die Frage der Berücksichtigung der Preis- und Geldwertänderungen in der Rechnungslegung sah sich der Hauptfachausschuß des Instituts der Wirtschaftsprüfer veranlaßt, sich mit dem Entwurf einer Verlautbarung zu diesem Thema zu Wort zu melden[139]. Hauptanliegen des Entwurfs ist es zu erreichen, daß sich die angesprochenen Unternehmen »Klarheit über die wirkliche Ertragslage«[140] verschaffen, um dadurch die Ausschüttung von Scheingewinnen verhindern zu können. Aus diesem Grund empfiehlt der Entwurf den Unternehmen, freiwillig eine Nebenrechnung zur Scheingewinnermittlung zu erstellen und sie in den Geschäftsbericht aufzunehmen.

137 Die Beiträge sind vor dem Hintergrund der Weltmarkthausse für Rohstoffe nach 1950 zu sehen. Daher steht bei ihnen die Scheingewinneliminierung im Vorratsvermögen im Vordergrund. Vgl. etwa zu dem rapiden Preisanstieg der Einzelhandelspreise wie der Erzeugerpreise industrieller Produkte im Inlandsabsatz den Monatsbericht der Deutschen Bundesbank, März 1968, 3, 7 (insbes. Tabelle 2). Der im Jahr 1951 erreichte Index dieser Indexgruppen wurde erst im Jahr 1958 bzw. 1956 wieder überschritten.

138 Vgl. etwa den späteren Beitrag *Meiers,* in: Bericht über die Fachtagung 1971 des IdW, S. 57, 71 f., oder *Hax,* Die Substanzerhaltung der Betriebe, S. 181.

139 Entwurf einer Verlautbarung »Zur Berücksichtigung der Substanzerhaltung bei der Rechnungslegung«, veröffentlicht in WPg 1974, 666 f. und besprochen von *Niehus,* WPg 1974, 649 ff.

140 *Niehus,* WPg 1974, 649, 650.

b) Berechnung des Scheingewinns

In dieser Nebenrechnung soll in vereinfachter Form eine Aufwandskorrektur auf der Grundlage der Nettosubstanzerhaltungskonzeption durchgeführt werden. Dabei arbeitet der Entwurf mit der Unterstellung, daß zunächst das abnutzbare Anlagevermögen und ggf. auch das Vorratsvermögen mit Eigenkapital finanziert ist. Die monetären Posten werden grundsätzlich dem Fremdkapital zugeordnet. Die Aufwandskorrektur im nichtmonetären Anlagevermögen ergibt sich damit, soweit es durch Eigenkapital gedeckt ist, aus der Differenz zwischen den auf der Grundlage der durchschnittlichen Wiederbeschaffungskosten des Geschäftsjahres errechneten Abschreibungsbeträgen und den entsprechenden Abschreibungen in der Handelsbilanz[141]. Für die Ermittlung der Wiederbeschaffungskosten werden die Anschaffungs- oder Herstellungskosten mit Hilfe der vom Statistischen Bundesamt ermittelten amtlichen Indizes auf den Bilanzstichtag hochgerechnet. Dazu wird zur Vereinfachung die Bildung von Anlagegruppen sowie die Unterstellung empfohlen, der einheitliche Zeitpunkt der Anschaffung oder Fertigstellung sei die Mitte des Geschäftsjahres.

Für den Fall, daß das Eigenkapital des Unternehmens das nichtmonetäre Anlagevermögen übersteigt, ist die Scheingewinnermittlung auf das Vorratsvermögen auszudehnen. Dafür empfiehlt der Entwurf, wenn das Unternehmen die Vorräte nach der Durchschnittsmethode unter Beachtung des Niederstwertprinzips bilanziert[142], ein Näherungsverfahren: Zunächst sollen die Preissteigerungsraten für die einzelnen Gruppen des Vorratsvermögens ermittelt werden. Das geschieht mit Hilfe von repräsentativen Stichproben oder durch den Vergleich der zuerst mit den Vorjahreswerten und dann mit den Preisen am Bilanzstichtag bewerteten Jahresendbestände. Der zur Substanzerhaltung im Vorratsvermögen erforderliche Betrag ergibt sich dann durch die Multiplikation des Vorjahresendbestands mit der Preissteigerungsrate des darauffolgenden Jahres. Auch im Vorratsvermögen ist der so ermittelte, zur Substanzerhaltung erforderliche Betrag um den Anteil der Fremdfinanzierung des Vorratsvermögens zu kürzen.

c) Ausgestaltung der Nebenrechnung

Der Verlautbarungsentwurf empfiehlt den Unternehmen, die zusätzlich erforderlichen Abschreibungen auf die abnutzbaren Sachanlagen, den zur Substanzerhaltung des Vorratsvermögens erforderlichen Betrag sowie die daraus gebildete »Summe der notwendigen Ergebniskorrekturen« in den Geschäftsbericht aufzunehmen. Dabei sollen Ursachen und Methoden der Ergebniskorrektur erläutert werden. Schließlich soll im Anschluß an die

141 Sofern betriebswirtschaftlich vertretbar, wird die Zugrundelegung der gleichen Nutzungsdauer sowie der gleichen Abschreibungsart empfohlen.

142 Vgl. dazu *Coenenberg*, Jahresabschluß und Jahresabschlußanalyse, S. 122 f.

Nebenrechnung dargelegt werden, »welche Maßnahmen das Unternehmen bereits getroffen hat oder beabsichtigt, um die substantielle Erhaltung des Eigenkapitals zu ermöglichen«[143].

3. Die anglo-amerikanischen Nebenrechnungsmodelle

Während das *Schmalenbach*sche Konzept der realen Kapitalerhaltung wegen seiner nur auf den Kaufkraftverlust beschränkten Berücksichtigung von Preissteigerungen in der deutschen Betriebswirtschaftslehre keinen nennenswerten Anklang gefunden hat[144], bildet es die gedankliche Grundlage neuerer Vorschläge in Großbritannien[145] und den Vereinigten Staaten von Amerika[146]: der englischen »Currant Purchasing Power Method« und der amerikanischen »General Price-Level Accounting«.

Beide Methoden stimmen inhaltlich im wesentlichen überein[147]. Aus diesem Grund können beide Vorschläge (unter Herausstellung von Unterschieden in Detailfragen) anhand der englischen »Currant Purchasing Power Method« dargestellt werden.

Bei beiden Methoden wird die herkömmliche Bilanzierung auf der Grundlage des Anschaffungswertprinzips unter Berücksichtigung etwa erfolgter Neubewertungen im Anlagevermögen[148] sowie des Niederstwertprinzips beim Umlaufvermögen beibehalten[149]. Jedoch sollen alle börsennotierten Gesellschaften verpflichtet sein, eine kaufkraftbereinigte Nebenrechnung zu erstellen. Von der Umrechnung erfaßt werden alle nicht monetären Vermögensgegenstände. Die Umrechnung soll in Großbritannien

143 Vgl. den Verlautbarungsentwurf des Instituts der Wirtschaftsprüfer, WPg 1974, 666, 667.

144 So etwa *Havermann,* WPg 1974, 423, 428.

145 So das Accounting Standards Steering Committee (im folgenden zitiert als ASSC-Statement), The Accountant 1973, 73 ff. Auf die Diskussion über diesen Beitrag folgte das Provisional Statement of Standard Accounting Practice No. 7 (zit.: PSSAP No. 7) des Institute of Chartered Accountants of England and Wales, »Accounting for Changes in the Purchasing Power of Money«, Mai 1974, und ausführlich S. 124 f. dieser Arbeit. Zur Eignung der Currant Purchasing Power Method vgl. auch *Tischer,* DB 1976, 1117 ff.

146 Financial Accounting Standards Board Discussion Memorandum, »Reporting the Effects of General Price-Level Changes«, in: Financial Statements, Februar 1974 (im folgenden zitiert als FASB-Memorandum); ebenso die Accounting Standards Division, Statement of Position on »Reporting the Effects of General Price-Level Changes«, in: Financial Statements, April 1974 (im folgenden zitiert als ASD-Statement).

147 So etwa *Havermann,* WPg 1974, 423, 432, oder *Niehus,* WPg 1975, 183, 186.

148 Vgl. *Niehus,* WPg 1975, 183.

149 ASSC-Statement, The Accountant 1973, 73, 74.

durch den Einzelhandelspreisindex[150], in den USA mit Hilfe des Bruttosozialprodukt-Deflators auf der Grundlage der Anschaffungs- oder Herstellungskosten unter Beachtung des Niederstwertprinzips erfolgen.

Die Ausgestaltung steht nach beiden Vorschlägen im Ermessen der Unternehmensleitung, soweit sie sich im Rahmen eines vorgeschlagenen Modells zur Vereinheitlichung der Bilanzierung bewegt. Die Nebenrechnung darf auch in zusammengefaßter Form vorgelegt werden, doch sollen jedenfalls die Bilanzpositionen für Abschreibungen und den Gewinn bzw. Verlust bei den monetären Posten gesondert aufgezeigt werden. Die Nebenrechnung soll der Prüfungspflicht unterliegen, die gewählte Umrechnungsmethode ist erläuterungspflichtig. Um den Vergleich mit dem Jahresabschluß des vorangegangenen Jahres zu ermöglichen, sind die Vergleichszahlen des Vorjahres – hochgerechnet auf den Index des Bilanzstichtags – im Jahresabschluß anzugeben[151].

Dennoch ist die Diskussion über die Methode, mit der die Auswirkungen der Geldentwertung auf die Aussagekraft der Jahresabschlüsse am besten neutralisiert werden kann, in den USA und in Großbritannien noch keineswegs abgeschlossen. So ist in diesen Ländern in jüngster Zeit eine Tendenzwende hinsichtlich des Erhaltungsmaßstabs eingetreten. Während das PSSAP No. 7 und das FASB-Memorandum noch dem Konzept der Realkapitalerhaltung den Vorzug gaben, haben die Befürworter der Substanzerhaltungskonzeption durch den »Sandilands-Report«[152] und durch die amerikanische Börsenaufsichtsbehörde SEC in ASR No. 190[153] eine wesentliche Stärkung ihrer Position erfahren[154].

Die SEC-Vorschrift verlangt von den etwa 1000 größten börsennotierten Unternehmen mit Ausnahme der Banken die Veröffentlichung von Zusatzangaben zum Jahresabschluß auf der Grundlage der Wiederbeschaffungswerte (replacement-costs). Der »Sandilands-Report« lehnt die am Prinzip der Realkapitalerhaltung orientierte Currant Purchasing Power Method in

150 General index of retail prices, monatlich veröffentlicht vom Department of Employment. Vgl. das ASSC-Statement, The Accountant 1973, 73, 76, kritisch zur Benutzung eines allgemeinen Umrechnungsfaktors jedoch *Volten,* Journal UEC 1975, 195, 197 ff.

151 ASSC-Statement, The Accountant 1973, 73, 76.

152 Inflation Accounting, Report of the Inflation Accounting Committee, Chairman F.E.P. Sandilands, Esq., CBE, London, Her Majesty's Stationary Office, Cmnd 6225, September 1975. Vgl. dazu auch die ausführliche Besprechung »Inflation Accounting« von *Niehus,* WPg 1976, 129 ff.

153 Securities and Exchange Commission, Accounting Series Release No. 190, veröffentlicht in Journal of Accountancy, Mai 1976, 11 f.

154 Zum Vergleich der Wiederbeschaffungswerte im britischen und amerikanischen Modell mit dem Vorschlag des Hauptfachausschusses des IdW siehe eingehend *Niehus,* WPg 1977, 257 ff.

dem PSSAP No. 7 des Institute of Chartered Accountants of England and Wales als ungeeignet ab. Nach Prüfung verschiedener anderer Rechenmethoden empfiehlt er schließlich eine »Rechnung mit laufenden Kosten« (Currant Cost Accounting), die weitgehend auf dem Substanzerhaltungsgedanken basiert.

Für den Bilanzansatz wird der Wiederbeschaffungswert, der ökonomische Wert oder der Realisationswert empfohlen. Grundstücke und Gebäude sind regelmäßig neu zu bewerten. Vorräte sollen vorerst nach den bisherigen Grundsätzen, börsennotierte Wertpapiere zu ihrem Börsenwert, Geldposten zum Nominalwert bilanziert werden. Bei der Erfolgsermittlung werden die Abschreibungen auf der Grundlage der Wiederbeschaffungskosten ermittelt. Das Vorratsvermögen ist, außer bei der Rechnung mit eisernen Beständen, neu zu bewerten. Unrealisierte Gewinne sind einer Neubewertungsrücklage zuzuführen. Realisierte Neubewertungsgewinne sollen erfolgsneutral behandelt werden.

Der Methodenstreit in diesen Ländern enthält für die deutsche Betriebswirtschaftslehre keine neuen Aspekte. Beide Wege sind im Grunde seit *Schmalenbach* und *F. Schmidt* bekannt. Es bleibt abzuwarten, welche der Konzeptionen sich am Ende in diesen Staaten durchsetzen wird[155].

4. Nebenrechnungen in der deutschen Praxis[156]

Der Anregung, die im Jahresabschluß enthaltenen Scheingewinne in einer freiwilligen Nebenrechnung zu ermitteln und über die Scheingewinnproblematik im Geschäftsbericht zu berichten, sind in Deutschland schon einige Unternehmen gefolgt[157]. Dabei wurden die Ergebnisse einer durchgeführten Nebenrechnung oder Stellungnahmen zu den durch die Nebenrechnung ermittelten Auswirkungen der Preis- und Geldwertänderungen auf das Unternehmen bislang von folgenden deutschen Gesellschaften im Geschäftsbericht veröffentlicht:

155 Zur beabsichtigten Einführung der Rechnungslegung auf der Basis von Zeitwerten in Großbritannien vgl. *Gadomski,* WPg 1977, 266 ff.

156 Die Fähigkeit der Unternehmen, in der gegenwärtigen Geldwertsituation die Substanzerhaltung zu sichern, sowie ihre Einstellung zur Scheingewinnermittlung durch eine Nebenrechnung veranschaulicht der Bericht über die Ergebnisse einer Umfrage der Industrie- und Handelskammer Nürnberg bei 189 Unternehmen verschiedener Rechtsform. Vgl. dazu *Woltmann/Riesterer,* DB 1976, 541 ff.

157 Eine Untersuchung von *Eckardt* (Die Substanzerhaltung industrieller Betriebe, S. 191) über die Verbreitung sogenannter »Hausbilanzen« in der Praxis ergab, daß höchstens 25 % der untersuchten Betriebe eine vollständige substantielle Erfolgsrechnung durchgeführt und sich dadurch einen Überblick über den »echten« Gewinn verschafft haben.

- Eternit – AG Berlin 1971[158]
- Haake-Beck-Brauerei AG Bremen 1971/72[159]
- Mannesmann AG Düsseldorf 1973[160]
- Portland-Zementwerke-Heidelberg AG 1971, 1973[161]
- Siemens AG München 1971/72, 1973/74[162]
- Die Standard Elektrik Lorenz AG Stuttgart veröffentlichte 1974 die Broschüre von Mang/Midunsky, Berücksichtigung von Scheingewinnen im Jahresabschluß der Standard Elektrik Lorenz AG[163].

Allerdings gehen die Meinungen darüber, was als Scheingewinn anzusehen ist, weit auseinander. Ebenso unterschiedlich sind Art und Umfang der Darstellungen, mit denen die Unternehmen auf den Einfluß der Preis- und Geldwertänderungen auf die Rechnungslegung in ihren Geschäftsberichten eingehen[164]. Schließlich fällt die unternehmenspolitische Entscheidung, ob bzw. in welchem Ausmaß die Scheingewinne durch Dotierung freier Rücklagen ausgeglichen werden, zwischen den Gesellschaften sehr verschieden aus.

a) Nebenrechnung auf der Grundlage der Bruttosubstanzerhaltungskonzeption

Bei der Eternit-AG[165] wird – ohne Berücksichtigung der Finanzierung[166] als Scheingewinn beim Sachanlagevermögen die Differenz zwischen den bilanzierten und den auf der Basis der Anschaffungskosten hochindizierten[167] Abschreibungen vom Wiederbeschaffungswert am Bilanzstichtag ermittelt. Beim Vorratsvermögen wird der Scheingewinn über die Preis- und Kostensteigerungen am Vorratsbestand unter Berücksichtigung der Umschlaghäufigkeit errechnet.

Der Darstellung der Scheingewinnproblematik hat die Eternit-AG anläßlich der Hauptversammlung 1972 ein Referat gewidmet, aus dem (in Verbindung mit der Bilanz) die Methode der Scheingewinnermittlung er-

158 Vgl. oben auf dieser Seite.
159 Vgl. unten S. 127 f.
160 Vgl. unten S. 128.
161 Vgl. unten S. 127.
162 Vgl. unten S. 127, 128.
163 Vgl. unten S. 127, 128.
164 Vgl. zum Verhalten der Praxis auch *Jonas*, DB 1973, 1957.
165 Geschäftsbericht 1971 der Eternit-AG Berlin.
166 Das Sachanlagevermögen ist nach dem Geschäftsbericht 1971 der Eternit-AG (S. 12 f.) zu etwa 30 %, das Vorratsvermögen voll fremdfinanziert.
167 Dabei wurden die nach verschiedenen Investitionsarten aufgeteilten Preisindizes des Statistischen Bundesamtes benutzt.

kennbar wird[168]. Von der Nebenrechnung zur Ermittlung der Scheingewinne werden nur die Endergebnisse für das Sachanlage- und das Vorratsvermögen bekanntgegeben.

Die ermittelten Scheingewinne in Höhe von 5 Mio. DM für das Jahr 1971 werden durch die Dotierung freier Rücklagen in voller Höhe ausgeglichen.

b) Nebenrechnung auf der Grundlage der Nettosubstanzerhaltungskonzeption

Die Mehrzahl der Unternehmen, die den Scheingewinnanteil am Jahreserfolg in einer freiwilligen Nebenrechnung ermitteln, berücksichtigt dagegen den Umstand, daß nur die Scheingewinne an eigenfinanzierten Vermögensgegenständen die Unternehmenssubstanz gefährden[169]. Das Problem der Zuordnung des Eigenkapitals zu den einzelnen Vermögensgegenständen wird überwiegend dadurch gelöst, daß zunächst das Anlagevermögen und erst dann das Umlaufvermögen als eigenkapitalfinanziert angesehen wird[170]. Daher entfällt bei vielen Gesellschaften die Notwendigkeit der Scheingewinnermittlung im (dem Fremdkapital zugeordneten) Umlaufvermögen. Im Anlagevermögen wird nach der Nettosubstanzerhaltungskonzeption als Scheingewinn die Differenz zwischen den aktienrechtlich zulässigen und den (auf der Grundlage der Anschaffungswerte hochindizierten)[171] Abschreibungen vom Wiederbeschaffungswert am Bilanzstichtag ermittelt.

168 *Blank,* Bilanzierung bei laufender Geldentwertung, Referat auf der Hauptversammlung der Eternit-AG am 22. 8. 1972, veröffentlicht als Beilage zum Geschäftsbericht 1971.

169 Geschäftsbericht 1973/74 der Siemens AG, S. 45 f.; Geschäftsbericht 1973 der Mannesmann AG, S. 44; *Mang, Midunsky,* Berücksichtigung von Scheingewinnen im Jahresabschluß der Standard Elektrik Lorenz AG, S. 16. Im Geschäftsbericht 1971/72 der Haake-Beck-Brauerei AG und im Geschäftsbericht 1971 der Portland-Zementwerke Heidelberg AG findet sich zwar kein Hinweis auf die Berücksichtigung der Kapitalstruktur bei der Ermittlung der Scheingewinne. Das erklärt sich jedoch daraus, daß bei der Haake-Beck-Brauerei AG das Sachanlagevermögen als voll eigenkapitalfinanziert und das Vorratsvermögen – in dem keine Scheingewinnermittlung stattfindet – als voll fremdfinanziert angesehen werden kann. Vgl. dazu die Bilanz für das Geschäftsjahr 1971/72 der Haake-Beck-Brauerei AG. Bei der Portland-Zementwerke Heidelberg AG entspricht das abnutzbare Sachanlagevermögen in etwa dem Eigenkapital. Vgl. die Bilanz für das Geschäftsjahr 1971, S. 40 f., und *Schuhmacher,* BFuP 1973, 577, 582 f.

170 Vgl. dagegen aber die Lösung des Zuordnungsproblems bei *Sieben/Schildbach,* BB 1971, 61, 65 der BW zu Heft 26/71 (angesprochen auf S. 118 dieser Arbeit).

171 Alle hier angeführten Gesellschaften verwendeten die Spezialindizes des Statistischen Bundesamts, die Mannesmann AG daneben auch die Indizes des Betriebswirtschaftlichen Instituts der Eisenhüttenindustrie.

Die Methoden der Scheingewinnermittlung werden in Art und Umfang sehr unterschiedlich dargestellt. Eine auf Wiederbeschaffungswerten basierende Nebenrechnung nach dem Muster des aktienrechtlichen Jahresabschlusses ist bislang von keiner Gesellschaft vorgelegt worden. Während ein Teil der Unternehmen[172] ausführlich auf die Scheingewinnproblematik eingeht, die gewählte Ermittlungsmethode erläutert und das Endergebnis der Nebenrechnung bekanntgibt, werden diese Punkte von anderen Unternehmen nur sehr knapp angesprochen[173]. Die Standard Elektrik Lorenz AG veröffentlichte zwar eine gründliche Untersuchung über die Berücksichtigung von Scheingewinnen im Jahresabschluß, erwähnte jedoch weder die Ermittlungsmethode noch den Umfang der eigenen Scheingewinne in ihrem Geschäftsbericht[174].

Auch die Konsequenzen, die die Unternehmen aus den von ihnen ermittelten Scheingewinnen bezüglich ihrer Ausschüttung ziehen, sind unterschiedlich. Während die Portland-Zementwerke Heidelberg AG zum Ausgleich der für das Jahr 1971 errechneten Scheingewinne in Höhe von 11 Mio. DM den Betrag von 5 Mio. DM einer Substanzerhaltungsrücklage zuführte[175], erhöhte die Haake-Beck-Brauerei AG 1971/72 ihre Substanzerhaltungsrücklage zum Ausgleich der für die Jahre 1962 bis 1971 ermittelten Scheingewinne von 10,4 Mio. DM um 2,3 Mio. DM auf 6,35 Mio. DM. Die Siemens AG, die die Scheingewinnermittlung auf die eigenkapitalfinanzierten Vermögensteile aller in- und ausländischen Gesellschaften des Konzerns erstreckte, errechnete für das Geschäftsjahr 1973 keine Scheingewinne. Sie konnte nach eigenen Angaben durch Ausnutzung von Bewertungspräferenzen im Ausland und durch die Umrechnung von Abschreibungen ausländischer Konzerngesellschaften die Scheingewinne kompensieren[176]. Die Mannesmann AG, die ebenfalls im Konzernbereich für 1973 Scheingewinne in Höhe von 30 Mio. DM ermittelte, konnte diese durch Aufstockung der freien Rücklagen um den gleichen Betrag ausgleichen[177].

172 Geschäftsbericht 1971 der Portland-Zementwerke Heidelberg AG, S. 19 ff., und Geschäftsbericht 1971/72 der Haake-Beck-Brauerei AG, S. 12 f.

173 Geschäftsbericht 1973 der Mannesmann AG, S. 44; Geschäftsbericht 1973/74 der Siemens AG, S. 45 f.

174 In den Geschäftsberichten 1972 und 1973 der Standard Elektrik Lorenz AG werden darüber keine Angaben gemacht.

175 Im Jahr 1973 betrug die Rücklagendotierung für Substanzerhaltungszwecke 3 Mio. DM bei Scheingewinnen in Höhe von 11,2 Mio. DM.

176 Dabei nehmen jedoch die vom Gesetzgeber für andere Zwecke erlaubten Sonderabschreibungen teilweise den Charakter erforderlicher Normalabschreibungen an. So der Geschäftsbericht 1971/72 der Siemens AG, S. 47 f., zitiert nach *Bierich*, BFuP 1973, 521, 529.

177 Geschäftsbericht 1973 der Mannesmann AG, S. 44.

Sachregister

Abhandlungen zum deutschen und europäischen Handels- und Wirtschaftsrecht

Herausgegeben von Prof. Dr. Götz Hueck, Prof. Dr. Marcus Lutter, Prof. Dr. Wolfgang Zöllner

Band 1

Der Abhängigkeitsbericht im faktischen Konzern

Von Dr. Wilfried Haesen

1970. 8°. XXXI, 147 Seiten. Kartoniert DM 25,60 ISBN 3 452 17122 2

Band 2

Das Miturheberrecht

Von Dr. Peter Sontag

1972. 8°. XVIII, 85 Seiten. Kartoniert DM 29,80 ISBN 3 452 17455 7

Band 3

Die Aktie und ihre Übertragung im französischen Recht

Von Dr. Volkmar Herms

1972. 8°. XXII, 112 Seiten. Kartoniert DM 39,80 ISBN 3 452 17452 2

Band 4

Abfindung und Ausgleich im aktienrechtlichen Beherrschungsvertrag

Von Dr. Hans-Jochen Hüchting

1972. 8°. XXXVI, 156 Seiten. Kartoniert DM 55,80 ISBN 3 452 17461 1

Band 5

Geheimnisschutz und Verschwiegenheitspflicht im Aktienrecht

Von Dr. Dietrich von Stebut

1972. 8°. XXIII, 162 Seiten. Kartoniert DM 54,– ISBN 3 452 17476 X

Band 6

Die Haftung der Mitglieder einer BGB-Gesellschaft für Gesellschaftsschulden

Von Dr. Paul-Georg Nicknig

1973. 8°. XXII, 160 Seiten. Kartoniert DM 56,– ISBN 3 452 17518 9

Band 7

Die Stimmrechtsbindung

Von Dr. Hans-Peter Overrath

1974. 8°. XXVII, 145 Seiten. Kartoniert DM 59,– ISBN 3 452 17724 6

Carl Heymanns Verlag KG · Köln · Berlin · Bonn · München

Abhandlungen zum deutschen und europäischen Handels- und Wirtschaftsrecht

Herausgegeben von Prof. Dr. Götz Hueck, Prof. Dr. Marcus Lutter, Prof. Dr. Wolfgang Zöllner

Band 8

Das Scheckkartenverfahren der deutschen Kreditinstitute

Von Dr. Klaus Wentzel

1974. 8°. XXXVII, 281 Seiten. Kartoniert DM 85,– ISBN 3 452 17862 5

Band 9

Die Traditionsfunktion des Orderkonnossements

Wechselwirkung zwischen Sachenrecht und Wertpapierrecht

Von Dr. Eberhard Stengel

1975. 8°. XXVI, 219 Seiten. Kartoniert DM 80,– ISBN 3 452 17906 1

Band 10

Das Effektenkommissionsgeschäft

Von Dr. Reinhard Frhr. von Dalwigk zu Lichtenfels

1975. 8°. XXIII, 160 Seiten. Kartoniert DM 72,– ISBN 3 452 17941 9

Band 11

Der unbeschränkt haftende Kommanditist

Ein Beitrag zur Rechtsposition des nicht eingetragenen Kommanditisten

Von Dr. Konrad Beyerle

1976. 8°. XXVII, 173 Seiten. Kartoniert DM 60,– ISBN 3 452 17999 5

Band 12

Mitbestimmung im Konzern

Eine Stellungnahme zu den konzernrechtlichen Vorschlägen des Regierungsentwurfs eines Mitbestimmungsgesetzes

Von Prof. Dr. Marcus Lutter

1975. 8°. XII, 82 Seiten. Kartoniert DM 29,– ISBN 3 452 17998 7

Band 13

Die Sachmängelhaftung beim Unternehmenskauf

Von Dr. Peter Hommelhoff

1975. 8°. XXV, 132 Seiten. Kartoniert DM 48,– ISBN 3 452 18036 0

Carl Heymanns Verlag KG · Köln · Berlin · Bonn · München

Abhandlungen zum deutschen und europäischen Handels- und Wirtschaftsrecht

Herausgegeben von Prof. Dr. Götz Hueck, Prof. Dr. Marcus Lutter, Prof. Dr. Wolfgang Zöllner

Band 14

Die Beendigung des Beherrschungs- und Gewinnabführungsvertrags

Von Dr. Hermann Wilhelm

1976. 8°. XXIX, 146 Seiten. Kartoniert DM 67,– ISBN 3 452 18140 5

Band 15

Die Europäische Aktiengesellschaft

Eine Stellungnahme zur Vorlage der Kommission an den Ministerrat der Europäischen Gemeinschaften über das Statut für Europäische Aktiengesellschaften vom 30. April 1975

Herausgegeben von Prof. Dr. Marcus Lutter

1976. 8°. XXI, 459 Seiten. Kartoniert DM 140,– ISBN 3 452 18135 9

Band 16

Unternehmensverträge und Zusammenschlußkontrolle

Aktienrechtliche Probleme der Auflösung eines Beherrschungs- und Gewinnabführungsvertrags im Rahmen der wettbewerbsrechtlichen Zusammenschlußkontrolle

Von Dr. Christine Windbichler

1977. 8°. XXIV, 109 Seiten. Kartoniert DM 59,– ISBN 3 452 18291 6

Band 17

Das Lastschriftverfahren

Entwicklung und Rechtsprobleme

Von Dr. Andreas Fallscheer-Schlegel

1977. 8°. XVI, 78 Seiten. Kartoniert DM 39,– ISBN 3 452 18335 1

Band 18

Die Verfassung der Aktiengesellschaft im faktischen Konzern

Zur Harmonisierung der §§ 311 ff. AktG mit den allgemeinen Bestimmungen des Aktienrechts

Von Dr. Lutz Strohn

1977. 8°. XL, 202 Seiten. Kartoniert DM 98,– ISBN 3 452 18345 9

Carl Heymanns Verlag KG · Köln · Berlin · Bonn · München